新媒体广告艺术设计与传播

杨 明 / 著

东北林业大学出版社
Northeast Forestry University Press
·哈尔滨·

版权专有　侵权必究
举报电话:0451－82113295

图书在版编目(CIP)数据

新媒体广告艺术设计与传播 / 杨明著. —哈尔滨:东北林业大学出版社,2022.3
　　ISBN 978-7-5674-2731-0

Ⅰ.①新… Ⅱ.①杨… Ⅲ.①传播媒介－广告 Ⅳ.①F713.8

中国版本图书馆 CIP 数据核字(2022)第 043748 号

责任编辑:刘　晓
封面设计:马静静
出版发行:东北林业大学出版社
　　　　　　(哈尔滨市香坊区哈平六道街 6 号　邮编:150040)
印　　装:北京亚吉飞数码科技有限公司
规　　格:170 mm×240 mm　16 开
印　　张:16
字　　数:253 千字
版　　次:2023 年 3 月第 1 版
印　　次:2023 年 3 月第 1 次印刷
定　　价:64.00 元

如发现印装质量问题,请与出版社联系调换。(电话:0451－82113296　82191620)

前　言

近年来,基于互联网、无线网络、数字广播电视等技术而形成的网络媒体、手机媒体、移动电视媒体、数字电视媒体等成为新媒体的代表,其业务发展突飞猛进。毋庸置疑,媒体环境的改变对广告活动产生了深刻的影响。电视、报纸、杂志、广播等传统媒体广告收入增长放缓,甚至部分出现负增长,互联网、手机、楼宇电视等新媒体广告收入则一路高扬。新媒体的出现,已经改变了广告主传统的传播概念。

随着消费市场竞争的加剧,广告主越来越重视针对消费者的有效沟通方式和广告到达率,而新媒体广告正是在这方面满足了广告主的要求。网络广告和手机广告的传播优势就在于能够与目标受众开展深度的沟通和互动,并做到一对一地营销,让广告主精准地定位所要传达的目标受众,使广告效果最大化。广告主也可以利用公交车电视、楼宇电视、卖场电视等这些处于相对封闭的空间里的媒体广告形式,让受众在无可选择的情况下,实现广告信息的高到达率。选择精确有效的广告传播方式,能够充分降低广告主传播的成本,对于广告主而言,新媒体广告无疑具有非常大的吸引力。正是基于对新媒体和新媒体广告飞速发展的关注,作者借鉴了国内外众多新媒体和新媒体广告方面的研究成果,坚持以文化性、代表性、新颖性和实用性的原则,结合最新的新媒体广告实际情况,撰写了本书。

全书共分为八章。第一章介绍了新媒体与广告,论述了新媒体带来的变化和对广告的影响以及新媒体广告的理论分析;第二章介绍了新媒体广告的参与者;第三章的内容主要是新媒体广告的创意与策划;第四、五章对新媒体广告进行了分类研究;第六章描述了新媒体广告是如何设计与制作的,提供了案例并且进行了详细的分析;第七章介绍了新媒体广告的传播;第八章分析了新媒体广告的效果与监测。

从整体结构上来看,本书内容系统且有层次,并且在写作的过程中突出了以下的特点：一是在内容上具有全面性,涵盖新媒体多方面知识；二是在实践上的适应性,能够将理论与案例更好地结合,使读者在阅读的过程中更容易理解；三是在写作上的规范性,做到内容清晰、理论规范、章节合理、逻辑严谨。

  本书在新媒体广告艺术设计与传播方面具有探索意义和实践价值,作者在撰写的过程中参考和借鉴了大量的相关理论著作,虽然力求理论清晰、观点创新,但由于水平有限,在撰写时难免会有不足之处,还请广大读者批评指正。

作　者

2021 年 8 月

目 录

第一章 新媒体与广告 ································· 1
  第一节 新媒体概述 ································· 1
  第二节 新媒体带来的变化 ··························· 2
  第三节 新媒体对广告的影响 ························· 5
  第四节 新媒体广告的理论分析 ······················ 11

第二章 新媒体广告的参与者 ························· 18
  第一节 新媒体广告的组织 ·························· 18
  第二节 新媒体广告的广告公司 ······················ 26
  第三节 新媒体广告的广告主 ························ 39
  第四节 新媒体广告的受众 ·························· 45

第三章 新媒体广告的创意与策划 ····················· 51
  第一节 新媒体广告的战略与策略策划 ················ 51
  第二节 新媒体广告的创意流程与策略 ················ 68
  第三节 新媒体广告的创意思维 ······················ 84
  第四节 新媒体广告的文案创意 ······················ 96
  第五节 不同类型新媒体广告的创意 ················· 101

第四章 新媒体广告的分类研究(一) ················· 109
  第一节 平面广告 ································· 109
  第二节 网络广告 ································· 115
  第三节 手机广告 ································· 124
  第四节 户外广告 ································· 127

· 1 ·

第五章　新媒体广告的分类研究（二） …… 130
   第一节　移动电视广告 …… 130
   第二节　互动广告 …… 133
   第三节　植入广告 …… 139
   第四节　其他广告 …… 144

第六章　新媒体广告的设计与制作 …… 151
   第一节　新媒体广告的设计 …… 151
   第二节　新媒体广告的艺术表现 …… 165
   第三节　新媒体广告的案例分析 …… 167

第七章　新媒体广告的传播 …… 186
   第一节　新媒体广告与传播学 …… 186
   第二节　新媒体广告传播的本质与模式 …… 193
   第三节　新媒体广告传播的接受行为 …… 197
   第四节　新媒体的选择 …… 204
   第五节　不同类型新媒体广告的传播 …… 207

第八章　新媒体广告的效果与监测 …… 214
   第一节　从"大众"到"分众"的新媒体广告效果 …… 214
   第二节　不同类型新媒体广告的效果 …… 219
   第三节　新媒体广告效果的测评 …… 224
   第四节　新媒体广告效果的管控与引导 …… 237

参考文献 …… 245

第一章　新媒体与广告

互联网技术的飞速发展加快了媒介技术的更迭速度,现在人们正处于一个以互联网技术为支撑的新媒体传播环境中。如论坛、微博、微信等不仅改变了我们的媒介环境,还改变着我们的生活习惯和思维方式。新媒体广告以新媒体为载体,其发展状态与新媒体的演进密不可分,一定程度上说,新媒体的成长史也是新媒体的广告化生存史。因此,本章将对新媒体和新媒体广告进行阐述。

第一节　新媒体概述

一、新媒体定义

随着科学技术的发展,新媒体处于不断变化、更新之中。所以,到目前为止,学界对新媒体的概念理解始终没有一个明确而统一的界定。但是在对国内外众多学者的新媒体研究成果分析的基础上,可以得到关于新媒体的如下定义:新媒体是以数字技术、网络技术为基础,以多媒体作为信息呈现方式的媒介形态,通过用户与用户、用户与信息之间的即时互动沟通以助于传播实践的展开,并在媒介形态和传播实践的共同作用下形成特定的社会组织与结构。所以,新媒体的概念界定范围其实相当广泛,既包括从终端(如互联网电视机、平板电脑、智能手机等)角度理解新媒体,也包括从内容和服务(如微博、博客、社交网站等)角度分析新媒体[①]。

---

① 孙黎,徐凤兰. 新媒体广告[M]. 杭州:浙江大学出版社,2015.

二、新媒体定义的核心内容

由前面关于新媒体的阐述,我们可以看到,新媒体定义主要由以下几个核心内容构成。

(1)新媒体的建立基础是数字技术和网络技术

当下的新媒体是利用网络技术、数字技术,通过互联网等渠道,以计算机、手机等终端,向用户提供数字化内容的媒介形态。可以说,数字技术和网络技术的出现赋予了新媒体大容量存储、快速传输等传统媒体无法比拟的优势。

(2)新媒体的信息呈现方式是多媒体

新媒体的信息是由文本、图像、动画、音频、视频等有机组合呈现的,即多媒体是新媒体信息内容的呈现方式。多媒体本身具备的多样性、集成性、交互性等特点更加突出了新媒体在信息呈现及传播中的优势。

(3)新媒体给予用户实时互动沟通的可能

新媒体具备的实时、双向、互动的特点保证了用户与用户、用户与信息之间有效的沟通,给予用户更多的自由度和参与度,解决了传统媒体信息传播过程中的单向、延时、反馈差等诸多问题。

(4)新媒体的媒介形态和传播行为对社会结构产生了重大影响

在技术基础、媒介形态以及传播实践的共同作用下,新媒体在时空观念、知识认知、社交范围、话语权力、用户地位等方面都深刻地影响并改变着原有的社会结构。

第二节　新媒体带来的变化

信息时代到来之前,我们一直在经历着人类传播史上的大众传播时代,时至今日,我们的主流传播方式其实仍然如此,但是,信息技术的发展正在给大众传播的媒介形式、采访方式、报道方式、传播方式,以及受众地位、受众行为等诸方面带来根本性的变革。

第一章 新媒体与广告

一、大众媒体受众正在迁移到新媒体

在人们生活中,互联网的地位越来越举足轻重,而在人们时间、金钱、精力有限的情况下,它必然会侵占人们原本会用在大众传媒上的资源。网络的冲击造成受众注意力资源在众媒体间的重新分配,这是不可避免的。新兴的网络媒体已经在逐渐抢占其他传统媒体的受众注意力资源。通过电视收视率调查发现,互联网的主力用户正是传统媒体的主力用户。

二、新媒体与传统大众传媒的融合

一方面,因为新媒体的优势以及受众向互联网的迁移,所有的大媒体公司都在担心,网络出现了,传统媒体还有生存空间吗?于是,他们都将目光对准了互联网。

另一方面,互联网进入的门槛可以相当的低,其高度开放、平等竞争的性质使得在理论上每个人都可以拥有一个网站。花很少的钱,只需一般的计算机操作技能,拥有自己的网站比拥有一家报社、广播电台或者电视台要容易得多。虽然听起来相当的乐观,但是正因为如此,既然每个人都可以拥有网站,要吸引受众和维持需要外部媒体资源的公司网址,就需要花费更多的时间和金钱。事实上,在互联网成为主流媒体前,其高度开放、平等竞争的性质已被市场力量所破坏。利用现有的媒体来开发新媒体已成为媒体公司不约而同选择的一条道路。实际上,如果不成为媒体巨头的一部分或者与之联合,任何商业网站都难以兴旺起来。

在目前这个阶段,由于新媒体还未有自己独立的采编系统,因此网络新闻的原创性尚不强。而传统的大众媒体公司正处于充分利用互联网的最佳位置,在提供媒介内容方面,掌握大量的资本和资源的它们显然拥有更多的优势。

从大的方面上讲,媒介行业界限在被逐渐打破。由于许多新型的传播手段都是基于数字化技术之上的,近几年来,各种媒介为了应对挑战,不断进行整合。传统媒介(如报刊、广播、电视、图书出版和邮件、电话、电传等公共事业信息服务部门)之间的明显差别将被打破从而实现"媒介融合",各种媒介呈现一体化多功能的发展趋势。在这个背景下,目前比较大的内容提供商(ISP)主要有以下传统媒体所属网站,也是目前最常见的一种形式,如美国的CNN(http://www.cnn.com)、中国的人民网、新华网等。越来越多的报刊、电视都有了网络在线版本。在新闻类信息的提供方面,它们具有非常明显的优势[①]。

独立的具有传统大众传媒特征的网络媒体,如新浪、搜狐等大型综合性门户网站,它们的内容主要来自大众媒体。

今天,我们可以在网上读报,可以在网上看电视,也可以在电视上上网和预定电视节目,还出现了专门观看电视节目、电影的网站。在这些网站上,我们可以看到各种电影、戏剧、电视剧。有些网站,比如中华影音库,还有音乐和网上电视直播等栏目。

媒体公司利用互联网的一个方式是通过数字卫星广播设施来提供服务。许多新闻集团和媒体集团都在研究如何为顾客提供互联网接入业务,以及如何提高覆盖全球的数字卫星电视的互动性能。

三、大众传媒正在发生的新变化——"碎片化"

近年来,新传播技术的发展主要表现在3个领域,即卫星电视、数字化与多频道化、多媒体与网络。这3个领域的技术革命都在不同程度上进入了实用和普及阶段,并且在发展中也是不断相互交叉、相互联系的。尤其是数字化的普及,使基于这种技术之上的电信业、网络信息业和广播电视等大众传播业在某种程度上产生了相互渗透的趋势。所谓数字化,就是在电子信号的传输方式上,用数字压缩来取代传统的信号模拟方式。这种技术为扩充卫星频道容量和网络实施多媒体传输,以及进行多技术渠道的整合网络传播提供了更多的可能。

在技术发展的支持下,面对市场竞争的白热化和传播模式变化的挑战,大众媒体为了生存和发展,在不断地进行自我分割和切入新的未被占领的市场空间,努力使自己小众化。碎片化后的大众媒体变成小众媒体,针对的目标对象越来越细,直至个人。其结果是媒体的高度细分和密集。

---

① 陈刚. 新媒体与广告[M]. 北京:中国轻工业出版社,2002.

第三节　新媒体对广告的影响

一、广告媒体形态的演变

媒体的演变依附着科技的进步,受到政治、经济、文化等因素的干预。广告形式与媒体形态具有同一性,媒体是广告宣传的平台,而广告是媒体的承载内容之一。所以整个媒体形态的演变也包含着广告媒体的流变,从漫长的历史过程上来看,它们是共进退的。媒体形态的逐渐演变是由多种因素推动的,大多数学者认为媒体形态演变的原因包括政治需求、经济需求、技术进步和受众需求四个方面。

(一)媒体形态演变的原因

1. 政治需求

媒体历来都是执政者的重要传播工具,媒体的每一个发展阶段都反映着政治发展的不同需求,媒体和政治之间的关系十分密切。所谓媒体是"政府的喉舌",一方面,政治指导和决定着媒体的信息发布和发展方向;另一方面,政治的革新也需要媒体的宣传和推动,两者相互依存、相互促进。总体而言,媒体的演进与政治社会的发展呈现互动关系。另外,大众媒体在建构良好的政府形象和现代政党选举中也具有极为重要的作用,如大众媒体在美国总统选举中逐渐发展到登峰造极的地步,总统竞选运动日益成为典型的媒体事件。由此可以看出,政府对宣传政治的迫切需求,在很大程度上推动了媒体的发展[1]。

2. 经济需求

所有的上层建筑都取决于经济基础,媒体形态的物质基础当然也是

---

[1] 魏星. 新媒体广告创意与设计[M]. 合肥:合肥工业大学出版社,2019.

经济基础。随着经济的发展,更好的经济条件为新媒体的诞生提供了必要的物质保障。经济基础决定上层建筑,每个时代经济的发展都对媒体形态提出了更高的要求,经济的有利条件促使更高级的媒体形态不断出现,而更符合经济需求的媒体在一定程度上又促进了经济的发展。广告主发布广告,理想的媒体形式对广告信息进行传播,帮助其实现了很好的经济效益。从这最根本的广告运作中我们不难看出,媒体与经济的关系是相辅相成、相互促进的。

3. 技术进步

科学技术的进步从根本上支撑和推动了媒体的发展,使每个重要的技术革命时期都出现了相应的新传媒技术。今天,现代科学技术的快速发展使媒体技术实力不断增强,媒体形态演变的速度可能会呈现一种加速度的状态。

4. 受众需求

受众需求一直是驱动媒体变化的重要力量。受众对信息的渴求促使媒体不断前进,受众的规模、受教育程度、生活习惯、收入、爱好、兴趣等因素决定了媒体形态的发展方向,媒体形态正是在满足受众日益增长的各种需求的过程中发展更新的。

(二)广告媒体形态演变的过程

影响媒体形态演变的诸多因素与其相应的社会形态成为媒体演变与交融的土壤,不同的广告形式也在其中孕育生成。人类传播媒体形态的发展从口头媒介走到文字印刷媒体再到电子媒体,人类也从部落社会到脱离部落社会再到如今的地球村。广告隶属于讯息范畴,依附并嵌入于媒体,两者又植根于共同的时空范围,即便广告得以保持其相对独立和稳定的形式,但也只是在相应的媒体形态下存在。

在西方,吟游诗人和口述师在公众聚集的场合通过吟唱大做广告,使得口头广告在中世纪的欧洲发展起来;在中国,早在殷周时期,口头广告便存在于市井之中,其中陈列和叫卖是比较原始的广告形式。在西方,最早的文字广告是公元前 3000 年古埃及底比斯城散发的"广告传单",内容主要是悬赏追捕逃走的奴隶;到了 15 世纪,古登堡印刷术的发明和革新助推欧洲报业逐步走向繁荣。工业革命的大背景下,西方广告业有了更为先进的传播手段,随着广告传播范围的空前扩大而一扫之前缓慢发展的低迷态势,实现了飞跃。在中国,报纸等文字印刷媒体已有两千多年的历史。世界上迄今发现的最早的印刷广告物是现藏于中国历史博物馆的北宋济南刘家功夫针铺的雕刻铜版,这得益于隋唐时代就出现的雕版印刷技术。但由于广告媒体的发展还受着政治、经济等因素的制约,所以我国的媒体在两千多年的封建社会里不仅承受着精神桎梏和政治藩篱的双重压制,而且闭门锁国的经济状态并不能给予其更多的物质支持,这使得中国广告在接受欧风美雨的洗礼和民族产业的自觉之前已经落后西方太多[①]。

印刷媒体要求高认知度与高注意度,再加之印刷难以完美,表现形式单一,广告形式在文字印刷媒体形态中还有很大的局限性。1858年,横跨大西洋海底的电缆使接近于实时传播速度的远距离信息传递变成了现实。继印刷媒体之后,我们的社会迎来了电子媒体的时代。通过传送声音或图像,广告在电子媒体广泛应用之初就得到了质的改善。电台拉近了人与人之间耳朵的距离,而电视拉近了人与人之间眼睛的距离,这种具有声效和形象感知的广告赋予了产品更丰富的表达。

随着计算机科学技术的普及,广告媒体形式发生了里程碑式的改变,数字化技术和通信技术的迅猛发展使传播媒体实现了史无前例的跳跃式前进,以至于业界把在它之前的媒体形态都统称为传统媒体。与传统媒体相比,新兴媒体使媒体形态凸显出时空上的无限性和传播上的交互性,更具备互动、精确、便捷等优势。因此,依附于新媒体的广告形式更加丰富多样,互动性和个性化的特征更为突出。

我们细细品味广告媒体的流变可以发现,不同的广告形式与同时代相应的媒体形态相辅相成,广告依附于媒介,存在地域空间上的共通性,然而在文明颠簸与科技进退等相对因素的干预下,又有其时间上的独立性和持续性。

(三)广告媒体形态演变的规律

广告媒体形态的演变遵循着如下规律。

[①] 康初莹. 新媒体广告[M]. 武汉:华中科技大学出版社,2016.

1. 共同演进

自口头广告出现以来,时至今日我们仍能接触到许多口头广告。不管今天我们发展了怎样的新媒体,也不管它具有多么强大的优势,都不可能真正代替之前的任何一种媒体形态。新媒体茁壮成长以来,大家一直为传统媒体担忧着,始终以"弱势媒体"的旗号来探讨着所谓的"弱势媒体"该何去何从。但是直到今天,广播的出现并没有消灭报纸,电视的出现也没有代替任何形态,甚至集众多媒体功能于一身的互联网也没有完全替代以前的媒体形态。因此我们可以看出,媒体演变的规律并不是新的替代旧的,新的出现就意味旧的走向消亡,而是新的媒体形态总是对原有的媒体形态或产生影响,或走向合作和融合。

2. 蜕变和汇聚

纵观广告媒体形态的演变历史,广告媒体整体的发展是从单一的形式走向两个或更多的多媒体形式,通过科技革新走向更高形式的蜕变,但这种蜕变又与既有媒体有着千丝万缕的关系。在某个特定的时间,更多种的传播形式会集合为一个整体的任何媒体。例如,电视媒体的出现就像口头、广播等传播形式汇聚在了一起,这种汇聚更像是交叉路口走到了一起,看似偶然,却有着时代和人类需求的必然性,其结果是引起每一个汇聚实体的变革,并创造出新的实体。

3. 生存复杂性

和其他生态系统一样,媒介生态环境也是一个复杂的、有适应性的系统。每一种新媒体的出现都会对整个媒介生态产生一定的影响。所有形式的媒介都生活在一个动态的、互相依赖的环境中。当外部的压力产生、新技术革命被引入以后,每一种形式的媒介都会受到系统内部自发的影响,传播媒体及媒体企业为了在复杂多变的媒体环境中获得生存,唯有适时而变。所以每一种现存的媒体形态会发生改变或者蜕变出一种新的媒体形态,我们应该清醒地认识到,新媒体的出现不是孤立的,它具有很强的复杂性。

4. 机遇需求

每一种媒体形态的诞生取决于科技文明的发展,但是这种媒体形态能否兴盛则取决于人类社会的需求。例如,智能手机的技术虽早已成熟,但是智能手机的广泛应用要依赖于市场机会和用户的认可。手机这种广告媒体形态能不能闯荡开,就要看用户的媒体体验和生活习惯是不是可以接受。就如苹果电脑早年曾经以性能优越著称,但是广大用户在使用习惯和媒体经验上并不认可,最终苹果电脑在个人电脑市场竞争中败给了IBM公司。因此,在手机的研发上苹果吸取教训,更多的是看中用户的体验感觉,先培养需求后推动媒体发展,进而取得了成功。

二、新媒体在广告运动中的作用

(一)新媒体作为媒体本身的基本作用

新媒体也是一种媒体,也是承载广告信息的一种传播工具,新媒体作为广告媒体有着自身的媒体作用(图1-1)。新媒体具有大众传播的功能,可以适时准确地传递广告信息;新媒体形式丰富,具有一定的特色,

图1-1 新媒体广告

可以强有力地吸引特定消费者对广告信息进行关注。另外,新媒体本身就是广告运动中的一部分,它是产品经过一系列策划最终与消费者见面的桥梁——企业通过媒体宣传其生产的产品,广告因消费者的媒体接触而产生效果。

(二)新媒体在广告运动中的"新"作用

相对于报刊、户外、广播、电视这些传统媒体而言,微博、微信等新媒体形式开始充塞着我们的生活。新媒体的广告形式丰富,在传播方面具有互动性强、传播速度快、覆盖率高、受众主动接收等特性,因此新媒体在广告运动中又起着特殊的"新"作用。对企业来讲,这种价值是非常宝贵的,因为新媒体的广告宣传能为企业吸引更多的潜在顾客。传统媒体的广告费用非常高昂,有些国际企业巨头每年花在传统媒体上的广告费用甚至达到上百亿美元。而和传统媒体相比,新媒体在预算方面可以灵活掌控。有选择性地使用新媒体来打广告,不但节约广告成本,效果也不会比传统媒体差,同时还可以实现大众到小众的覆盖①。

(三)新媒体在广告运动中的融合作用

新媒体除了在广告运动中具有单方面传递广告信息的桥梁作用外,在当今的时代中还具有参与企业宣传战略的资格,以及整合各种信息渠道和实现销售的融合能力。相较于传统媒体,新媒体在广告运动中的融合性更强,比如受众看到广告信息后可以马上登录该网站或直接运用搜索引擎寻找该产品的任何信息,从而做出反馈,甚至在查阅后就利用手机媒体进行购买。

三、新媒体广告行业的发展趋势

随着数字信息技术的快速发展,新媒体语境下的广告行业正蓬勃发展,广告形式层出不穷。针对日益繁荣的新媒体市场,我们的新媒体广

---

① 康初莹. 新媒体广告[M]. 武汉:华中科技大学出版社,2016.

告行业将有着怎样的发展趋势呢？

在早些时期，传统媒体雄霸着整个广告行业，一些时兴的新媒体也只是在小打小闹。但互联网广告崭露头角后，这些年广告额的增长态势便一发不可收拾。企业看到了新媒体广告带给自身的利润后，便将目光从传统广告转向这个起初在边缘的新媒体广告。另外，新媒体的技术越来越成熟，也为新媒体渐渐成为企业的宠儿提供了重要保障。在新媒体的巨大价值被发掘以后，新媒体广告行业的发展会引来越来越多的资本投入。例如，湖南卫视全新打造的新媒体网络视频门户金鹰网，于2008年7月15日改版上线；国内排名居前的视频网站优酷网也是多次受到风险投资商的追捧。

当前新媒体环境下，我国广告业的发展主要呈现市场多元化、服务内容纵深延展、品牌一体化服务公司崛起三个发展趋势。

今天，广告依靠新的媒体形态得到了快速发展，新媒体也通过广告传播实现了自己的价值，但是新媒体广告传播的发展中也出现了一些问题。例如，违规广告屡禁不绝，无论是在网络还是在手机这样的新兴媒体上，违规广告反而更方便迅速地发展起来。正是由于新媒体的监管难度大、不完善，才使新媒体上的违规广告得不到有效遏制。在我们研究新媒体的发展前景时，也不可忽视新媒体广告带来的诸多问题，在新媒体发展趋势的预测中，我们要早早做好解决这些问题的准备。

第四节　新媒体广告的理论分析

新媒体广告的出现，不仅仅说明广告传播多了部分平台和媒介，它还颠覆了广告的生产态度、生产方式、呈现方式、传播方式等众多方面，所以，它实际上改变了一切。我们无法再用原来对待传统广告的方式来对待新媒体广告，我们需要了解种种新的广告观念，对新媒体广告进行充分的理论分析，才能建立新媒体广告的生态圈。

一、基于长尾理论的新媒体广告分析

"长尾理论"是网络时代兴起的一种理论,它由美国《连线》杂志主编克里斯·安德森在2004年提出。克里斯·安德森认为,只要存储和流通的渠道足够大,需求不旺或销量不佳的产品(尾部)所共同占据的市场份额可以和那些少数热销产品(头部)所占据的市场份额相匹敌,甚至有过之而无不及。

简单地说,这是在数量、种类二维坐标上的一条需求曲线,由于看上去这条曲线像一条长长的尾巴,向代表"种类"的横轴尽头延伸,所以直观地称之为"长尾"。长尾理论可以描述为:我们的社会文化和经济重心正在加速转移,从需求曲线头部的少数大热门(主流产品和市场)转向需求曲线尾部的大量利基产品和市场。在一个没有货架空间限制和其他供应瓶颈的时代,面向特定小群体的产品和服务可以和主流热点具有同样的经济吸引力[1]。

实际上,亚马逊、当当之类的网站繁荣,或多或少地都有对长尾理论的实践与应用。举例来说,库存只有1万本的书店卖书,它一定会选择最畅销的1万本书销售,因为畅销代表着销售额。但是亚马逊就会关注后1万本书,即所谓的冷门书籍的销售,从而照顾到大多数人个性化的喜好。虽然,就单个种类而言,销售数量不大,但由于整体种类的庞大,使得这部分书籍的销售额甚至会赶超畅销书籍的销售额。这意味着消费者在面对无限的选择时,真正想要的东西和想要取得的渠道都发生了重大的变化,于是整个商业模式都随之改变。

但另一个困难摆在眼前,分散零碎的个体需求如何与产品信息对称呢?长尾理论倡导一种新经济法则,认为可以通过"小块渠道"对"小块供应"的小额交易满足消费者的个性化需求。也就是说,我们可以把"小块渠道"理解为基于消费者的不同需求心理而搭建起来的信息传播平台。这就要求广告传播应该建立起一种新的"人际传播"结构,即由分散的意见个体发布信息,然后进行有选择的定向传播,以差异化的目标受众的主动接收和意见反馈来实现异质化的信息传播,从而实现广告受众

---

[1] 孙黎,徐凤兰. 新媒体广告[M]. 杭州:浙江大学出版社,2015.

的自主性地位。新媒体环境下，广告个性化的定向传播，恰恰能将分散零碎的个体需求与产品信息匹配起来。

我们来看一下，亚马逊是如何将需求和信息匹配起来的。一方面，它为小众群体提供了个性化的选择机会，对需求量小的商品进行了精细的划分，从而延展了渠道；另一方面，利用协同过滤系统，当顾客主动"暴露"了自己的需求后，进行关联推荐，即通过研究顾客的浏览行为和购买行为来对其他顾客进行指导（例如"购买此商品的顾客也购买了……"），从而利用推荐带动对长尾商品的需求。而这里涉及的推荐，就是新媒体广告的一种形态。当然除了被动推荐以外，还有消费者的主动检索行为，通过使用搜索引擎（不管是传统的还是社会化的），达到进一步满足需求的目的。

长尾理论揭示了小众化、个性化的产品依然有巨大的市场价值，特别是在新媒体环境下，营造的虚拟空间不再受物理空间的限制，而是提供了更广阔的渠道和平台，再通过新媒体广告的个性化定制，让更多用户的差异化需求更快地得到满足。

综上所述，基于长尾理论的新媒体广告体现着个性化、小众化、定制化的观念。

二、基于碎片化的新媒体广告分析

有人说，新媒体时代是个注意力缺失（或分散）的时代。据统计，网民每次上网平均要打开8个窗口，但每个窗口的平均浏览时间只有25秒。我们可以回忆一下平时我们的媒介使用习惯，是不是看电视的时候还喜欢拿着手机刷微博、聊微信？上网的时候一边听歌一边浏览网页？微博的流行和博客的落寞是不是宣告人们的阅读习惯发生了改变？这些行为和习惯都说明我们已经进入了碎片化时代。

但究竟什么是碎片化，为什么会碎片化？在碎片化传播的影响下，广告观念又会发生什么样的改变呢？

碎片化，原意为完整的东西破成零片或零块，在20世纪80年代末常见于"后现代主义"研究文献中。"后现代"是与现代的断裂和折裂，更多强调的是对现代的否定，是一种认知的扬弃，它肢解或消解了现代的一些正式无疑的特征。而社会学领域的碎片化，是指阶层的社会化。我国以黄升民教授为代表的一批学者,从社会阶层的碎片化开始研究,明确了阶层碎片化的三个原因:第一,经济发展是社会阶层碎片化的物质基础;第二,不断扩大的贫富差距是社会阶层碎片化的根源;第三,人们生活方式、态度意识的多样化趋向是社会阶层碎片化的直接原因。把碎片化引入传播学领域,可以将其概念界定为:社会阶层的多元裂化,并导致消费者细分、媒介小众化①。

传播学领域的碎片化实际上表现在两个方面:一个是媒介的碎片化;另一个是受众的碎片化。

媒介碎片化的增长是对社会分化的直接反映。如今的媒体格局已经从传统媒体(电视)一家独大的局面慢慢转变为多种媒体并存发展的局面。受众对以网络为代表的新媒体的接触率在不断上升,且新媒体和传统媒体处在并存发展的状况下。另一个非常重要的事实是,基于新媒体的动态发展,新媒体的种类在不断增加。我们越来越发现,生活中每一个碎片化的时空下,都有各种媒介可以填充。所以,新媒体开发的机会,根本就来源于对我们生活中的每一个时空碎片的充分利用,可以想象的是,未来我们的时间将被更多的新媒体所占据。

受众的碎片化主要指的是消费者接触的碎片化。消费者碎片化是在大众市场基础上,由不同分众市场板块不断撞击而形成的。这种碎片化的影响体现在消费者的消费行为、品牌选择、媒介接触和生活方式等方面,展现出的是一个个立体、生动、高度同质化的消费者集合体。所以,受众碎片化实际上促使的是分众传播的展开,这些消费的集合体无法再用一个权威的声音笼络,因为他们不喜欢传统同质化的信息,自我意识的崛起使得分众与分众之间充分展示着对个性化的强烈需求。消费领域的碎片化恰恰体现着更多的个性化。

媒介的碎片化和受众的碎片化相互作用,加剧了目前这种传播语境下的碎片化状况。在这样的大前提下,为了满足各个不同消费群体的不同需求,广告也无法只在一个媒介平台以一种形态进行传播。这实际上是对广告投放提出了更严格的要求,广告主一方面要面对快速增长的供应,而另一方面又苦恼于越来越难把握的消费者需求,所以精准投放成为必然选择。

---

① 孙黎,徐凤兰. 新媒体广告[M]. 杭州:浙江大学出版社,2015.

综上所述,在碎片化传播语境下,新媒体广告势必要体现出移动化、个性化、精准化的观念。

三、基于大数据的新媒体广告分析

新媒体环境下,随着计算机运算速度的提高、存储空间的扩大,以及云计算技术的出现,对数据的利用能力得到了空前的发展。而"大数据"这个词也成为时下的热门词汇。

大数据到底有什么用?大数据背后隐藏着什么样的商业价值?大数据思维方式下广告观念究竟又发生了什么样的变化呢?

维克托·迈尔·舍恩伯格在他的《大数据时代》一书中,对大数据的概括是指不用随机分析法(抽样调查)这样的捷径,而采用所有数据的方法。所以我们可以认为大数据下的研究比传统抽样数据的研究结论具有更高的准确性。

"啤酒与尿布"的案例一直被拿来当成大数据商业运用的最佳案例。沃尔玛超市管理人员分析海量的销售数据时发现啤酒与尿布两件看上去毫无关系的商品会经常出现在同一个购物篮中。经过后续调查发现,原来是年轻的父亲在购买尿布的同时,往往会顺便为自己购买啤酒。如果这个年轻的父亲在卖场只能买到两件商品其中之一,则他很有可能会放弃购物而到另一家商店。沃尔玛发现了这一独特的现象,开始在卖场尝试将啤酒与尿布摆放在同一个区域,让年轻的父亲可以同时找到这两件商品,并很快地完成购物,从而提高商品销售收入。

在"啤酒与尿布"案例中,利用大数据分析后,我们得到了某些年轻的父亲会同时购买啤酒与尿布这个事实,即得到了啤酒与尿布会产生关联这个事实,但为什么会同时购买,为什么会产生关联,这些因果关系是无法通过数据分析得到的。我们无须理会因果关系,我们只要知道啤酒与尿布的相关关系并且将这种关系加以合理利用,便可以得到意想不到的收获。正如维克托·迈尔·舍恩伯格所言,大数据的思维方式下,最重要的是人们可以在很大程度上从对因果关系的追求中解脱出来,转而将注意力放在相关关系的发现和使用上。

所以,在接下来广告的发展中要充分给予大数据展现价值的空间,并在大数据搜集、沉淀的基础之上提升预测能力,以此作为判断用户需要的重要手段,从而做到在消费者产生需求的当下,或者在消费者意识到自己的需求之前,第一时间推送广告信息,让广告更有的放矢,最终实现消费者的需求与广告信息的精准匹配。

综上所述,大数据时代,新媒体广告发展要具备数据化、预测性、精准化的观念。

四、基于社会化的新媒体广告分析

新媒体时代,人与人之间的交流和互通模式发生了极大的改变,其不再满足于现实空间的面对面交流和沟通,互动的需求还延伸到了虚拟空间。这个时候,出现了专门给予用户极大参与空间的新型媒体,即社会化的媒体。它激发感兴趣的人主动地贡献内容,或者通过评论、分享等方式反馈内容,媒体和用户间之间的界限变得更加模糊。而内容可以在媒体和用户间直接双向传播,形成一种即时的对话模式。用户围绕着烹饪、政治、旅游等共同感兴趣的内容,慢慢凝结成一个个社区,以帮助交流朝着稳定与深入的方向发展。Facebook就是一个非常典型的社会化媒体。它将虚拟和现实交叉,延伸用户的现实社会生活并提供网络服务。用户通过一些个性化的设置,比如照片的发布、视频的分享来进行互动交流,从而巩固和扩大社交圈子。在这个过程中自然少不了内容的贡献以及内容的反馈。当然,这种媒体的产生,符合了用户的需求。

借助社会化媒体的特有优势,消费者的角色和地位发生了变化。从被动接收信息到主动寻找信息,甚至成为信息的发布者,与别的消费者进行互动交流。对于广告主而言,势必要更加关注消费者的想法和需求,以消费者为中心的理念占据首位。

网络时代,消费者在做消费决策之前进行各种信息搜索行为,比如通过专门的、垂直类的行业频道、网站检索信息。在社会化媒体时代,消费者更倾向通过网络上的社交空间与好友分享使用心得或体验。所以,广告主要重视社会化媒体上的口碑营销,在条件可能的情况下,建立让受众更加专注的分众领域(比如,建立一个个基于共同兴趣爱好的社区),为消费者创造一个主动搜寻信息的便利空间。

社会化媒体在给予人们互动沟通便利的同时,也带给广告主更多的思考。应该运用什么样的手段和方式,鼓励消费者更多地参与到互动沟通的过程中呢？增加广告的互动性是一个不错的方法。一方面，互动可以让广告主得知用户的反馈、倾听用户的想法，从而制定更有利于用户的广告策略；另一方面，互动中产生更多与消费者接触的节点，更能刺激消费者的需求。

综上所述，以消费者为中心的社交化、互动性便是基于社会化的新媒体广告观念的体现。

第二章　新媒体广告的参与者

近几年来,数据与技术对广告创意和营销的驱动作用愈加明显,并前所未有地改变着品牌创意的传递方式,以及与消费者的沟通方式,以程序化购买为代表的新型广告技术公司正在迅速推动着广告行业的变革。新媒体的高速发展,使传播门槛逐渐降低,传播媒介资源极大丰富,受众注意力分散,使得广告组织的构成和相互之间的关系都在不断变化。本章将围绕新媒体广告的参与者进行详细介绍。

第一节　新媒体广告的组织

一、新媒体广告产业的构成

新媒体是相对于报刊、广播、电视等传统媒体而言的新的媒体形态。近些年,各种新媒体形态和概念层出不穷,从最初的互联网,到数字电视、流媒体、IPTV,再到移动互联网、4G 手机、触摸媒体等。伴随着新媒体的不断发展,新媒体广告的潜力也不断被挖掘并发展壮大。

广告业作为一个独立的产业部门,主要包括四大部分,即广告主、广告公司、广告媒体以及广告受众,它们共同构成一个完整的产业链条。新媒体广告产业的构成与传统广告产业基本相同,但产业链各部分在新媒体环境下已发生了巨大变革。

(一)广告主

广告主是整个广告活动的起点,广告主通过支付一定的费用并提供企业及产品的相关信息,向广告公司发出营销宣传的服务需求。在广告市场的交易过程中,广告主处于买方位置,广告主的数量、对广告产品的购买力以及广告主的广告意识决定了广告市场的规模。

实力传播发布的《2013年新媒体广告市场预测报告》显示:中国已超过日本,成为世界第二大数字广告市场,市场规模总值达145亿美元。而新媒体广告主的日益壮大成熟,是促进新媒体广告市场成熟壮大的重要原因。

首先是新媒体广告主数量和投放费用不断增多。网络广告监测系统的数据研究表明:2000年中国网络品牌广告主数量只有669个,2003年上升至1 790个,到2009年超过了10 000个,而到了2012年,仅房地产类品牌广告主数量就已经达到12 448个。广告主数量增多的同时也带来了更多媒体费用的投入。2009年7月,网络品牌广告主投入费用7.78亿元,到了2014年7月,网络品牌广告主仅单月投入的费用就增加到26.43亿元。新媒体广告主数量的增多和投放费用的增加,一方面表明新媒体广告市场有足够大的潜力和吸引力;另一方面又能进一步促进新媒体广告市场的发展。

其次是新媒体广告主行业分布渐趋均衡。2000年度中国网络广告主行业分布中,网络媒体类广告主占32.88%的比例,IT类产品及电子商务分别为15.10%和9.57%,位居第二、三,这三者的比例总和超过50%。此时网络媒体类广告主的大量出现,是因为要想试水网络广告,必须勇于做先行者。IT类产品则针对互联网用户的使用习惯而选择网络广告。在这之后,互联网站自身实力的不断增强以及网络广告为其带来的巨大效益,使得网络服务类广告主持续关注网络广告的投放,同时网络广告得到了越来越多的传统广告主的青睐。自2003年起,交通类和房地产类广告主在网络广告中的投入不断增加,这使得网络广告主不再局限于互联网内部,呈现扩大化的态势。传统媒体广告主的逐渐加入,证明了新媒体广告的效果不断得到认可[1]。

(二)广告公司

广告公司既是广告市场的经营主体之一,也是广告产业的主体之

---

[1] 康初莹.新媒体广告[M].武汉:华中科技大学出版社,2016.

一。广告公司在接受代理服务后，整合各方面的资源，执行广告策划、广告制作以及媒体单位的选择等工作。广告公司在广告市场活动中居于核心地位，其专业化程度标志着一个国家或地区广告产业的发达程度。

新媒体时代的到来使得全球广告市场发生了革命性变化：英国的互联网广告在2009年已经超越电视及报纸成为第一大广告投放媒体；美国与日本的互联网广告在2010年底成为各自国内的第二大广告投放媒体。2010年，中国的互联网广告成为排在电视和报纸之后的第三大广告投放媒体。当越来越多的广告主青睐数字化"精准营销"时，传统广告公司的发展受到巨大挑战。

传统广告公司的运作是根据受众特点进行广告创意制作，购买媒体广告位，通过投放广告创意吸引受众，达到诉求。这种传统运作模式使得广告公司要靠创意和媒体资源两大优势求得生存。然而新媒体的高速发展，使传播门槛逐渐降低，传播主体无限增多，传播内容海量化，媒体资源极大丰富，受众注意力分散，广告主和媒体以及受众之间的互动关系变得更加直接，这些都使得传统广告公司的代理服务功能开始具有可替代性。

科特勒指出："数字科技大幅度改变了资讯和力量的失衡状态，广告行业如果试图在数字经济中成功地运营和发展，就必须在业务和营销思维上做出更重要的改变。"于是，传统广告公司开始逐步变革自身的发展模式。一方面，越来越多的广告公司利用网络开展品牌营销活动，使新媒体广告营销方式不断增加；另一方面，传统广告公司努力成为整个营销传播的主导，实现传统业务领域和新媒体领域业务的整合，以提供专业化、个性化的服务，建立独特的竞争优势，并在专业化的基础上走产业集群的规模化之路。

此外，新媒体时代开始出现了很多新型广告公司。这些新型广告公司和传统广告公司相比较而言，最大的优势在技术方面，而新媒体技术则是传统广告公司的短板。如易传媒等众多新兴数字营销广告公司，它们利用DSP定向技术、SEM搜索引擎营销、IWOM网络口碑营销等方式，采取了与传统广告公司完全不同的模式，广告运作模式的核心由媒体转向受众。好耶则能为广告主提供从前期内容策划到后期数据追踪一系列的服务，其中iDigger系统能够检测不同媒体渠道的cookie来源，并由此分析出消费者对于品牌或者产品的一系列行为数据，比如停留时间、跳转率、注册信息，这成为好耶帮助广告主优化广告投放结构的重要依据,也是它的立足之本。而 Google、Facebook、腾讯、新浪等互联网公司也已经不满足于做单纯的广告传播渠道,开始跳过传统的广告公司模式,直接为一些大的品牌提供线上广告服务。

(三)广告媒体

一个规范的广告市场中,广告媒体主要负责为广告产品的生产提供信息载体。广告媒体作为一种信息发布渠道,主要进行的是广告的发布活动,并进行一定的效果评估、与客户的沟通等。

由于新媒体是一个不断变化的概念,因此新媒体广告的传播媒介也必然不断变化,呈现风格多样化的态势。传统广告传播主要依托报纸、广播、电视等媒介形式,虽然数字技术的进步对这些传统媒介会产生影响,但媒体构成的基本要素不会有变化。对于新媒体来说,数字技术的进步所带来的将是全新的媒介构成和媒介形式,网络、数字电视、IPTV、移动电视、5G 手机等的出现不断拓宽了新媒体广告的传播媒介渠道。

越来越多的广告媒体不再满足于简单地通过代理,而是选择直接与广告主合作。一部分网络媒体通过人员合并、重组和大范围的人才招揽,正在逐步变相地"回收"广告代理权,增加直接服务客户的数量。甚至有些网络媒体直接发展代理部门,拓展广告、公关等业务,大大挤占广告代理公司的生存空间。

(四)广告受众

广告受众是整个广告活动的终点,广告受众是广告信息的接收者,他们处在整个广告产业链的末端,其信息接收行为决定着广告主是否能够实现预期的广告宣传目的。一个国家或地区广告受众的规模大小和广告意识对广告市场的繁荣起着关键作用。新媒体时代,广告受众的心理和消费行为都在发生巨大的变化,这些变化会对整个广告产业链产生重要影响。

新媒介形式的多样化使广告受众的媒介消费变得更加灵活,而新媒体带来的信息海量性又让广告受众时时刻刻受到信息的包围。新媒体时代的受众不乐于单一的媒介形式,往往尽可能地尝试甚至同时使用多种媒介,他们会边上网聊天,边看网络视频,边发微博,他们被称为多任务处理的能手,能同时处理多种信息。但看似强大的受众,在接触越来越多的媒介、越来越多的信息的时候,对信息的感知和记忆却变得越来越弱。

二、新媒体类广告组织的职能与机构设置

组织是通过协调活动来达到个人或集体目标的社会群体。作为行业组织之一,广告组织是为了对广告工作实行有效管理,以便更好地完成各项广告业务而设立的对广告活动进行计划、实施和调节的经营机构。新媒体类广告组织包括专业新媒体类广告公司、新媒体内部广告组织、企业内部广告组织等。

(一)专业新媒体类广告公司

专业新媒体类广告公司是专门从事新媒体广告代理与广告经营的商业性服务组织。专业新媒体类广告公司可按照其规模以及业务范围分为综合服务型广告公司和专项服务型广告公司。

综合服务型广告公司为广告主提供全方位的广告服务。这些服务涉及广告运作的各个环节,包括广告战略策划、广告创意与制作等一系列的活动。随着信息技术的不断发展和全球市场竞争的日益加剧,综合服务型广告公司除了为广告主提供广告运作相关服务外,还为广告主提供市场信息收集、售后信息收集与分析等信息咨询服务,日益集广告服务与信息服务于一体。

相对于综合服务型广告公司服务的全面性,专项服务型广告公司的业务范围较狭窄,服务项目较单一。专项服务型广告公司可以按照特定广告主类型来划分,如房地产广告公司、游戏广告公司、金融广告公司等;也可以按照广告运作环节划分,如专业广告调查公司、广告制作公司、广告设计公司等;还可以按照媒体类型来划分,如网络广告公司、手机广告公司、移动电视广告公司、楼宇液晶广告公司等[①]。

(二)新媒体内部广告组织

媒介广告组织是指各种广告媒介内部设置的专门性广告组织。传

---

① 康初莹. 新媒体广告[M]. 武汉:华中科技大学出版社,2016.

统广告业中的媒介广告组织主要是报纸、杂志、广播、电视这四种大众传播媒介组织内部设置的广告部门。就目前而言,新媒体内部广告组织主要是指新媒体公司下设的广告公司或内部设置的广告部门。

按照现代广告代理制的要求,广告公司在整个广告经营中处于中心地位,而广告媒介在广告经营中一般只承担广告发布的职能,向广告公司出售媒介版面和时间,是媒介广告版面和时间的销售部门。在新媒体时代,新媒体组织不仅作为传播媒介而存在,而且能跳过广告公司这一环节,主动与广告主联系,除负责广告的发布外,还兼任广告承揽与广告代理之职。

以 Google 为例,它是一家科技公司,同时也是一家网络媒体公司,且是以广告驱动的媒体公司,其收入的 90% 来源就是广告。Google 最早盈利的基础就是广告定向投放,它最初的广告是采用关键字广告,即给每一个关键字广告定价,只要广告主给出相应价格就可以在相关广告位得到广告展示。后来为了争取更多的中小企业广告主,Google 2002 年又推出了基于拍卖的广告位售卖模式。Google 除了和其他广告公司一样提供网络媒体平台外,还会直接进行广告销售。Google 有专门的广告部门,广告销售人员以垂直方式构成,分别向汽车、娱乐和消费品等行业的广告客户销售广告。它的广告客户既可以通过授权代理商开通广告业务,也可以通过广告代理商或自行通过 Google 在线开通广告账户。在数字化环境下,像 Google 这样的公司对广告的影响力越来越大,因为它们可以利用技术来为广告客户提供最便捷的服务。除此之外,近年 Google 公司又收购了多家广告公司,如在线广告公司 Double Click、广告追踪公司 Adometry。这些都在不断壮大 Google 的广告业务实力[①]。

总之,新媒体内部广告组织的广告职能比传统媒介广告组织职能要广泛得多,除了广告发布外,还包括方案设计、统计系统部署、日常工作优化、广告数据分析、提供阶段性优化方案、广告系统开发等。

新媒体内部广告组织的机构设置因其广告业务规模大小而有所不同。一般是在公司内设置与技术部、营销部、公关部、财务部并列的广告部,下设销售部、客户部等部门。其中的销售部主要负责直接面向广告主的销售以及面向代理商的代理权销售。虽然网络新媒体公司基本上

---

① 康初莹.新媒体广告[M].武汉:华中科技大学出版社,2016.

都会有自己的广告代理公司,但自身销售队伍的建设可以让公司获取更大的销售利润。有些情况下销售部门中也会配备专门的广告策划人员,负责与客户合作的广告传播方案的策略制定及方案撰写。客户部对内负责各部门沟通,安排项目的执行,并跟进执行效果;对外则负责与客户沟通,反馈项目执行情况,维护客户关系。

(三)企业内部广告组织

企业内部广告组织是企业内部设置的专门负责广告活动的公司/部门。传统的企业一般通过内部设置的广告部门来负责企业广告政策的制定、广告计划与战略的谋划、与广告代理公司的沟通以及对广告活动实施的监督,而策划、创意、制作、发布等具体运作则交给专业广告公司来处理。也有少数企业在广告管理部门的基础上设立自己的广告代理公司来办理相关的广告事务。

新媒体时代,伴随着新媒体技术的发展以及整合营销传播理论的流行,为了更好地利用新媒体,并将广告与整个营销的其他环节相配合,一些大型企业集团纷纷成立自己的新媒体类广告公司,而一些小型企业也成立新媒体广告部。虽然企业专属广告公司(In-house Agency)从20世纪六七十年代就已经开始出现,但在新媒体时代,这种类型的广告公司发展越来越迅速。

大型企业集团的专属广告公司的职能和机构设置基本和专业广告代理公司差不多,不同的地方在于这些专属广告公司是由一家企业出资组建、专属于该客户并由其运作。它们能从所属企业获得比较稳定的代理权,负责本企业全部或部分营销传播业务,或者用来协调企业外部广告代理公司工作。

而小型企业所设立的广告部门的主要职能仍然是参与制定企业广告决策、负责广告活动的管理、根据营销战略制订广告活动的计划、选择广告代理公司、监督和控制广告活动以及自建网站发布广告。

三、新媒体类广告组织业务运作的一般程序

新媒体类广告组织业务运作可以分为计划、执行和广告后的评估三大部分,有效整合这三个部分是新媒体类广告组织运作成功的关键。目

前新媒体类广告运作的主要模式有两种：一是代理运作；二是无代理运作。

(一)代理运作

代理运作一直是广告组织业务运作的基本模式，是由广告主委托广告公司实施广告宣传计划，广告媒体通过广告公司承揽广告业务，广告公司通过为广告主和广告媒体提供双向服务。代理运作模式中广告公司处于核心地位，不论广告公司采取何种组织结构类型及何种服务方式，其基本的业务运作流程大体相同。

一次完整的广告运动包含的环节有广告调查、广告策划、广告创意、广告制作、媒介购买与执行、广告效果评估。因此广告公司的业务从接受广告主的委托开始，直至广告作品完成并投放至媒体后将广告效果调查数据反馈给广告主，一次广告活动才算完成。

(二)无代理运作

无代理运作是指广告主直接通过媒体发布广告，而不通过广告代理公司这个中间环节。和代理运作中把广告公司放在核心地位不同，在这种运作模式中，广告主和广告受众直接通过广告媒体沟通，省略掉广告公司这个中介。

传统媒体资源有限，广告主要经过激烈竞争才能够获得发布广告的机会。而新媒体，尤其是网络、手机等新媒体能提供更丰富的资源、更加自由的空间以及更加便捷的操作方式，这使得在新媒体上发布广告的自主权可以落实在广告主手中，广告主可以通过广告代理公司发布，也可以选择自行发布。2013年1月，耐克公司社交媒体部门决定全面收回之前由 AKQA、W+K、Mindshare、R/GA 等公司代理的社会化媒体广告业务，而由自己公司独立运营。此外也有一些广告主会直接寻求与媒体的合作，由相关服务商为广告主办理广告业务，执行广告计划。这种运作模式一方面可以帮助广告主节省大笔的代理费；另一方面也能让广告主获得最直接的受众反馈和数据，能和消费者之间建立更好的情感纽带。

虽然取消了广告代理商这个中间环节，但无代理运作的基本流程和代理运作相差不多，除了省掉客户委托环节外，广告调查、策划与创意、内部提案审核、执行以及评估环节都不能少。

第二节 新媒体广告的广告公司

一、新媒体广告公司的分类与业务范围

新媒体广告公司是专门从事新媒体广告代理与广告经营的商业性服务组织。新媒体广告公司可按照不同标准进行划分。

(一)按所经营新媒体的不同形态来划分

新媒体是相对于报刊、广播、电视等传统媒体而言的新的媒体形态,是个变化的概念。因此新媒体广告公司的类型也是不断变化的。同时由于新媒体广告多是依托数字技术、互联网技术、移动通信等新技术而出现的,要想赢得竞争,专业的新媒体广告公司既要从事新媒体广告代理和经营业务,还要积极发展新媒体广告平台。因此,多数新媒体广告公司都带有很强的技术性。目前比较常见的有网络广告公司、手机广告公司、户外数字媒体广告公司、社会化媒体广告公司、数字移动电视广告公司、游戏内置广告公司等几种。

1. 网络广告公司

网络广告就是在网络平台上投放的广告,是利用网站上的广告横幅、文本链接、多媒体等方法,在互联网上刊登或发布广告,通过网络传递的一种广告形式。网络广告公司就是从事网络广告代理和经营的商业组织。目前我国的网络广告公司数量众多,其中一部分是成立之初作为专业的网络广告公司出现的,有一部分是由传统广告公司转型而来的,还有一些是传统广告公司为了应对互联网的快速发展而创建的子公司。

好耶(Allyes)创立于1998年,是中国网络广告的先行者、中国最大的专业网络广告公司之一,也是中国最早参加国际互联网广告协议和标准制定的组织之一。好耶2002~2005年连续四年成为中国最大的网络

广告代理公司;2005年10月中国第三届网络广告大赛中独获22个奖项,占据全部奖项近20%;2007~2009年年度艾瑞评选的中国十佳网络广告代理公司;2010年8月《互联网周刊》中国网络广告公司TOP 50排行榜排名第一。好耶以网络广告技术起家,如今,好耶iMedia数字广告管理平台占有中国第三方付费软件市场80%的份额,好耶iDigger在线效果监测工具为网站、代理商和广告主所广泛使用,还创建了好耶WinMax需求方平台,利用互联网展示广告中最新的实时竞价技术(RTB)及先进的优化算法,为广告主提供跨媒介、跨平台的广告投放及优化解决方案。

2. 手机广告公司

手机广告是以手机为媒介的广告形式,包括WAP广告、APP广告、移动搜索广告等多种形式。2012年上半年国内通过手机接入互联网的网民数量达到3.88亿,相比之下台式电脑为3.80亿,手机成为我国网民的第一大上网终端。智能手机发展和普及、手机广告投放能力提升及手机广告市场发展带动了一批手机广告公司的发展。我国的手机广告公司大多出现在2010年前后,具有强大的技术平台支撑,有的是从广告代理业务转向技术平台开发进而发展整合业务的,有些则反过来走从技术向资源转变之路。

3. 户外数字媒体广告公司

户外数字媒体(digital out-of-home)是指在大型商场、超市、酒店、影院、车站等户外公共场所,通过大屏幕终端显示设备发布信息的媒体形态。最近几年,户外数字媒体广告得到了较大发展,涌现出以分众传媒为代表的一批户外数字媒体广告公司(图2-1)。

航美传媒(Air Media)创立于2005年,是我国高端户外数字媒体广告公司。创立之初定位于航空数字媒体,拥有中国航空数字媒体市场超过90%的占有率,开创性地建立了遍布中国各主要城市机场的航空电视及数码刷屏系统,打造了覆盖北京、上海、广州等全国主要机场以及7家航空公司2 550余条航线的航空媒体网络。2007年成功在美国纳斯达克上市,上市后坚持规模化优势、跨媒体资源整合与数字媒体的发展,成为国内户外数字媒体广告领军企业之一。

图 2-1　户外数字媒体广告

4. 社会化媒体广告公司

社会化媒体(social media)是指允许人们撰写、分享、评价、讨论、相互沟通的网站和技术。现阶段主要包括社交网站、微博、微信、博客、播客等。社会化媒体广告造就了庞大商机,Facebook、Twitter 及 LindedIn 2012 年的广告收益加起来超过 50 亿美元,有高达全球 81% 的广告公司和 75% 的广告主。目前很多网络广告公司都将社会化媒体广告业务纳入其中,但也有一些是以社会化媒体广告经营为主的细分广告公司,如时趣互动、创新传播、环时互动等公司(图 2-2)。

时趣互动(Social Touch)成立于 2011 年,是一家以中国客户的社会化营销需求为中心的社会化媒体广告公司。通过不断完善其社会化营销 SaaS 平台、社会化大数据分析平台、社会化精准广告投放管理平台 SAD,以及社会化媒体整合服务产品的优化,时趣互动获得超过 40 家大型品牌客户和 4 万家中小型品牌客户,在多个社会化媒体平台上管理着超过 2 500 万名消费者以及每天上百万次的互动。时趣互动在 2013 年获得宝洁"年度最佳数字创新"大奖,2014 年又获得了宝洁"年度最佳社会化媒体代理商"大奖,同时塑造了多个行业经典案例,如打造极致化游戏体验的"海飞丝巴西实力挑战赛"、利用人脸识别技术的"飘柔秀出来勇敢爱"等社会化媒体广告活动[①]。

图 2-2　社会化媒体广告

创新传播（NTA）成立于2010年，初创团队由专业社会化媒体人组成，在中国开创社会化传播先河，致力于构建基于社交网络的传播，在微博、微信、社区、移动客户端等平台提供社会化传播服务。它借助社交网络和微媒体的创意营销，为企业做品牌传播，并利用社会化网络进行舆情监测与危机管理。服务对象跨互联网、快速消费品、电商、金融、游戏等多个行业。

---

① 康初莹.新媒体广告[M].武汉：华中科技大学出版社，2016.

5. 数字移动电视广告公司

数字移动电视是信息型移动户外数字电视传媒，是不同于传统电视媒体的新型媒体，主要通过无线数字信号发射、地面数字设备接收的方法进行数字节目的播放与接收，并可在高速移动的物体中收看的一种现代化电视系统。随着公交（图 2-3）、出租、地铁等交通网络的发展，数字移动电视广告也受到更多企业的重视。目前，我国的数字移动电视广告公司中发展最好的就是华视传媒、世通华纳和巴士在线。

图 2-3　数字移动电视广告

世通华纳（TOWONA）成立于 2003 年，下设营销中心、影视中心和资源管理中心等核心部门，为客户提供最优质的媒体资源以及最完善的服务，成为业内少有的具有完整意义的广告传播公司。作为专业的公交移动电视传播平台的提供商，世通华纳在为广告主制订广告投放计划的同时，不仅仅是简单地将广告的投放频次、地区推荐给客户，而是融入对客户产品的理解分析，为其量身定做一套适用于移动公交电视媒体的整体营销策略和建议。

6. 游戏内置广告公司

游戏内置广告（in-game advertising）是游戏中出现的嵌入式商业广

告。在国外,游戏内置广告早已成为新媒体广告市场的热点之一。微软公司在2006年曾收购Massive公司,Google在2007年也收购了Adscape公司,Massive和Adscape都是游戏内置广告公司。伴随着中国的网游、手游市场逐渐发展,内置广告作为一种新的盈利模式也越来越受到中国网游提供商们的关注。在我国从事该领域的广告公司有以下三类:

一是以创世奇迹(Wonderad)、酷动传媒为代表的独立第三方网游广告代理公司,为各种网游运营商提供广告代理。创世奇迹在2003年成立之初就全面进军游戏行业,成为17173第一家广告代理商,之后又独家代理联众世界,并与新浪、搜狐、腾讯等多家媒体签订代理合同,成为最大网游广告代理商。2006年推出游戏内置广告技术平台Game power,依托创世奇迹游戏引擎、SEM优化管理系统、实效营销数据管理系统,对游戏广告进行系统化传播。酷动传媒则是创世奇迹旗下全资子公司。这两家公司在2007年被分众传媒收购。

二是以游戏运营商天联世纪为代表,其为自己的网游专门成立了天街广告有限公司,这是一种自给自足的模式。天联世纪是国内最早尝试游戏内置广告的网游运营商之一,2006年初成立了游戏内置广告团队,并且在2006年成立上海天街广告有限公司,专门负责该业务。

三是以盛大投资的上海盛越广告有限公司为代表,虽为网游运营商自设广告公司,但渴望成为游戏内置广告领域的第三方服务公司,同时为其他网游运营商提供广告方案。盛越广告成立于2004年,拥有自主研发的游戏内置广告投放平台,可实现游戏内广告的精准投放、效果监测等。

(二)按新媒体广告公司经营特色来划分

1. 综合代理型广告公司

此类广告公司可以实施调研、策划、创意、执行、媒介购买、效果预估、公关、促销等广告活动可能涉及的每一项活动,可以提供全方位的信息传播服务。因为提供服务内容较全面,所以这类广告公司一般规模大、实力雄厚,多数传统的4A广告公司提供的都是综合型代理服务,例如WPP集团旗下的奥美、智威汤逊、达彼思,阳狮集团旗下的阳狮、盛世长城、李奥贝纳等广告公司。这类广告公司通常是将新媒体类广告作为整合营销传播的一部分。一方面充分利用新媒体来拓展营销传播方式和手段,另一方面促进新媒体与传统媒体的有效整合和互补,为整合营销传播价值最大化地实现拓宽渠道。除了在具体的广告运作中充分整合新媒体外,为了应对新媒体环境的变化以及日益激烈的竞争环境,传统广告公司也在积极做各种调整。

一是通过加强公司内部新媒体广告部门的建设或者直接并购,创立新媒体类子公司,积极探索新媒体广告的策划与运作经验。奥美早在2006年就成立了全球互动直销公司奥美世纪,专门从事网络广告代理;而阳狮集团从2009年起收购了 Razorfish、Big Fuel、Rosetta、Rokkan、网帆互动、古美互动、龙拓互动等新媒体策划及代理机构,不断扩大其在数字互动传播领域的实力。

二是积极转型,从传统广告业务转向新媒体广告业务。华扬联众在1994年创立之初就是一家传统广告代理商,2002年起转型为提供互联网及数字媒体领域全方位服务的广告公司,致力于提供跨媒体领域的整合营销服务。

三是为了提高工作效率与广告质量,大力发展公司内部的数字化平台,从而提升自身的国际竞争力。中国本土广告公司的领军者广东省广告公司就在2012年投资设计并使用"广告数字化运营系统"。广告公司的这种应变,一定程度上是新媒体技术推动使然。

除了传统的广告公司外,也有一些新兴的新媒体广告公司提供这种综合代理服务,它们更关注以互联网为代表的新媒体整合营销服务。宏盟集团(OMG)下属的网迈广告(NIM Digital)就是一家提供数字整合营销解决方案的广告公司。网迈广告在营销理念、模型、方法和执行层面上覆盖互联网和移动互联网,通过研究客户和消费者的沟通关系,运用灵活的策略、有感染力的创意、丰富的媒介组合为广告主提供一站式服务,注重社会化媒体、搜索引擎、视频、移动终端以及电子商务的整合营销。

过去,综合代理型广告公司受到很多广告主的欢迎,因为它们能提供一站式服务。而在新媒体时代,一些广告主开始不再将广告业务打包给一家综合型公司来分解操作,而是倾向于自行剥离分解业务,分别交由不同专业领域的专业公司来操作。2013年宝马中国的广告业务就分成多个部分——凯络媒体(Carat)接棒华扬联众获MINI数字媒介策划及购买业务,而im2.0击败天一国际(Interone)获MINI传统及数字创意业务。广告业务的分解体现的是广告的专业化细分程度在不断加强。通常广告主会将创意代理交给传统的4A广告公司或者独立的创意公司,因为这些广告公司在创意策划方面较有优势,而媒介代理则会交给那些专业的媒介代理公司来完成,广告监测等技术性服务则交由那些技术型广告公司来处理,各司其职,各展所长。

2. 媒介代理型广告公司

媒介代理型广告公司也叫媒介购买公司,此类广告公司是以从事媒介信息研究、媒介购买、媒介企划与实施等为主的独立运作经营实体,是随着广告业的发展而从传统4A广告公司细分后形成的公司种类。传统的媒介代理型广告公司是将报纸、杂志、电视、电台的广告版面以及时段买断整合,然后推荐给广告主。随着新媒体的发展,媒介代理型广告公司所代理的媒体业务也都开始逐渐将新媒体纳入代理业务范畴,将新媒体与传统媒体进行整合。它们的服务内容包括及时更新信息、竞争对手分析、市场策略、媒介策略、媒介计划、与创意部门协作、媒介定位、媒介执行、买后评估分析、持续发展性建议等。

伴随着广告行业的发展,媒介代理型广告公司已经成为各大广告传播集团不可缺少的主体部分。WPP集团下有群邑媒介集团(GroupM),宏盟集团下有宏盟媒体集团(Omnicom Media Group),安吉斯集团下有安吉斯媒体(Aegis Media),阳狮集团旗下有星传媒体(Starcom MediaVest Group)、实力传播(Zenith Opti-rnedia)等。在中国,这几家主要的跨国媒体集团把持着大部分媒体预算。

群邑媒介集团是整合了迈势、竞立、尚扬、传立及邑策这五家媒体公司而成立的母公司。这五家媒介代理公司业务都涉及新媒体领域。

迈势(Maxus)旨在帮助客户建立品牌和消费者之间值得信赖的关系,服务包括传播策划、媒介策划和购买、数字营销、社交媒体策略、SEO(搜索引擎优化)、SEM(搜索引擎营销)、数据分析以及营销投资回报评估。

竞立(MediaCom)旗下拥有MediaCom Interaction,负责互动营销,运用前瞻技术促进客户业务增长。

尚扬(Mediaedge:cia)协助客户寻求具有可行性的广告传播方案,服务包括媒体计划和购买;数字媒体、移动营销、搜索、效果营销;社交媒体分析和洞察,体育、娱乐和公益营销,多文化的内容植入、零售、整合策划。

邑策(Xaxis)是一个全球性的数字媒体平台,以程序化的方式帮助广告主、广告发布商通过所有可访问渠道和受众建立联系,结合专有技术、独特的数据资产和独家媒体合作关系,能够将相关内容和广告传达给有价值的受众。

3. 创意代理型广告公司

创意代理型广告公司也叫创意热店或独立创意机构,此类广告公司是以广告创意为主导的独立运营机构。这类广告公司在品牌策划、品牌传播、视觉设计、互动营销、广告创意与策划等基础之上,更注重创意的发挥,以创意为核心帮助客户解决实际问题。相较传统 4A 广告公司,这些广告公司一般规模较小,不提供一条龙式服务,程序简化,强项突出,能带给客户更独特的一对一的传播体验。这些创意公司现在几乎都把视野转向了数字与新媒体上,除了提供广告创意外,它们还把服务延伸到了营销链条的前端,比如参与产品创意乃至实际的设计过程、APP 的开发以及消费者的体验。其中比较著名的有百比赫、韦柯,此外还有一些新兴的创意机构越来越受关注,比如美国的 Droga 5,法国的 Fred & Farid,英国的 Leagas Delaney,日本的 PARTY,中国的 180China 以及麦肯世界集团下属的 Can Create 等。

百比赫(BBH)是较早以追求策略性手法和绝妙创意著称的广告公司之一。虽然在它的早期业务中是以 TVC 创意策划为主,但在新媒体时代到来后,BBH 也不断在新科技领域探索,并取得同样好的成绩。2008 年 BBH 为苏格兰威士忌品牌尊尼获加打造了一部《兄弟之约》的微电影广告,2011 年又和奥美公关一起联手为尊尼获加打造了《语路》计划系列微电影广告,这是该品牌历史上对数字社交媒体上最重要的一次投入。广告通过潘石屹、罗永浩、黄豆豆等 12 位时代典型人物的故事来阐释尊尼获加品牌"永远向前"的精神主题,短片上映后很短时间就引来了超过 700 万的点击量。

BBH 还曾于 2009 年为世界自然基金会(WWF)量身定制了一次手机宣传活动,开发了全球首个能和真实环境互动的手机广告。广告采用当时流行的"无标示增强现实技术",通过手机摄像头,将真实场景转化为虚拟小熊可以识别的数码环境,将野生动物的命运交到用户手中,看一只无家可归的小熊在都市环境中会有怎样的遭遇;它可能睡在街头,可能被人踩一脚,可能在公园里玩,也可能被车撞飞……这款手机软件可在世界自然基金会的官方网站上下载,并迅速在年轻人之间流传。广告发布两周后,世界自然基金会的会员增加了超过2倍,有50多万人浏览了网站。BBH凭借此活动在当年OneShow互动类别中摘下银铅笔奖。

韦柯(W+K)也是一家以创意为核心的老牌广告代理公司,坚持创意主导和独立运营,致力于为那些期望与消费者建立长久、密切、深入联系的客户提供创意解决方案。在W+K里,创意指导、文案人员、制片、摄影师、设计师……他们是这个公司的核心和领袖,同样也很重视新媒体新技术的发展。在W+K员工中,数字团队所占比例为40%。他们曾为耐克公司制作了一个像冰雪清理车一样的能够在环法自行车赛道上用粉笔写字的"粉笔机器人"(Chalkbot),公众可以通过网站、旗帜广告和Twitter等来提交信息,当Chalkbot在地上写下这些消息后,它会给地面照一张照片,加上时间和GPS定位信息,把这些信息传给用户。这场活动非常有创意,充分发挥了社交媒体的优势,而且有效地促进了收入的增加,Nike的销售增长了43%,为阿姆斯特朗基金会收获了400万美元用于抗癌行动。W+K也因此获得了2010年戛纳国际广告节网络类金奖。

180China是中国最新锐的创意公司之一,致力于为客户提供最具创意的品牌解决方案,其在数字创新、社交媒体及移动营销方面的创意能力已经获得广泛认可,并于2014年5月成立独立数字业务单元RITMOT(睿迈),专注于数字创意、社会化营销、数字媒体策划。英国著名创意刊物*Campaign*发布"2012世界领先独立广告公司"名单,180China广告作为唯一的中国公司入选。

4. 技术型广告公司

此类广告公司以技术见长,其主要优势不是来自创意策划或媒介策略,而是来自技术产品和服务。它们通常都具备高效处理大规模媒体资源能力和产品设计研发能力。其中一部分公司原本只是作为广告技术供应商而存在,为各种广告代理商提供技术支持。但是越来越多的广告主发现,跳过以广告创意和媒介投放为主的代理商,直接跟某些广告技术供应商合作,可以用更便宜的价格获取技术,自己掌握第一手数据完成广告执行与监察的工作。同时,随着广告媒体的一步步变迁,从门户时代到搜索时代再到当下的社交网络时代,媒体受众的行为已然高度碎片化,单纯的代理模式显然不能覆盖准确的用户,因此广告公司也越来越重视广告技术。于是出现了以自身研发技术产品为依托,同时直接为广告主提供广告和整合营销解决方案的技术型广告公司。目前国内比较有代表性的公司包括聚胜万合、悠易互通、艾维邑动等。

聚胜万合(MediaV)就是一家拥有自主研发产品的领先技术型广告公司,在互联网广告投放技术、效果监测、数据处理及动态优化、网页监测及网络行为分析、受众目标精细分类、智能匹配广告等方面有着丰富的开发经验和领先的技术成果。2012年4月推出国内首家面向中小客户自助式精准营销平台——聚效广告平台(MediaV DSP)、聚合数据管理平台(MediaV DMP)。聚效广告平台是一项基于点击竞价的自助式智能精准营销平台,可以为广告主提供自助式的精准广告投放服务。聚合数据管理平台则是为拥有独立网站的B2C电商企业打造的免费商业数据分析系统,通过聚合DMP,广告主不仅可以分析不同推广渠道的效果,还可以把数据应用到实际的广告投放中,实现海量人群与海量商品之间的匹配,提升广告效果,降低投放成本。

悠易互通(YOYI)是中国多屏程序化购买引领者,依托庞大的专有受众数据库和先进的广告技术,成为多屏融合及大数据营销时代最富创新精神、最具营销实效的互联网广告公司。自2012年将程序化购买概念引入中国以来,悠易互通始终引领程序化购买行业的发展,积累了极为丰富的程序化购买实战经验。悠易互通是中国第一家实现实时竞价(RTB)投放的需求方平台(DSP);2012年,悠易互通与沃尔沃合作了中国第一支RTB品牌广告;2014年,悠易互通推出了第一个真正意义的DMP平台——数据银行DateBank 2.0。2015年,悠易互通再次发力,与《广州日报》达成战略合作,并在此基础上推出程序化购买趋势概念"程序化购买+",将线上的PC、移动、社交、视频与线下的平面、LED、户外、电视、汽车、影院等各种资源相连接,以技术来实现数据打通,将多方数据形成闭环,使资源更全面地加以整合。"程序化购买+"概念的出现,引起了业内的持续热议。

艾维邑动(Avazu)是一家集PC和移动互联网广告全球投放、全球专业移动游戏运营及发行于一身的技术型广告公司。公司致力于通过程序化广告技术进行效果营销,从技术研发、服务创新两个方面为合作伙伴提供全球一流的服务。在此基础上,相继开发推出基于实时竞价的需求方平台Avazu DSP、广告网络Avazu Network、跨屏跨媒体广告效果跟踪优化系统Avazu Tracking以及广告交易私有平台Avazu Private Exchange。

二、新媒体广告代理公司

早期的广告代理从属于报业,因为最早承揽并发布广告的大众媒体是报纸。在经历了版面销售、媒体掮客、技术服务和全面代理几个不同阶段后,现代意义上的广告代理制度真正确立,并逐渐成为国际通行的广告经营机制。同时,随着大众媒体的不断发展,广告代理涉及的媒体范围也不断扩大。以互联网为代表的新媒体出现后,新媒体广告代理也逐步发展起来。

在新媒体广告出现之初,并没有专业规范的新媒体类广告代理公司。当时主要靠一些网络媒体内部的广告部门来为自己的网站承揽广告业务,因为它们对新媒体的属性更了解,相关技术也更成熟,这是普通的广告代理公司所不具备的优势,并且这种直接承揽的方式能为广告主省去代理费用,节省开支。但是,互联网公司并没有专业的广告代理公司在策划、创意以及整合营销方面的经验,没办法为客户提供更全面的服务,而且没有第三方的监督,直接提供给广告主的数据可信度未必够。

随着新媒体技术的快速发展,新媒体广告行业不断发展,广告主的需求不断增多,不再仅仅是寻求广告位,进行简单的文字介绍或链接。于是,一方面是互联网公司不断吸收广告专业人才,收购一些广告公司来提升自身在广告业务上的能力;另一方面,传统广告代理公司也开始注意到新媒体广告广阔的发展前景,纷纷涉足新媒体广告领域。在中国,跨国广告业巨头在拓展新媒体广告业务时的反映要比本土广告公司迅速得多:灵智大洋在1999年就设立了"互动传播部";同年10月,北京电通成立网络互动中心,推出全新的服务品牌Digication,为客户提供专业的数字媒体服务;2000年精信广告正式推出Beyond互动广告服务;

WPP集团从2002年开始加力发展数字业务,且取得迅速发展——其数字业务收入从2002年的5.86亿英镑上升到2012年的34.23亿英镑,年均增速达到了48%,而数字收入占总收入的比重也从2002年的15%提升到2012年的33%左右。这些传统广告代理公司的积极调整推动了新媒体广告代理业的发展。它们依靠多年的广告运作经验,为新媒体广告的成长和发展提供了宝贵的借鉴。不过对于这些传统的综合代理型广告公司而言,新媒体广告代理业务只是其广告代理业务中的一部分,它们多是将新媒体广告作为整合传播中的一项来看待,并且在新媒体技术应用方面存在明显不足。

真正专业的新媒体广告代理公司的出现是推动新媒体广告发展的主要力量。这些广告代理公司专注于新媒体广告代理,其中大部分掌握有大量的新媒体资源,并且掌握着先进的新媒体技术。相较于传统广告公司的网络广告部门,专业新媒体广告公司大多脱胎于网络业,有更强的技术力量,而且也更了解新媒体广告的特性和作业模式,它们拥有自己的广告管理系统和技术平台,能为客户提供基于新媒体的广告策划、投放与监测等一系列的行销解决方案。国外的新媒体广告代理公司发展较早,MEDIA999、BMCMedia、24/7Real Media 和 Double Click 等代理公司也较早地进入中国市场。

中国本土新媒体广告代理公司出现的时间大概在1999年前后。在中国,一开始就出现了专业化的网络广告代理公司。1998年,好耶用自己开发的网络广告管理系统换回了大量的网站上卖不出去的广告位,走上广告代理之路。2003年涌现了一批新的新媒体广告代理公司,如创世奇迹、科思世通、博圣云峰、网迈等。2004～2005年,中国网络媒体和广告代理商公司迎来了第一个春天,众多互联网公司开始盈利,风险投资重新大批进入互联网产业,而网络广告市场也稳步增长,平均增长率在70%以上。自这之后,新的媒体形态不断出现,新媒体广告代理业持续稳定发展,出现了大批广告代理公司,且类型多样。除了传统的网络广告公司外,还有手机广告公司、游戏内置广告公司、户外数字媒体广告公司、社会化媒体广告公司等。这些代理公司的类型还会不断更新,有些则会进一步细化。

现如今,新媒体广告代理业受到一些新的冲击。这些冲击主要来自几个方面,一是广告主开始回收代理业务。2007年7月,全球最大的广告主宝洁在中国区广告投放发生了巨大变化,取消原来和媒体谈判的代理公司,由宝洁亲自出马,和媒体展开面对面的谈判;2013年1月,耐克也宣布要收回社会化媒体广告业务,转由内部团队全权打理,不再将业务外包给代理公司。这两件事都让大家看到了在新媒体时代,广告主对媒体使用的自主性在不断扩大。二是对广告代理业极具颠覆能力的竞争模式"程序化购买"越来越受关注。程序化购买指的是通过数字平台,代表广告主,自动地执行广告媒体购买的流程,与之相对的是传统的人力购买的方式。程序化购买允许广告主跳过以广告创意和媒介投放为主的代理商,直接跟某些DSP广告技术服务商合作,可以用更便宜的价格获取技术,自己掌握第一手数据并完成广告执行与监察的工作。这一方面让广告主欢喜,另一方面却让代理公司感到深深的忧虑。《广告时代》曾发表过一篇文章,直接指出媒介代理商与广告技术供应商真枪实弹争夺广告主的现状,并将这场对决称为"广告圣战"。这种广告主绕过媒介代理商,直接与广告技术服务商合作的趋势开始威胁到广告媒介代理商的预算份额。

第三节　新媒体广告的广告主

一、新媒体广告主的类型

广告主即广告客户。按照《中华人民共和国广告法》中的规定,广告主是指为推销商品或者服务,自行或者委托他人设计、制作、发布广告的自然人、法人或者其他组织。

广告主是整个广告活动的起点,广告主通过支付一定的费用并提供企业及产品的相关信息,向广告公司发出营销宣传服务的需求。在广告市场的交易过程中,广告主处于买方的位置,广告主的数量、对广告产品的购买力以及广告主的广告意识决定了广告市场的规模。

新媒体广告主可以从不同角度进行划分。

根据广告主经营内容的不同，可分为生产商、销售商和服务商。生产商是指从事生产资料和消费资料生产的企业，比如食品、日用品、化妆品、汽车等生产商。这类广告主是传统广告市场上数量最大的广告主，但也越来越多地进入新媒体广告市场。销售商是指购买了生产者的商品后再转卖给消费者的机构或个人，如百货公司、电商等。这类广告主在新媒体广告市场上份额也较大。服务商主要包括网络服务、金融服务、通信服务等行业，同样也是新媒体广告中的主要广告主类型。

根据广告目标的不同，广告主可以分为效果类广告主和品牌类广告主。效果类广告主基本是互联网企业或者业务模式与互联网密切相关的企业，这种类型的广告主投放新媒体广告是为了扩大用户规模，重视销售效果，通常选择按效果付费模式，如 CPC、CPA、CPR、CPS 等方式。品牌类广告主重视的是品牌传播，基本上和传统广告中常见的投放品牌吻合，新媒体广告的投放对其来说就是媒介覆盖组合策略的一个类别，通过保持一定频次的广告曝光和覆盖。

二、新媒体广告主的行业分布

从全球广告市场来看，以网络为代表的新媒体发展迅速，新媒体广告市场规模增长迅速。2008 年以来，传统媒体除了电视广告市场规模能基本保持稳定外，报纸、杂志等广告市场规模持续下降。而以网络为代表的新媒体广告市场则在持续稳定增长，2008 年全球网络广告市场规模为 509.5 亿美元，全球广告媒体排名第四。到了 2013 年，全球网络广告市场规模就增长到 977.4 亿美元，占广告支出的 20.6%，增幅非常明显。就在 2013 年，网络广告第一次超过了报纸广告的市场规模，成为世界第二大广告媒介。单从中国广告市场来看，网络广告市场份额自 2011 年起就超过了报纸、杂志、广播等传统媒体，市场份额仅次于电视广告，并在最近 4 年一直保持增长态势。相对立的是所有传统媒体广告市场份额都在不断萎缩。2004 年中国网络广告市场规模只有 23.4 亿元，到 2013 年已经增至 1 100 亿元，一直处于高速增长期。这期间，除去 2009 年受金融危机的影响，环比增长率基本保持在

第二章 新媒体广告的参与者

50%左右,最高达到74.6%。

伴随着新媒体广告市场的成熟和发展,越来越多的广告主开始选择在新媒体上投放广告,使得新媒体广告主在数量、行业分布等方面也日趋成熟和多元化。以网络媒体为例,早期广告形式简单,广告市场不够成熟,因此广告主类型较为单一,行业分布较为集中,主要集中在与互联网行业相关的企业,如IT产品、网络服务、通信相关等行业。随着网络媒体的成熟和广告市场的发展,广告主也开始不断扩散,逐渐吸引了许多传统媒体广告主,如食品饮料、汽车、房地产、化妆品、服装等行业广告主。

从美国网络广告投放情况来看,1996年只有IT产品类广告投放超过1.4亿美元,其他广告主投放均在6000万美元以下,仅IT产品类广告投放比例就占到整个市场份额的38%以上。在这之后,金融服务类、商品服务类和医药保健类广告主开始逐渐加入网络广告主行列。经过15年的发展,各广告主广告投放规模均在增长。其中消费类广告主投放量增加尤为突出,自1998年以来就已经是最大广告主,2010年的投放量更是超过了150亿美元,占比达到了58%。这主要是因为互联网的介入,使用门槛都大大降低,已经深入居民生活当中。而消费类产品市场本身竞争十分激烈,在传统媒体中的广告投放量也是十分大的,并且其需要与消费者保持更频繁、更近距离的互动,对于消费类广告主来说,互联网有着更好的广告效果,其投放量得以实现快速增长。消费类广告主下细分的各个广告主在2002~2010年的分布较为稳定。零售类广告主份额最大,一直在35%~50%。汽车类广告主份额第二,一直在20%左右。

目前网络广告主主要分布在房地产、网络服务、交通、金融服务、IT产品、通信服务类这几个主要行业。此外,消费电子、教育、医疗、家居装饰类广告主也在不断加入。广告主分布较为广泛。其中,门户网站广告主以交通、网络服务和金融服务类为主(图2-4);视频网站中网络服务、化妆浴室用品和食品饮料类分列前三;社区网站中行业投放前三名的分别为交通、网络服务和零售及服务类。移动应用广告主行业以食品饮料、服饰等快速消费品类为主。艾媒咨询调查研究数据表明:2013年快速消费品类广告主占到移动应用广告主的28.5%;其次是汽车类,占24.7%;排在第三位的是日化类,占12.2%。此外,还有娱乐、电商、IT产品、应用、房地产、金融、教育、服饰等行业广告主选择投放移动应用广告。

图 2-4　网络广告

艾瑞咨询曾对 2012 年几家不同移动广告平台广告主行业分布进行构成分析。结果显示，安沃平台广告主前几位分别是日化、游戏应用、快速消费品、工具和汽车类，艾得思奇平台广告主前五位为游戏、电商、娱乐、快速消费品和工具类，多盟平台上居前五名的分别是汽车、零售、金融、IT 产品和食品饮料类。再进行细分化，移动应用广告主在 iOS 和 Andriod 平台上也有区别。以安沃平台为例，在 iOS 平台投放的广告主主要是汽车、快速消费品、日化、IT 数码和金融类，而在 Andriod 平台上投放最多的广告主行业是工具类，其次是汽车、快速消费品、游戏应用和日化类。

微电影广告主行业分布涵盖电子产品、服装、家居、汽车、游戏、金融、通信、旅游、商业、房地产、服务业、快速消费品、食品/饮料、美容、互联网/计算机、机关组织、医药卫生、娱乐、媒体、能源、航空等 20 余个行业。虽然行业分布广泛，但有集中的势态——越来越集中到食品饮料、服装、电子产品、汽车、游戏等行业。这主要是因为这些行业品牌众多，且容易在电影中植入。这种态势与视频网站的广告主分布极为相似，这表示，主要依托在线视频平台、无线播放平台传播的微电影已经被更多的主流广告主所认识。

户外视频媒体广告中，交通类户外视频媒体广告主以邮电通信行业和电商网站为主，定点类户外视频媒体广告主以交通、房地产和金融服务类为主。楼宇液晶广告主中，汽车、IT 产品、通信、化妆浴室用品、快速消费品等行业投放较为突出。网络游戏内置广告主集中在食品饮料、服装、汽车、体育运动、数码产品几个行业,因为网络游戏所针对的受众主要是19～35岁的人群,他们的消费结构和消费水平决定了游戏内置广告主的行业分布。

三、广告主如何选择新媒体广告公司

随着新媒体广告市场规模的不断扩大,新媒体广告公司的数量也越来越多。2010年,我国广告公司数量从2000年的40 497家增长至143 727家,其中绝大部分都涉及新媒体广告经营业务。在中国,一个广告主平均有9家代理公司,而且广告主与代理商的合作关系平均只有3年。面对这么多的新媒体广告公司,广告主应该如何选择?要综合考虑以下几个因素。

(一)广告主自身的发展情况及需求

广告主的广告活动都是为了达成一定的目标,也许是有效地促进销售,也许是塑造品牌形象。不同企业在不同发展阶段和不同市场环境下,其广告目标都会有所不同。选择新媒体广告公司时,首先要明确自身的发展情况以及需求。毕竟广告是一项付费活动,无论新媒体广告公司采取何种收费方式,最终都还是要由广告主来付账,这些广告代理和投放费用最终都要算到广告主的运营成本之中,不能盲目投入。广告主必须要依据自身规模、产品性质、服务需求和资金预算来选择与自身契合度较高的新媒体广告公司。

(二)广告公司的规模与声誉

广告主将广告业务交给广告公司来代理,由广告代理公司帮助其实现广告目标,那么代理商的规模和声誉就是广告主必须要考虑的问题。相对而言,规模大、声誉好的广告公司能有更大的人力、物力投入来提供更加完善的服务,而小广告公司在各项资源上可能会有不足。因此在选择广告公司时要考量它们的规模是否能够承担你的业务量,其声誉是否好到值得信任和合作。但并不是所有的广告主都追求大型广告公司为其代理,大型广告公司业务范围广,知名度高,通常代理业务也较多,如

果你的公司不够有名气,广告预算也不够多,那么就有可能得不到足够多的重视。毕竟对广告公司来说,效益也是一个不得不考虑的问题。

(三)广告公司的优势与经验

新媒体类型多样,因此新媒体广告公司类型也很多样化。广告业的发展也呈现出更加细分化的态势。面对广告公司细分、广告媒体细分、广告受众细分的现实,充分了解新媒体广告公司的专业优势,能更好地做到有的放矢。面对诸多的新媒体广告公司,广告主要搞清楚它们的优势在哪里——侧重策划、创意、技术、媒体投放还是整合?专注于互联网媒体、手机媒体还是移动户外媒体?擅长房地产类、汽车类、游戏类还是教育类广告?总之要讲求其专业性。拥有专业资深的经历和背景能让新媒体广告公司根据以往积累的经验更加准确地分析广告主所要解决的问题,并相应地提出中肯的建议。同时,广告主有必要接触一下该广告公司目前的客户或过去的客户,全面考查一下该公司的履约能力和服务能力。对于广告主来说,有经验的新媒体广告公司更加值得信赖。

(四)广告公司的收费及交易方式

广告主永远面临着成本考虑的问题,因此他们不得不关注广告代理的价格。大手笔的如可口可乐公司,向包括李奥贝纳、奥美、FCB(博达大桥)等现任代理商和没有商业关系的其他代理商在内的13家代理公司发出创意报价征询(RFI),要求它们将所提供各项创意服务的明细报价一一列出。

新媒体广告公司的收费方式较传统的代理佣金制已经有了很大的变化,除了固定比例的佣金制外,还有项目制、包月制等不同收费方式。而在不同的新媒体平台上也会有CPC、CPA、CPM、CPO、PPL、PPS等不同计费模式。这就要求广告主在与广告公司签订代理合同之前要充分了解新媒体广告公司的收费及交易方式。

广告主找广告公司代理广告活动,最重要的是希望能提供新的观念和新的构想。广告公司因为其专业性质,不一定了解企业的经营和市场经验,如果广告主能够从市场一线的角度出发,将好的传播构思和意见提供给广告代理公司参考,可以帮助广告代理公司把广告策略制定得更富有效果。

四、新媒体类广告公司与广告主的互动关系

广告公司与广告主同是广告活动的主体,且两者间存在代理关系,这是现代广告中一个最重要的特征。广告主将广告计划委托给广告公司来执行,这种委托代理关系的确定是一次广告活动的起点。从这一点上来讲,广告公司与广告主应是平等互利的互动合作关系。一方面,广告主需要借助广告公司的专业能力来帮助其实施广告活动,并通过广告活动的开展来实现其目标,促进其发展;另一方面,广告公司需要有广告主的委托代理业务才能维持生存,获得更多广告主的认可和委托,广告公司才能求得更好的发展。而只有两者共同发展,才能进一步促进整个广告市场的成熟。

第四节　新媒体广告的受众

广告受众指的是在传播过程中的广告信息接收方,也就是指接收广告信息的受众。它包含两层含义:一是指借助媒介接触广告的媒介受众;二是指广告的诉求对象,也就是指广告主的目标受众。在这里的受众主要是指新媒体受众,即网络受众,就是通常所说的网民。

一、新媒体广告受众的群体特征

(一)知识化和中坚化

接触以网络为代表的新媒体,首要前提是具有一定的知识能力。随着我国教育的发展,具备上网浏览能力的中高学历层次的受众越来越多。中国互联网络信息中心(CNNIC)在北京发布的《第 24 次中国互联网络发展状况统计报告》显示,截至 2009 年 6 月 30 日,我国网民规模达 3.38 亿。如果说,当时网民的年龄尚具有年轻化的特点,那么,经过近十多年的发展,当年的年轻网民已经成为社会的中坚力量,而社会的中

坚人群也因网络的普及几乎无一例外地需要运用网络。再加上新媒体广告的设置与发布又需要精准地服务于该部分人群,因此,知识化、中坚化成为新媒体广告受众人群的首要特征。

(二)消费化和品牌化

当今社会是个高度消费性的社会,随着社会分工的细化、人们收入水平的提高、市场商品的丰富,人们的消费需求也得到空前的刺激,于是多种多样的产品均得到开发,消费成为人们生活的重要内容,也成为社会保持活力的重要方式。一般来说,拉动市场经济发展的动力有三个:一是外贸出口,二是基建投资,三是内需消费,可见消费的重要性。但不同社会阶层,因收入不同、需求不同、观念不同,所进行的消费是不一样的。如农村的老年人的消费就会大大低于城市的年轻人的消费,而城市的一般工薪阶层的男性消费又会低于中高收入家庭的女性消费。而在消费意识与行为中,消费者又会对不同档次、不同个性、不同品质的品牌商品有所选择,如此就产生了品牌化消费的差异。正因为如此,承担着不同品牌传播使命的新媒体广告的受众群体,就有了消费化、品牌化的特征。

(三)参与性和互动性

新媒体本身就是为人们具有高度的参与性、互动性而设计的,面对有着100多个频道的数字电视,观众个体需要自己选频道选节目;面对空间无限的网络世界,更需要网民个体进行网页的选择与点击;面对诱惑力无限且让你有成功感的游戏,同样需要游戏者参与其中;而在网络社区或论坛中,只要你参与,你的所有疑问、所有才华均可得到解答与展示。因此,新媒体广告的受众群体必然有着主动参与性与热情的互动性。

二、受众对新媒体广告信息的知晓过程

广告属于一种说服性传播活动,这一过程与一般的信息性传播过程不同。在通常的信息传播过程中,一旦信息传播者将内容传递给接收者,信息被接收者所理解,就实现了信息传播的目的。然而说服性传播

不但要将信息传播出去并且为接收者所理解,还要让接收者主动接收并且相信所传播的信息内容,养成积累的态度并产生购买的欲望。

美国的E.S.刘易斯最早提出了用AIDMA表示消费者接受广告时的心理过程。具体内涵为:A(Attention)引起注意、I(Interest)产生兴趣、D(Desire)培养欲望、M(Memory)形成记忆、A(Action)促成行动。这就意味着,广告信息一直都要引人注目、令人感兴趣并产生购买欲望,最终形成记忆,转变为购买行动。

与传统广告相比,新媒体广告的传播渠道发生了改变,广告的表现方式也存在差别,但"AIDMA公式"却依然是值得依据的法则。广告主能够根据不同的广告目的,凭借"AIDMA"来检验新媒体广告的效果。新媒体广告AIDMA的每一阶段都能够作为广告传播效果评估的内容。网络受众浏览网络广告的过程同时也是网络广告引起人们注意的过程;人们点击网络广告的过程就表明广告能够引发其兴趣;和广告主进行交流和沟通就表明网络广告起到了激发受众某种欲望的作用,用户的购买过程也就意味着网络用户将上网转化为实际行动的整个过程。

实际上,就心理学角度而言,消费者对网络广告信息的接收过程是一个极其复杂的过程,而并非一个简单的过程。消费者从接收广告信息到产生购买行为间的内部心理状态可以通过态度来表现,而态度又可以从三个方面进行表述,即知晓、意化和驱动行为,任何一方面发生了变化都会造成态度的变化。

知晓指的是对感觉信息进行初步加工的能动、复杂的过程,简而言之是一个解释感觉信息又使之产生意义的过程。这个过程不仅要受到外界刺激的影响,还要受到已有知识、内部经验及情绪、动机、愿望等各种因素的影响。知晓的过程包含着思维、注意、感觉、推理、情绪、意志等各类心理活动。

实际上,AIDMA过程中的各个步骤是紧密相连的,不能被截然分开。在新媒体广告知晓过程中,最为重要的就是引起注意,产生注意是促进广告传播目标实现的首要环节。

(一)有意状态下对新媒体广告的注意

就注意本身而言,它并不是一个独立的心理过程,而是感觉、知觉、记忆、思维等各种心理过程都具有的一种特性。有意注意具有明确的目的。在消费者的购买行为中,若消费者拥有明确的购买目标和购买动机,在市场上就会主动地、有目的地、有意识地关注某些商品的信息。比如一个消费者购买冰箱,在购买以前,他非常清楚自己的购买目的,也十分明确自己对商品性能的期望和要求,就会有意识地收集有关商品的介绍,关注相关的广告宣传,对符合自己需求的品牌进行比较,将注意力放在自己感兴趣的品牌上。为此,有意注意一般发生在购买欲望强烈、购买目标明确的情况下。

而新媒体广告在吸引消费者有意注意的方面有着先天的优势。这是由于在网络中信息收集简便快捷,与传统的广告模式相比,网上消费选择范围更为广阔,消费者的主观能动性能够得到最大限度的发挥。消费者一边可以根据自身了解的信息借助互联网跟踪查询,一边还可以在网络上发布自己对某种产品或者信息的需求,得到其他人的帮助,有目的地获得所需的信息。

(二)无意状态下对新媒体广告的注意

无意注意是指没有预定目的,无须意志努力,不由自主地对相关事物产生的注意。无意注意也可称为不随意注意,也就是我们通常所说的不经意。例如,我们平时在逛商场时,原本并未打算购买什么东西,但当注意到某类商品的性能突出、造型新颖、价格实惠或者许多人正在抢购时,就会立刻引起我们的注意。

一般而言,唯有被注意到的商品才可能激起消费者的兴趣。因而,怎样引起消费者的关注是一门艺术。近年来,消费者对广告的无意识加工已发展为广告心理研究中的热门话题。在平时的生活中,常常会出现这样的情形:人们在听广播、看电视或者看报纸的过程中遇到广告时,最常用的动作就是调换频道或者翻过带有广告的报纸。但令人感到奇怪的是,他们中的大部分人却又能够记住广告中出现的一些常用语或者曲子,这表明信息是可以被无意识地加工的,这一观点在很早之前就已存在。如Frend提出了关于意识的研究理论,他认为:"头脑中的东西不等同于意识到的东西,头脑中是否在进行某项活动和你是否感觉到这项活动是两种不同的东西。"也就是说,无意识在很大程度上控制着消费者的动机以及消费行为。

实际上,新媒体广告和传统广告方式相比,虽然在吸引消费者有意注意方面存在着优势,但网民们将购物作为直接目的的只是很少的一部分。研究结果显示,网民们上网的最主要目的是获取有用的信息,而以购物为直接目的的网民所占比例并不高。

由此可见,即使受众参与程度较高的新媒体广告仍然要注重吸引受众的无意注意。在新媒体广告中,视觉和听觉的刺激是消费者无意注意产生的主要渠道,互联网的特性使图片统计、文字表述和声音配置成为引发消费者无意注意的关键因素。

三、新媒体广告受众的心理

(一)主体意识

主体意识,即自我意识,它是人对自身的主体地位、主体能力和主体价值的一种自觉意识,是人之所以具有主观能动性的重要依据。自主意识和自由意识是主体意识的重要内容。在开放互动的新媒体环境下,自主意识表现为对权威的不盲从、参与意识的提升、传播活动主体与客体的模糊,而自由意识更多地表现为人在表达自我意志的时候,信息的呈现内容和方式、渠道的设置、倾听和互动的受众确定等方面有了更多的选择机会。UGC 和 UGM 概念提升了用户的价值,这也和新媒体环境下用户主体意识的觉醒和提升有着密不可分的关系。

新媒体广告中,已经有了很多最先由用户驱动的品牌传播案例,这些案例无一例外都指向受众主体意识在品牌传播、广告传播中的重要作用。而且新媒体广告越来越呈现出互动的特性,要求受众积极地与信息、与其他受众进行沟通,让广告主更清晰地了解受众的喜好和需求。

所以,对于新媒体的广告主而言,要既充分又合理地运用受众的主体意识,以帮助广告传播的顺利展开。

(二)娱乐性

传统媒介平台上的广告因为服务于大众,很少有个性化的成分,呆板、枯燥的模式下,受众的广告态度一降再降。而新媒体广告擅长与受众互动,从这个互动过程中我们可以看到,用户对信息的价值取向呈现明显的发散性,更偏好于轻松愉快的信息,有过度娱乐化的倾向。这说明,受众在有更多挑选机会与挑选空间的条件下,已经明确了喜好和需求,也提醒着新媒体广告主娱乐化信息和娱乐式互动沟通的存在与否左右着受众对广告的接受,以及广告信息的二次传播。

当然,一味追求娱乐性可能导致受众价值观的扭曲、"恶搞"文化的盛行。比如,2010年的"凡客体"发展到后期已经变成对明星、名人的恶搞,甚至是人身攻击,反而不利于品牌的传播。所以,必须要充分考虑受众娱乐化的两面性,使广告信息呈现适度的娱乐性,这样才会既满足于受众的需求,又保证新媒体广告的健康发展。

(三)猎奇心理

新媒体环境下的信息以海量的方式存在着,而受众的注意力又相对缺失,这着重表现在对媒介的忠诚度不高以及对信息的捕获上。有数据表明,当下的网民上网平均每次要打开8个窗口,而每个窗口的平均浏览时间只有25秒。再加上信息的同质化问题越来越严重,想要在海量的信息中吸引碎片化受众的关注,就一定要把握受众的猎奇心理。

第三章 新媒体广告的创意与策划

新媒体广告与传统媒体广告相比,具有多项优势,然而新媒体广告能否达成告知、劝服、提示、引导等目标,很大程度上依然取决于它的创意水平。这里讲的创意不仅是广告作品表现上的求新图异,还包括新媒体跨界融合的创意、与用户互动对话的创意,乃至统领整个广告活动的"大创意"。

本章聚焦新媒体广告创意,除了介绍广告创意的战略、策略策划等内容外,还阐述了新媒体广告创意的流程、思维和文案创作。

第一节 新媒体广告的战略与策略策划

在分析新媒体广告战略与策略策划之前,首先要明确战略和策略是两个相对而言的概念。企业的广告战略在一定历史时期内是具有相对稳定性的,而策略具有较大的灵活性。策略是指为实现战略任务而采取的手段,是战略的一部分,它要服从于战略,并为达到战略目标而服务。战略任务必须通过策略来逐步完成。两者的关系反映了全局与局部的关系。它们的区分是相对的,而在同一范围,两者间的区别又是确定的。

一、新媒体广告战略

(一)新媒体广告战略含义

新媒体广告是在电子化、信息化、网络化环境下开展的广告活动,它是以现代广告传播和营销理论为基础,利用高科技,最大限度地满足企业和用户的需求,以达到传播信息、实现沟通、开拓市场、增加盈利的目标。新媒体广告是整体营销与广告战略的一个组成部分,是企业的一种传播沟通手段。

进行新媒体广告战略策划,首先必须明确几个相关概念。

1. 战略

战略本是一个军事用语,《现代汉语词典》将"战略"解释为指导战争全局的计划和策略。《辞海》中解释,"战略"一是军事战略的简称,二是泛指对社会政治、经济、文化、科技和外交等领域长远、全局、高层次重大问题的筹划与指导。

2. 广告战略

战略这一术语运用在广告学中,就称为"广告战略"。

广告战略是指在一定时期内指导广告活动的带有全局性的宏观谋略。

3. 新媒体环境与广告战略策划

新媒体环境是指在互联网之后发展起来并建立在网络数字技术基础之上的渐成体系的新兴媒体环境。其特点是融合了多种传播技术手段,使信息传播可以在更加多元化的方式下实现。

新媒体环境的"新"首先体现在它的传播方式上。它弥补了以往大众传播中目标不确定的缺点,能准确地将要传播的信息"交付给"目标受众。

新媒体环境的"新"还体现在它的服务功能上。现代社会向着需求个别化、多样化发展,而新媒体环境正是更加细分化地适应社会的多样化需求,极大地丰富了人们的选择余地。

在此前提下,广告战略策划有了更大的空间和平台,也带来更多的挑战。新媒体环境下的广告战略策划,更需深入评估分析企业和品牌所处的客观环境,对整个广告活动的指导思想、目的、原则等进行宏观运筹与谋划。

(二)新媒体广告战略目标

新媒体广告策划过程中,对广告活动所要达成的目标的策划,是确立广告战略策划的中心环节。新媒体广告战略目标是围绕新媒体广告活动而要达到的预期目标。

制定新媒体广告战略目标要从企业的具体情况出发,选择切实可行的战略目标。战略目标虽具有一定的稳定性,但不能一成不变,尤其是在瞬息万变的新媒体环境下,要根据实际情况做出调适。

广告战略目标的确定在许多情况下很可能不止一种,而是具有多元或多重目标。在这种情况下,必须分清层次,应该明确哪些是总目标,哪些是分目标;哪些是外部目标,哪些是内部目标;哪些是主要目标,哪些是次要目标;哪些是近期目标,哪些是长远目标。在选择和确定新媒体广告战略时,应抓住总目标,突出主要目标,兼顾分目标和次要目标,并努力协调好外部目标与内部目标、近期目标和长远目标之间的关系,使企业内部目标的落实为外部目标的实现创造条件,使近期目标的落实为长远目标的实现创造条件。

(三)新媒体广告战略设计

战略思想的确立是新媒体广告战略策划的基础,广告目标的制定是新媒体广告战略策划的核心,对内外环境进行分析是新媒体广告策划的前提,而广告战略设计则是新媒体广告战略策划的关键。广告战略设计就是设计众多广告战略方案,并从中选择最能体现广告主战略思想、符合新媒体广告策划实际、适应企业市场营销需要的广告战略方案。

1. 新媒体环境下的广告创作战略

新媒体广告创作涉及战略、策略、创意和制作等诸多环节,是新媒体广告运作中至关重要的一环,也是充分体现新媒体广告创造性和挑战性的一环。新媒体广告创作过程充满着变化和刺激,体现着理性与激情,新媒体广告创作战略则为广告创作提供了协调统一的指导。

新媒体广告创作战略是广告战略与目标在广告创作领域的具体体现和运用,和其他广告战略一样构成总体设计的一部分。

(1)战略任务:通过对新媒体广告创作的战略决策指导

新媒体广告要达到最终目标,必须通过对消费群体观念和行为施加影响。要影响消费群体的观念和行为主要凭借广告作品,而成功的新媒体广告作品则来自广告创作过程的巨大努力。新媒体广告创作就是将恰当的广告信息要素以有效的形式形成广告作品,借由新媒体平台传达给消费群体的过程。广告信息要素包括主题、创意、文字、图形、色彩、画面、音响等诸多方面,新媒体广告信息要素依托互联网、移动终端、数字技术等不同的载体,全方位地呈现广告战略决策。广告创作战略从总体上长期指导广告作品对消费群体观念和行为产生影响。

(2)基本原则:预期信息与可接收信息可靠的一致性

新媒体广告主发布广告的目的就是向消费群体传递其有意图的广告信息。这种广告主意图传递的广告信息就是预期信息。广告创作就是要将这种预期信息经过合理有效的选择、组合和表现形成新媒体广告作品。消费群体通过广告作品接收到的信息就是接收信息。接收信息的多少和程度决定了广告的效果和影响。成功的新媒体广告创作,无论采取什么方式,总能够将广告的预期信息巧妙而且强烈地传递给消费群体,并牢固影响其观念和行为。因此,新媒体广告创作的基本原则就是预期信息和接收信息可靠的一致性。这里的"可靠"是指广告作品传递预期信息的方式具有很强的说服力和可信度;"一致"是指预期信息和接收信息的完全符合,广告不能有偏差地传递信息,消费群体也不会有偏差地接收信息。因为广告作品的缘故而带来的任何偏差信息会对整个广告活动造成难以估计的消极影响[1]。

(3)新媒体广告创作的战略定位

新媒体广告创作战略对具体的创作策略和过程从总体上进行指导,主要体现在对创作的战略定位上。新媒体广告创作的战略定位是指对广告创作进行的整体性、方向性规划,以指导具体的广告创作过程,从而在总体上达到一致的理想效果。

新媒体广告创作的战略定位从影响广告创作的诸多因素中选择对产品或品牌具有核心意义的要素或组合进行区分。这些要素包括创作风格、主题与题材、广告信息、顾客需求等方面。

新媒体广告创作的战略定位保证了新媒体广告创作总体上的特征

---

[1] 康初莹. 新媒体广告[M]. 武汉:华中科技大学出版社,2016.

性与一致性,有利于塑造品牌和强化对消费群体的影响。需要注意的是,战略定位的指导方向并不是绝对的,由于特殊情况的需要而进行的不同导向的策略性新媒体广告创作并不违背总体定位。新媒体广告创作的战略定位选择取决于企业的经营战略和竞争情况。新媒体广告创作的战略定位应随着企业经营和竞争的不同状况进行调整。

2. 新媒体环境下的消费群体广告战略

消费群体广告战略是新媒体广告策划的战略和目标在消费群体领域的具体体现,为随后其他广告策略的实施和运用提供方向性和原则性的指导。要达到促进销售的基本目的,新媒体广告要将恰当的信息通过最有效的渠道传递到恰当的对象,并最终通过影响消费者的观念和行为来逐步实现。消费群体广告战略设计正是要在总体上明确新媒体广告策划所应面对的消费群体和努力方向。我们通过以下的具体内容来具体理解。

(1)战略任务:通过对消费群体的战略决策影响其观念和行为,促进最终销售

新媒体广告和传统广告在本质上一样,同是营销手段和信息传播工具,新媒体广告活动和新媒体广告策划最终都是要实现特定信息传达和有效地促进销售的目标。作为消费群体领域的广告战略,成败与否在于能否针对消费群体采取有效战略达成该目标。因此,消费群体广告战略的基本任务,就是通过对消费群体的战略决策,明确传达特定信息,影响其观念和行为,促进最终销售。明确了战略任务,就知道新媒体环境下对于消费群体战略的所有努力的取向。

(2)基本原则:对消费群体有条件的最大有效影响

当我们考虑战略细节、权衡取舍时必须有一个可以参照的基本原则,并以此来指导战略内容的设计。对消费群体有条件的最大有效影响就是消费群体广告战略的基本原则。广告是商业活动,需要有代价和回报地利用经济资源。所谓"有条件"是指针对消费群体影响的范围和程度要受到当前条件的限制,包括现有新媒体资源、企业经营方针和营销战略策略等;"最大"就是要充分利用新媒体广告的经济资源产生最大的影响;"有效"是因为这种影响必须是符合消费群体广告战略的目的和任务,符合营销战略和任务,这对新媒体广告主和消费群体双方来说都是

合意的。

(3)战略概况:特征群与基本点

我们不可能将大量的资源耗费在毫无针对性的消费群体上,因此,广告需要面对有某种共同特征的或大或小的消费群体,这些群体具有多种多样的特征,但总有一些是新媒体广告活动所能利用的。因此,消费群体战略首要的内容是对消费群体的战略概况有所了解,即总结出"特征群"和"基本点"。

"特征群"是指新媒体广告活动中具有概括性和战略性共同特征的群体,是新媒体广告所需面对的消费群体在战略上的概括。概括性是指对群体的描述是定性的,是对消费群体的总结。战略性是指这种描述是有战略意图的,为随后的策略实行提供方向性的指导。

新媒体广告活动的特征群概括性和战略性的共同特征就是"基本点"。基本点为消费群体广告战略提供了努力的中心和焦点。例如,可口可乐针对新媒体开展的广告活动延续一贯的特征群即"热爱生命和享受生活的人",基本点为"生命与生活";百事可乐新媒体广告活动的特征群可概括为"希望和充满年轻有活力的人",基本点为"年轻活力"。特征群和基本点的差异,使得两者的新媒体广告活动从总体上会呈现不同的风格和方向。

特征群和基本点与广告策略中目标市场策略的细分市场和基本特征不同。特征群和基本点着重战略性、长期性、方向性和抗衡性,是所有广告活动和广告策略在消费群体方面共同围绕的中心;细分市场和基本特征则是针对广告活动的特定化和具体化的衡量,强调为其他广告策略提供明确的依据和标准。特征群和基本点在相当长的时期内保持不变,除非营销广告战略发生重大转变;细分市场和基本特征则可以随着某一广告活动和运动的目的而改变。例如,我们可以把百事可乐新媒体广告活动的细分市场和基本特征表述为"15～35岁,追求时尚与先锋、年轻有活力的人",或者出于特定活动的需要表述为"18～25岁,喜爱体育运动的在校大学生"。

(4)针对观念和行为的努力方向

新媒体广告对销售和品牌的作用是通过影响和改变消费群体的观念和行为来实现的。因此,要从战略上明确新媒体广告活动在观念和行为两方面的努力方向。

从长远看,新媒体广告活动对消费群体观念和行为的影响包括创造观念和诱发吸引,培养观念和鼓励购买,维持观念和持续购买,转变观念和重塑习惯。通过以上四个方面,消费群体广告战略从总体上为新媒体广告活动提供了针对消费观念和行为的努力方向。新媒体广告策划者可以为广告策略的开展和实施选择适合产品现阶段营销状况的组合。针对观念和行为的努力方向为整体广告活动提供了统一协调的聚合力,使得新媒体广告活动和广告策略能够朝着一致的方向多样化发展。

(5)消费群体的战略组合

在明确了消费群体广告战略的努力方向之后,消费群体广告战略还需确定实现这些努力的战略组合,包括扩张型群体战略、集中型群体战略、强化型群体战略、开发型群体战略和转变型群体战略等。

扩张型群体战略和集中型群体战略都是针对消费群体范围而言的。扩张型群体战略是指新媒体广告活动的作用在于逐步扩大消费群体的战略,集中型群体战略则是指活动的作用集中于特定的消费群体的战略。

强化型群体战略和开发型群体战略则是针对消费群体的深度挖掘。强化型群体战略是指新媒体广告活动的作用在于强化特定消费群体观念和行为的战略,开发型群体战略是指新媒体广告活动的作用在于开发原有消费群体的战略。

与其他战略不同,转变型群体战略是指新媒体广告活动的作用在于转变消费群体的观念甚至原有消费群体观念的战略。

新媒体广告主和广告策划者可以根据需要选择合适的消费群体广告战略组合来实现有效的努力。例如,拥有潜在数量巨大的消费群体,意在争取市场领导地位的产品可以通过扩张型与强化型战略方针相结合的广告战略,在扩大市场份额的同时强化市场势力,以此巩固其市场地位;凭借某一新技术或新产品开辟市场的企业,则可以利用集中型和扩张型相结合的战略方式,在小范围市场争夺成功后转向大范围领域;重新进入市场的旧企业或品牌,可以选择转变型或扩张型战略方式,先扭转消费群体对其固有的形象,再逐步扩大市场影响。

3. 新媒体环境下的广告媒体战略

媒体是广告信息传递的渠道,是广告作品的载体,是广告主和广告策划者控制广告投入的有效工具。在新媒体环境下,广告媒体战略是广告战略和目标在新媒体领域的具体运用和体现,是媒体策略和计划的总体概论和指导。

(1)战略任务:通过对新媒体的战略决策影响新媒体广告与受众的接触

广告作用的发挥有赖于三方面的直接配合:合适的目标群体、优秀的广告作品以及有效的媒体接触。其中媒体作用的发挥对于广告活动具有更为关键的意义。新媒体有着与传统媒体不同的传播模式,以新的方式承担着沟通广告与受众、承载与传递信息的功能。作为广告职能战略之一的广告媒体战略,其应承担的基本战略任务就是通过对新媒体的战略决策影响新媒体广告与受众的接触。

(2)基本原则:高效率和高效益的信息传递与受众接触

新媒体的发展日益壮大和成熟给了新媒体广告主和广告策划者众多的选择和组合的机会,一方面为新媒体广告信息的传递和受众接触提供了高效率的可能,另一方面也为广告费用的有效使用带来更多的困难和挑战。在竞争日益激烈的今天,企业必须考虑新媒体广告活动的商业代价和收益,媒体费用占据了广告费用的主要份额,新媒体平台的多元化也给广告投放费用带来巨大的弹性空间。因此,作为媒体策划和计划的整体指导,广告媒体战略必须以高效率和高效益为原则。高效率是指媒体策略和计划要考虑所采用的新媒体和新媒体组合能否高效地将广告信息传递给目标受众;高效益是指在这种新媒体或新媒体组合带来高效率的基础上,能否实现较低的费用和较好的效果。

(3)广告媒体的战略组合

在新媒体广告策划中,广告媒体战略组合主要包括扩张型媒体战略、稳固型媒体战略、收缩型媒体战略、持续型媒体战略以及间歇型媒体战略等。

按照整体广告活动利用媒体资源的规模状况,广告媒体战略组合可以分为扩张型媒体战略、稳固型媒体战略和收缩型媒体战略。扩张型媒体战略是指整体广告活动利用媒体资源呈扩张趋势的战略。这种扩张趋势包括组合的扩大、投放频次的增多、媒体品质的提升和费用的增长等多种形式。稳固型媒体战略是指保持整体广告活动利用媒体资源的比例相对固定的战略,媒体组合、投放、媒体品质和费用都相对固定,没有战略上的变动。收缩型媒体战略是指整体广告活动利用的媒体资源呈缩减趋势的战略,表现为媒体组合、投放、媒体品质和费用的逐步减少。这三种媒体战略及变动取决于广告主的经营决策和营销战略。当新媒体广告主扩大经营和加大营销力度时,很可能引起扩张型媒体战略决策;反之,亦然。

按照整体广告活动利用媒体资源的时间发布,广告媒体战略组合可以分为持续型媒体战略和间歇型媒体战略。持续型媒体战略是指整体广告活动对新媒体资源的利用保持相对稳定和连续的战略,广告受众可以在长期内持续接收到来自新媒体的广告信息。间歇型媒体战略是指整体广告活动对新媒体资源的利用呈现间歇状态的战略,这种间歇状态的出现主要来自新媒体广告主经营活动的战略决策的变化。

4. 可供选择的广告战略

广告战略按照不同的标准划分还有多种类型,在新媒体广告策划中制定广告战略时,可从以下广告战略类型中进行选择和组合。

(1)总体战略和职能战略

从整体与局部的关系来看,广告战略分为总体战略和职能战略。

总体战略,就是新媒体广告活动整体的全局性的战略。它主要说明新媒体广告活动的方向。因此,总体战略的基本内容是战略范围、资源部署以及有关全局性的方针和原则。

职能战略,主要是指消费群体、产品、广告媒体、广告创作、广告实施等一些特殊领域内制定的战略。

(2)守势战略、攻势战略、分析战略和被动型战略

从新媒体广告活动本身的目标和任务与环境提供的机会和可能受到的威胁相适应的关系来看,广告战略分为守势战略、攻势战略、分析战略和被动型战略等。

处于比较稳定环境中的企业多采用守势战略或称防御战略。企业为了维护自己的市场地位,经常运用不间断的新媒体广告来维持产品知名度和市场占有率。广告在这里不仅是为了推销产品,而且要维持和巩固市场地位。

采取攻势战略的企业正好与采取守势战略的企业相反,它们希望保持动荡不定的变化环境,并借此寻找开辟新产品、新市场的机会。

分析战略是一种介于守势战略和攻势战略之间的战略。采取这种战略的企业,既想保持传统的产品和原有顾客,又想开辟新产品、新市场,故而采用稳定与相应变动相结合的较灵活的政策。对于这类企业,在新媒体广告策划中要注意企业现有利益与期望利益、长远利益与短期利益的结合。

一个失败的企业往往会对环境的变化反应迟钝,无法做出正确的判断或采取正确的措施,处于被动的状态。这类企业应选择被动型战略,在新媒体广告策划中不要急功近利,要针对问题的原因采取循序渐进的解决方法,使企业逐步适应市场环境的变化,再寻求发展。

(3)发展战略、稳定发展或保持现状战略、紧缩或转向型战略和放弃战略

从产品市场增长与市场份额变换之间的关系来看,广告战略可采取发展战略、稳定发展或保持现状战略、紧缩或转向型战略和放弃战略等。企业应根据产品的市场定位来调配本身的资源,对处于不同市场地位的产品采取不同的投资发展战略。

名牌产品采用发展战略最为合适;对于仍处于风险状态的产品,如果有希望转变为名牌产品的,亦应采用这种战略。这种战略就是给这些产品增加投资,提高产品质量,扩大市场销售量和本企业产品的市场份额,同时还应该放弃一些短期的利润而求得长期有利的地位和长期稳定的利润收入。新媒体广告宣传要紧紧配合这种战略需要,为创建名牌服务。因此发展战略也称为名牌战略。

对市场销路已经达到最高盈利水平的产品,不大可能再有较大的扩大,但要维持本身已占有的市场份额;不必再进行新的投资,还可收回大量的资金以支持其他方面的发展。因此,在新媒体广告策划中对这类产品应以维持其市场占有率为目标,采取稳定发展或保持现状战略。

对一个处于风险状态又未能转向名牌的产品,或一些原处于盈利状态但开始转向滞销的产品来说,应采取紧缩或转向型战略。对这种产品不能增加投资,而应该撤退或进行产品的更新换代,或者转向别的新产品。

对处于严重滞销状态的产品,最干脆的方法就是放弃这种产品。因此,对于这种产品也就没必要进行任何形式的广告宣传,应果断采取放弃战略。

(4)普遍型战略

从战略的普遍适用性来说,可采取普遍型战略,包括区别型战略、薄利多销型战略、重点型战略等。采取普遍型战略,是指各种企业都可以普遍使用的一种战略。

采取区别型战略,是为了使本企业所提供的产品区别于别的企业。也就是说,本企业所提供的产品的质量、设计、用途或其他方面要有自己的显著特点。只有这样,才能维持和扩大自己的市场,取得最大的利润。

采取薄利多销型战略,是指适当降低产品的价格实现大量销售的目的,从而获取相对更大的利润。

采取重点型战略,则应把自己的产品重点放在某一地区或某些特殊的顾客方面。

二、新媒体广告策略策划

(一)新媒体广告预算策划

新媒体广告预算策划是在一定时期内,广告策划者为实现企业的战略目标,而对广告主投入新媒体广告活动所需经费总额及其使用范围、分配方法的策划。如何合理而科学地确定新媒体广告投资方向,控制投资数量,使新媒体广告投资能够获取所期望的经济效益和社会效益,是新媒体广告预算的主要研究课题。

1. 新媒体广告预算策划的作用

新媒体广告预算策划是以经费的方式说明在一定时期内广告活动的策划方案,在广告战略策划中具有以下作用。

(1)规划经费使用

广告预算的主要目的就是有计划地使用广告经费,使广告经费得到合理有效的使用。新媒体广告预算要明确说明新媒体广告经费的使用范围、项目、数额及经济指标,这对合理有效地使用广告经费具有指导性的作用。

(2)提高广告效益

通过广告预算,广告主或广告公司对广告活动的各个环节进行财务安排,以发挥广告活动各个环节的工作效率;同时,通过广告预算增强广告人员的责任心,避免出现经费运作中的不良现象。

(3)评价广告效果

广告预算为广告效果的测评提供了经济指标。新媒体广告预算的目的是为了达到相应的广告效果,投入较多的广告经费就必然要求获得较好的广告效果;同时,新媒体广告预算的策划又要求根据广告战略目标提供相应的广告费用。

(4)控制广告规模

广告预算为广告活动的规模提供控制手段,广告活动的规模必然要受到广告费用的制约。就新媒体广告而言,广告的时间与空间、广告的设计与制作、新媒体的选择与使用等,都要受到广告预算的控制。通过广告预算,广告主或广告公司可以对新媒体广告活动进行管理和控制,从而保证新媒体广告目标和企业营销目标的协调一致,使新媒体广告活动按计划开展。

2. 新媒体广告预算的分类、内容和步骤

新媒体广告预算策划是将广告预算的切入点和重心放置在对新媒体的使用上,通过合理规划和有效配置预算,实现新媒体广告预期的战略目标。

(1)新媒体广告预算的分类

从不同的角度划分广告预算费用,有不同的广告预算类别。

①按广告预算的使用者划分。按广告预算的使用者不同,广告预算费用可分为自营广告费与他营广告费。自营广告费是企业为自行开展的广告活动或在自有媒体上发布广告所需支付的广告费用。他营广告费是广告主委托其他机构开展广告活动或在非自有媒体上发布广告所支付的广告费用。

对于传统企业来说,可将新媒体广告预算交由企业内的相关部门进行规划、运作与实施,也可将该部分费用和业务交由专业的新媒体广告代理公司;对于新媒体运营企业来说,如电子商务网站、网络游戏运营商、移动APP开发商等,可以将广告及其相关增值业务自行运营,也可委托广告公司代理运作。

②按广告预算的使用方式划分。按广告预算的使用方式不同,广告预算费用可分为固定广告费和变动广告费。固定广告费是指企业按照固定的广告费用预算或固定的额度支付的广告费用。固定广告费通常用于广告人员的行政开支和管理费用,其支出相对稳定。变动广告费是指企业在广告费用预算之外额外支出的广告费用和没有支出计划而支出的广告费用。变动广告费是因广告实施量的大小而发生变化的费用,在使用时要注意变动广告费的投入与广告目标效益的联系。

③按广告预算的用途方式划分。按广告预算的用途不同,广告预算费用可分为直接广告费和间接广告费。直接广告费是指直接用于广告活动的设计制作费用和媒体传播所需要的费用。间接广告费是指广告部门用于行政管理的费用。在广告费用的管理上,要尽量减少间接广告费的比例,增加直接广告费的比例。在新媒体广告预算策划中要尽可能将较大的费用比重用于新媒体广告的设计、制作及投放中。

(2)新媒体广告预算的内容

新媒体广告预算的内容包括新媒体广告活动中所需要的各种费用,具体来说,有以下几个方面。

①新媒体广告调查、策划费。其包括进行新媒体广告活动所需开展的市场调研费用、购买各类资料和情报等费用、进行整体策划的费用。

②新媒体广告设计、制作费。其包括各种类型的新媒体广告的照相、翻印、录音、录像、文字编辑、网页设计、后期制作等费用。

③新媒体广告投放、发布费。在各类新媒体载体中植入、投放、发布所需的费用。

④新媒体广告行政管理费。指广告人员的行政费用,包括工资、办公、出差和管理费用等。

⑤新媒体广告机动费。指在新媒体广告预算中为应付新媒体广告活动中的临时需要而预留的费用。

(3)新媒体广告预算的步骤

新媒体广告预算的步骤包括以下几方面。

①调查研究阶段。在编制新媒体广告预算之前,必须调查企业所处的市场环境和社会环境、企业自身情况和竞争对手情况,尤其是对实施广告策划活动区域的新媒体投放与受众接触情况进行调查,这是新媒体广告预算制定的前提。

②综合分析阶段。在进行了全面的调查后,要结合企业的新媒体广告战略目标和调查情况进行综合分析研究,进而确定新媒体广告预算的总额、目标和原则。

③拟定方案阶段。根据已确定的新媒体广告预算总额、目标与原则,拟定广告预算的分配方案。新媒体广告预算方案的选择涉及许多部门和许多因素。因此,要集思广益,尽可能设计出切实可行的方案。如果有多种方案,就要通过反复分析与比较,从多种方案中确定费用相对小而收益相对大的方案。

④落实方案阶段。将最后确定下来的预算方案具体化,包括广告经费各项目的明细表及责任分担、广告预算按新媒体类别的项目预算分配、新媒体广告计划细目的实施和预算总额之间的协调等。方案的落实是新媒体广告预算实现的保证。

(二)新媒体广告表现策略策划

广告表现,就是借助各种手段将广告的构思创意转化为广告作品的过程,即按照广告的整体策略,为广告信息寻找有说服力的表达方式,以及为广告发布提供成型的广告作品的过程。而广告表现策略,就是包含在广告的整体策略中的关于广告信息的有效传达的指导性方针。

1. 新媒体环境下广告表现的变革

广告表现是对广告创意的实现,是创意的一种物化形式,直接关系消费者对广告产品及品牌的好恶。由于新媒体环境下传播模式的变迁及受众接受、处理信息的心理和方式的变革,新媒体广告表现从思维观念、形式调性、内容结构、文体语言上都较传统广告表现有了很大不同,主要体现在以下几方面。

(1)广告表现思维观念的变化:更加强调精准、互动

数字时代下,指导广告表现的思维观念发生了很大变革。传统广告表现强调 ROI 原则,即相关性、原创性、震撼性,而数字时代的广告表现除了强调 ROI 外,更加强调在此基础上的精准性、互动性。精准性意味着广告要根据目标消费者的需求和喜好来表现广告诉求,而精准营销并实现高传播效果的实质在于一对一的个性化匹配。一些网络游戏的嵌入式广告就很好地利用了精准传播,再如微信广告中的一

对一推送等。

互动性成为新媒体广告表现的又一利器。相对于传统的"推"式广告,数字时代的互动性广告更讲究"拉",即把受众拉进广告中来,借此实现完整的广告表现,如网络互动广告、微博、微信广告等。传统媒体也努力通过跨媒体的形式实现广告的互动表现,如丰田汽车的杂志公益广告,读者用手机扫描二维码就会发现广告中路面上的人不见了,由此提醒人们开车勿看手机。该广告有效地吸引了受众的注意并激发了受众的参与,在有趣的互动中,广告主题也不言自喻。

(2)广告表现形式调性的变化:风格多元化、时尚性、游戏性凸显

传统广告受制于技术限制,其表现空间有限,而新媒体技术的发展给广告表现注入了蓬勃生机和源源不断的创意源泉。从表现形式来讲,传统广告多为平面化、静态化的展示,这种被动的强制展示容易引发消费者的逆反心理,使传播效果呈负增长。而新媒体时代的广告表现则利用动态化、立体化、综合化的展示来主动吸引消费者,让生硬的单向传播转变为心灵的双向沟通。

有了新媒体技术的驱动,广告表现形式和调性较以往有了极大丰富。广告表现更加新颖,凸显时尚化、游戏化的特性,怪诞、奇幻等超现实主义风格的植入使得广告表现更具张力。虽然广告表现元素没变,但元素的组合空间却大大提升了。传统广告表现中,图片、声音、文字等带给受众的多是视觉和听觉的感受,新媒体广告则利用这些元素,在技术的驱动下,超越时空,虚拟现实(图3-1),带给受众视觉、听觉、嗅觉、味觉、触觉五感体验。广告本身意图被极大弱化,表现内容更加隐蔽。消费者积极地参与,也让这种娱乐性、游戏性强的广告全面渗透现实,成为日常生活方式的一部分。

(3)广告表现内容结构的变化:走向"协同",创意传播呈现一体化

新媒体环境下,企业需要在与受众的互动中产生创意,在产生创意的过程中实施传播,广告创意与表现不再将受众排除在外,广告表现的结果最终是企业与受众协同创意的结果。不仅如此,广告创意与传播、营销与传播都将一体化了,创意的过程既是传播的过程,也是营销的过程。

因此,在这一原则指导下的广告表现内容和结构也发生了变革。广告表现不仅需要考虑文体、图案安排和内容如何有效融合,还要研究消费者的特性,广告内容必须是消费者易于也乐于接受的,能够反映他们

的生活状态和价值取向,传播结构的安排要遵循他们的思维逻辑。所谓"大众智慧""众包"的概念即是如此,广告在表现过程中,需要激发大众的"点子风暴",发挥群体智慧,让受众成为广告表现的另一主体,主动参与到广告表现中来,成为营销传播的一分子。

图 3-1　虚拟现实广告

(4)广告表现文体语言的变化:更加个性化、自由化,自我价值凸显

广告语言是广告表现的重要组成部分,承担着表现主题、明确诉求、烘托氛围及与消费者沟通的作用。新媒体时代中,广告文体语言开始突破传统框架的束缚,变得更加个性化、自由化、互动化,并且可以在传播过程中引发受众的模仿创造,广告语言中自我价值的彰显变得尤为突出。

2. 新媒体广告表现的理论分析

(1)新媒体广告表现的目的

新媒体广告表现的目的,就是为广告信息寻找最有说服力的表达方式并通过新媒体工具将广告信息有效地传达给受众,对他们产生预期的诉求效果。因此,新媒体广告表现的目的和出发点是具体而明确的。

(2)新媒体广告表现的对象

新媒体广告表现的对象就是广告创意,而对于广告信息,又有真实(科学、实事求是地传达信息)、准确(没有夸大、歪曲、片面)和公正的要求。

(3) 新媒体广告表现的符号

新媒体类型的丰富性以及在承载和传达信息功能上的多元性,给广告表现带来了前所未有的广阔空间。综合来看,新媒体广告表现可以运用两大符号系统——语言符号和非语言符号。新媒体广告表现对语言符号的成功运用,体现在优秀的新媒体广告文案之中,而对非语言符号的运用,则体现在新媒体广告作品与广告信息完全符合且对受众产生巨大吸引力的图案、音响、视频和互动效果中。虽然在使用的符号上,新媒体广告表现与其他信息的传达并没有什么不同,但是新媒体广告表现对这些符号的运用必须是有创造性地运用,这种创造性突出表现在新媒体广告创意之中。

3. 新媒体广告表现策略

下面将重点以新媒体互动广告为例,阐述新媒体广告的表现策略。

新媒体的出现和数字技术的高速发展,带来了互动广告的新变革,而每次变革必将会为广告业注入新鲜血液,更多新的形式将被广泛应用。需要指出的是,互动广告并非是互联网技术出现后才有的新型广告,只是在新媒体出现后得到了迅速发展。

新媒体环境下的互动广告主要包括以下形式:网络广告(如关键字广告、网站广告、博客广告等)、移动媒体广告、交互电视广告、其他数字形式互动广告(如二维码广告、互动投影广告、触控技术广告、镜面广告、虚拟现实技术广告、空间感应技术广告等)。常见的互动广告表现策略主要有以下几种。

(1) 提供利益式互动表现策略

任何生物都具有趋利性。在互动广告活动中,广告主可以通过设置奖励,比如免费赠品、折扣等,吸引消费者主动参与互动,从而获得奖励。从心理学的角度来看,行动源于需要而发于诱因,互动要有驱策力。"奖励"诱因是目标受众对广告与营销活动产生行动的原动力。在网络上,用户"点击广告"其实是消耗成本,需要以"奖励"作为回报;否则,互动难以实现。在微博上,最常见的就是有奖转发的广告。

(2) 游戏式互动表现策略

以娱乐为诱因,以互动游戏为载体,在受众参与的过程中传播广告信息,从而达到潜移默化诉求的广告效果。网络互动、自主的传播特性,使受众可以只"点击"他们感兴趣的广告,这要求新媒体广告更加具备服务性或娱乐性,或者两者兼备,只有这样,才能增强新媒体广告的黏合力和吸引力。

(3)体验式互动表现策略

通过利用虚拟现实等技术,引导用户参与使用产品/品牌,以预先获得消费体验,对该产品/品牌产生了解、认同和共鸣,从而达成广告目的。在新媒体广告中,这种"感受"是多感官立体式和即时的。体验式互动表现策略可以达到使消费者从知其名到试用,再到进一步被说服并采取购买行动的多层次交互效果,并通常具有娱乐性。

体验式互动表现策略要让消费者体会到产品/品牌的优良品质,享受附加的心理价值。另外,体验模式要有多种选择,满足其自主和娱乐需求。

第二节 新媒体广告的创意流程与策略

一、新媒体广告创意的流程

(一)确定广告目标

1. 新媒体广告目标的概念

新媒体广告目标是指企业通过广告活动所期望达成的具体的并可以量化测定的销售与传播效果,是企业广告目的的进一步体现。

正确理解广告目标和营销目标之间的关系是广告人员开展广告活动的基本前提。一般而言,大多数企业都期望通过广告活动达成其营销目标,此时,这些企业常常有意无意地将营销目标和广告目标的概念相互混淆或合二为一。

2. 新媒体广告目标的内容

新媒体广告目标所涉及的内容总体而言可以分为以下三种情况。

(1) 以促进销售为主

由于广告活动常常被广告商认定为其营销组合手段中的有效工具之一，所以，他们在确立广告目标时，往往倾向于将促进产品销售作为广告目标的主要内容。它需要以销售额为依据，为广告活动设定一项销售指标，最后把广告活动前后销售额的变化作为衡量广告成败的标准。

(2) 以改变目标消费者行为为主

要明确广告希望能够引起目标消费者什么样的反应，广告目标的设定应对目标消费者可能发生的行为变化做出设定，这种设定就是将通过广告信息的传播使目标消费群体最终产生行为变化的程度予以量化的确定。例如，广告目标是促进新顾客的尝试性购买，还是强化老顾客的品牌忠诚度从而增加其使用频率？

(3) 以传播产品（品牌）信息为主

对许多广告商而言，在大多数情况下，其市场竞争的策略仍然是以防御为主的。因为在激烈的市场竞争中，并不仅仅只有本品牌在利用广告的方式开展营销传播活动。事实上，本品牌所有的竞争者都在力图争夺本品牌的消费者，并以此来提高消费者对他们品牌的需求份额。因此，广告活动的目标在更多的情况下是巩固本品牌已有的市场，即强化和巩固本品牌目前顾客的忠诚度，而不使其三心二意。一些研究结果表明，广告的较大效果并不体现在可以获得新的尝试者上，而体现在加强和巩固现有顾客对本品牌的忠诚度上。

3. 新媒体广告目标的对象分析

新媒体广告目标的确定应该围绕如何影响或改变目标消费者的态度展开，因此，对广告目标的对象——消费者的基本概念及其相关知识的了解对正确确定广告目标有着不可或缺的作用。

(1) 目标消费者的角色分析

①消费者结构。

在消费者行为中，消费者的定义依照其所扮演的角色不同，可以分为四种，即品类决定者、购买者、使用者以及影响者。一般而言，关心度越高,参与决策的人也就越多。在广告目标的制定过程中,一个最为基本的工作就是首先清楚地界定消费者将在本产品品牌的购买行为中扮演什么角色,据此区分出哪些消费者是主要消费群体,哪些消费者是次要消费群体,并在此基础上确定出合理的广告投放预算。

②品类购买风险分析。

社会形象风险,是指消费者在使用购买的产品或服务时,其在旁人眼中的形象是否呈正面评价的风险。

产品功能风险,是指产品本身的功能能否满足消费者的风险。例如,消费者在购买一辆厂家自称省油的汽车后,汽车是否真能够省油,就是消费者为购买该产品而承担的消费风险。一般而言,产品的功能风险与消费者付出的代价及期望呈正比。因此,单价较高的品类,其产品功能风险的比值也会较高。

③意见领袖分析。

意见领袖包括目标消费者周围人群中对该类商品性能优劣与否具有较强的分辨能力的亲朋好友或产品经销点的专业人员。这些意见领袖或产品经销店的专业人员常常可以左右目标消费者购买哪一款产品。因此,在确定公关目标时,应注意将上述意见领袖或经销点的专业人员列为广告诉求对象,尤其是目标消费者对产品的形象及信誉尚未建立的产品。

④重度消费者、中度消费者和轻度消费者。

消费者根据其对产品的购买量和使用量可以分为重度消费者、中度消费者和轻度消费者。消费者对产品消费量的多少与其人数呈反比,与市场消费量呈正比,即重度消费者占所有消费者人数的比例最少,但其对产品的消费量却最大。广告目标的制定应根据消费者对产品消费量的不同而确定相应的消费群体作为目标对象予以诉求。

(2)对目标消费者广告反应量的分析

通常广告活动并不直接导致目标消费者的购买行为,广告活动在诉求、关联或劝导方面对目标消费者所产生的作用更为明显,也更有效果。

①品牌认知。

广告的一个基本任务是创造知名度,对新产品上市而言更是如此。广告要使产品品牌在目标消费者的意识中占有更突出的位置,从而使目标消费者将其购买选择转变为不需经过思考的选择。在这种情况下,广告的目标就可以确定为使品牌成为增进在目标消费者意识中的首选品牌。

②品牌理解。

广告传播刺激目标消费者所产生的反应变量的另一个内容是品牌理解。对一个新产品而言,吸引目标消费者尝试购买并不仅仅依靠品牌认知,更需要努力促使目标消费者了解产品的关键特征。

③品牌形象和个性。

品牌形象和个性主要是指品牌与某类消费者或某类事物间的联系,这种联系的强度和清晰度既取决于目标消费者对品牌个性的识别与判断,又与企业通过广告所提炼、塑造和传播的品牌个性是否与目标消费者所欣赏的个性相一致密切相关。品牌的目标个性必须与自身的产品物理属性或产品使用领域以及目标消费者的心理需求和价值观念有内在的关联性。

④品牌态度。

品牌态度是指一个消费者对某品牌喜爱或比较喜爱的感觉。消费者对品牌的态度可以通过多种方法予以衡量,其中一种方法是基于对品牌的理解程度进行度量,即以对品牌的特殊作用和特点的了解为基础;另一种方法是通过测试消费者对品牌态度的喜爱程度来衡量。

(3)广告目标的确定策略

①提高品牌回忆度。

提高品牌回忆度是指通过有效的广告诉求使目标消费者能够对本品牌名称保持较为深刻的记忆。可以通过重复广告口号的方法提高目标消费者的品牌回忆度。研究资料表明,重复的次数越多,品牌名称就越容易被目标消费者记住。

②将关键特性与品牌名称联系起来。

如果运用得当,采用这种传播目标的产品特性诉求广告可以对目标消费者产生共振效果,即特性诉求可以帮助目标消费者回忆起品牌名称,而品牌名称又与一个重要特性有关系。这种广告的创作与罗瑟·瑞夫斯所提倡的独特销售主张的创作方法非常相似,即一条广告只突出一个品牌特性而不必面面俱到。

③引起目标消费者焦虑以改变其行为。

广告商运用许多情形来说明你为什么会产生焦虑感以及减轻焦虑的方法。这种广告的诉求内容主要有两个方面:一是强调目标消费者正面临显而易见的危险;二是诉求避免这种危险的方法,即购买广告推荐的产品。

④赋予品牌以社会意义。

由于产品具有社会属性，因此消费者的消费行为就具有越来越强烈的社会意义。广告商常常不惜投入巨资并通过广告传播以求建立产品品牌的社会意义，从而使目标消费者对产品品牌产生良好的正面评价。

(二)市场调查与分析

广告创意除了要有明确的广告目标外，还依赖于对产品市场的全面掌握和系统分析。广义的市场调查是以科学的方法和手段收集、分析产品的市场状况，以及从生产到消费之间一切与产品销售有关的资料。狭义的市场调查是指以科学的方法和手段收集消费者对产品(服务)的意见，以及购买情况、使用情况、产品(服务)的销售情况等信息的工作。

市场调查主要有五方面的内容：市场环境调查、企业调查、广告产品调查、消费者调查和市场竞争调查。市场调查是广告运作的基础，在整个广告战略乃至营销过程中，都扮演着至关重要的角色。在现代企业活动中，面对瞬息万变的市场情况和激烈的市场竞争，企业必须不断调整自己的经营策略和管理方法，使企业活动与内外部环境保持最佳状态，因此需要借助于市场调查这一科学的工具。

(三)新媒体广告定位

1. 新媒体广告定位的概念

所谓新媒体广告定位，是根据顾客对于某种产品属性的重视程度，把本企业的产品予以明确的定位，规定它应于何时、何地对哪一阶层的消费者出售，以利于与其他品牌的产品竞争。科学的广告定位会给广告创意，乃至企业广告战略的实施带来积极、有效的作用。

2. 新媒体广告定位策略

(1)功效定位

功效定位是指在广告中突出产品的特殊功能，以同类产品的定位为基准，选择有别于同类产品的优异性能为宣传重点。

美国宝洁公司为其生产的海飞丝、飘柔和潘婷三种洗发水做广告时,根据各品牌的不同功效,进行了不同的广告定位。飘柔的广告定位是"洗发护发,双效合一";海飞丝的广告定位是"止头痒,去头皮屑";潘婷的广告定位是"从发根到发梢营养头发"。不同的功效定位,满足了不同需求的消费者,因而赢得了广大的消费市场。

(2)品质定位

品质定位是指从产品品质出发,通过展示产品的品质、性能等来引起消费者对产品的关注。重点宣传产品的特殊品质,通过广告强调产品所具有的与众不同的优良品质,而这必须是消费者能够感受到的。

(3)造型定位

造型定位是指在广告宣传中利用消费者的视觉和知觉等心理特征,以产品外观、图案、橱窗、商标等为广告诉求点,向消费者传递情感和意识信息的广告策略。消费者不仅能够获得形状、光线、色彩、空间、深度和广度等视觉信息,而且能够获得温度、味道、声音等知觉信息,会引起消费者心理上不同的反应,激发其购买欲望。

(四)新媒体广告主题的确定与提炼

1. 新媒体广告主题的概念

在新媒体广告中,广告主题有两层含义:广告运动的主题和广告作品的主题。广告运动的主题,是广告运动的核心思想。但大部分的广告运动(活动)是没有主题的,因为它们的目的是直接促进销售。因此,广告主题更多是指广告作品的主题,即把广告作品所要传达的广告信息组织起来的中心思想。一个清晰而明确的主题有助于受众对广告诉求的信息产生正确的理解和认知,也有助于受众对品牌加以识别。

2. 新媒体广告主题的确定

在确定新媒体广告主题之前,创意人员应该首先弄清楚与主题有关的三个问题:广告商或品牌的哪一个特征应当加以渲染和描述?在哪里可以找到一个丰富的主题?应当如何表现主题才能体现广告商或品牌的特征?

寻找这三个问题的答案需要以下三个步骤。

分析企业内部和外部营销环境中的核心要素：企业、消费者和竞争对手。这样能够明确各广告商或品牌在主题选择过程中受到的限制和拥有的机会。

应当筛选出一种具有一定文化内涵的主题内容：通过分析诸如宗教、哲学、政治、历史等特定的范畴，使创意人员能够更加容易地找到适当的主题。

考虑在什么地方运用、融入企业或品牌的主题：名称、符号、广告语、歌曲、概念或者是其中某些要素的组合。

（五）新媒体广告创意的表现与提案

1. 新媒体广告创意的表现阶段

当新媒体广告创意的概念和主题确定之后，新媒体广告创意的执行就进入表现阶段。此时的新媒体广告表现仅是对创意的构思予以大致的视觉化表现，具有草图和画纲的性质，其目的主要是将比较抽象的构思及时用视觉符号予以固化，创意人员也就有了对创意构思进行进一步修改完善的具体对象；同时，更为重要的是，创意的表现可以为客户提供直观而形象的判断依据。

2. 新媒体广告创意的提案阶段

创意表现完成后，将创意提交客户审定，即提案，也是最关键的阶段。由于广告客户的性质不同，提案会的性质也会有所不同。提案会大致分为两种形式：一是广告客户的广告传播代理招标提案会；二是广告公司就广告传播活动中的某个单项的创意向广告客户进行提案。提案会的结果直接关系广告公司所提出的创意是否获得客户的认可，甚至关系广告公司能否获得广告业务，对于广告代理公司而言，其重视的程度自然不言而喻。为了使提案能够顺利通过，创意人员应当做好充分的准备，广告公司的客户代表应该事先与客户预约和确定提案会的时间、地点、主要内容、参加提案会的主要人员等。

正式提案主要由三部分构成：开场白，即由广告公司的客户代表简单介绍出席本次提案会的人员姓名和职务，并简略介绍本次提案的主要内容；由汇报人开始演示并讲解广告创意；提案总结，即由广告公司的创意总监对创意提案做一个简明扼要的小结，并对汇报人在汇报中可能出现的疏漏之处予以补充。

二、经典的广告创意流程

(一)詹姆斯·韦伯·杨的"创意五步骤"

美国著名广告创意者詹姆斯·韦伯·杨在总结其多年广告创意经验的基础上，完成了《发展创意的技巧》一书。在此书中，他提出"创意五步骤"理论，将创意过程分成收集原始资料、用心智去仔细检查这些资料、进入深思熟虑阶段、实际产生创意、形成并发展创意五步。

(二)G.沃拉斯的"创造四阶段说"

1926年，英国心理学权威G.沃拉斯总结出"创造四阶段说"，即准备阶段、酝酿阶段、豁朗阶段、验证阶段[1]。

1. 准备阶段

这一阶段主要是发现问题、分析问题、归纳问题，如市场调研、搜集资料、整理资料、扩充技术储备等。准备工作的范围要尽可能大一些，不仅要对广告学科有透彻的了解，而且要准备好其他相关学科的知识，汲取经验、方法和技巧，为广告创意灵感的产生奠定基础。

2. 酝酿阶段

酝酿阶段又称孕育阶段、孵化阶段。沃拉斯认为，在创造的过程中，创造者的潜意识会一直围绕这一问题工作。创造是一种波澜起伏的、有节奏的过程，创造的火苗有时就像潜伏的火山，酝酿喷发。但是，一味地冥思苦想对创造有弊无利，创造者需要把握好节奏。酝酿阶段可长可短，创造的灵感似乎在冬眠，等待着复苏，一旦条件成熟，灵感随之闪现。

---

[1] 魏星. 新媒体广告创意与设计[M]. 合肥：合肥工业大学出版社，2019.

3. 豁朗阶段

豁朗阶段又称明朗阶段。这一阶段就像是顿悟，一个问题被创造者搁置一段时间之后，某个时刻，创造的新观念就突然闪现，进入豁然开朗的境地。心理学家将其称为灵感、直觉或顿悟。

4. 验证阶段

在豁朗阶段产生的灵感是否即为问题的答案，是否就是科学的创造，这还有待验证。新的观念要经过逻辑的推敲和完善以及实践的检验。在验证阶段，合理的设想和观念要经过修改和完善，不合理的往往会被否决。验证阶段的长短也各不相同，有时会超过前三个阶段的总和。

三、新媒体广告创意的策略

(一)理性诉求策略

所谓理性诉求，就是以充分的事实根据、周密的逻辑推理、冷静的分析论述为特点，对目标受众进行劝服，以达成广告商与目标消费者沟通的目的。人类的大脑对所接收的信息予以加工的过程包括三种不同的活动：知觉、认知和记忆。知觉是对外在刺激信息予以选择、组织和解释的过程；认知是由外在刺激引起的知觉所激发的思维过程；记忆是指人类对信息进行编码以备将来之用。

1. 消费者的信息加工过程

(1)知觉

①知觉的过程。知觉的过程包括两个阶段：分析与综合。分析就是把外部刺激和记忆中存储的形象加以比较，以此来识别不同模式；综合是通过模式发生的情景归纳出适当意义的过程。知觉的这两个过程表明记忆对于知觉至关重要：记忆提供了形象，而形象则可以用来与外部刺激及语境进行比较并得出意义。知觉是有选择性的，由于大脑必须把

外部刺激和内部存储形象进行比较才能得出意义,这就使先前存储于记忆中的形象具有决定性的作用。

因此,广告创意人员在进行广告创作时必须对广告的目标受众原先的经历和记忆存储的形象给予高度的重视,尤其是广告诉求在含蓄地贬低竞争对手的品牌时更应该慎重,因为消费者很可能将这种批评竞争对手的广告诉求进行完全相反的理解。一般而言,除非是经过很好的修饰,否则广告传播活动常常由于目标受众个体背景的不同而使其对广告诉求的信息不能如创意者所希望的那样给予正确的理解。

②理解的程度。受众对信息的理解程度是由信息刺激物、个体、环境特点共同决定的。对广告信息而言,广告所赖以传播的媒体及广告出现的背景等各个因素都会影响受众对广告信息内容的理解。就像对具体的词语或符号的理解一样,受众对广告诉求的语气和对广告信息的感受都会存在一定的主观理解。

事实上,广告受众对广告文案的诉求信息大都从字面含义和心理含义两方面进行理解。字面含义是指某句广告文案(词语)的一般意义,即词典的解释;心理含义指的是受众对广告文案(词语)基于个人或某个群体的经历、文案(词语)使用的具体环境而给予的特定理解。

(2)认知

①认知过程。认知指的是一个人的思维过程。比如,广告受众接触到一条广告信息时会有何反应呢?通常,广告受众并不会立刻接受这条信息或者努力去记住它,而只是有可能会对这条广告信息进行思考,这种思考就被称为认知反应。

②影响认知的因素。认知一致性。认知一致性是指受众个体都希望所接触的信息与他们固有的价值观念、偏好和行为保持一致。如果受众所接触的新信息与其之前的经验不相吻合,则一般会导致两种后果:要么受众对信息予以质疑、抵制;要么受众对新信息进行重新理解并被接受。消费者在接触广告信息的过程中,其对广告信息的内容与自身固有的认知是否能够保持一致对广告创意人员是一个重大的挑战。

③论证的力度。广告诉求信息论证力度的大小对受众的认知当然也会产生相当大的影响。在什么情况下使用论证力度大(小)的广告诉求?广告创意人员只能根据其目标受众处理信息的动机和能力来调节诉求信息的论证力度。如果目标受众对本品牌抱有比较积极的态度并且有能力处理信息,此时,广告诉求信息的论证力度可适当加大;否则,

一旦受众对诉求内容提出质疑,就会把无力的论证批驳得体无完肤。

AT&T曾有一则论证无力的广告诉求:"既然你拥有了更好的电话,那就毫不犹豫地打吧!"显然,这样的诉求难以产生劝服的效果。因为并不是所有的消费者都会随着新技术的开发而更换他们的手机,而且他们也想不出太好的理由去打更多的电话。但是,如果把上述内容以强有力的论证予以诉求:"在一年内,每分钟周末长途话费降低了25%,没有别的交流和传递手段会如此便宜。"这样的诉求显然更有逻辑性,也更有劝服的效果。

(3)记忆

记忆是指受众对所接受的信息予以保持,从而形成难以忘记的印象。消费者首先通过知觉了解相关产品的广告信息;与此同时,消费者还要通过认知对相关信息进行分析和思考。根据信息处理理论,人的大脑存在三种比较明显的记忆系统:感觉记忆、短期记忆和长期记忆。

感觉记忆是指人们对通过感觉所得到的信息的储存过程。这种储存的过程时间很短暂,至多持续几秒钟。

短期记忆是指人们对其感知过并认为有一定价值的信息在有限的时间里的储存过程。这一过程主要是将其感知过的视听觉信息(事物)转换为语言符号,以便记忆。

长期记忆是指人们对大脑中众多短期记忆的信息进行筛选,对认为己非常有价值的信息进行长期储存的过程。广告商常常使用重复的方法,以加强目标受众对产品的长期记忆。

2. 论证策略

(1)对比论证

所谓对比论证,是指将诉求产品或品牌与某个竞争标准物进行比较,并用论述和求证的方法对诉求产品或品牌的利益点予以充分的论证。这种方式的广告又称为对比广告。从理论上说,所有的企业都可以使用对比广告,但是,从实际的效果而言,处于从属地位的品牌比处于领导地位的品牌更适合使用对比广告。需要说明的是,《中华人民共和国广告法》及其相关法规不允许企业或事业组织使用对比广告。

(2)反驳论证

所谓反驳论证,是指广告商在其广告诉求中将有利于自身的事实提炼成一种理论,来否定竞争对手的批评。有研究显示,当诉求内容直接触及目标受众的关心点时,采用反驳论证型的广告往往是比较有效的。在大多数情况下,反驳论证型的广告诉求对象都是该产品或品牌的消费者或者竞争对手产品或品牌的消费者,这些消费者对广告商产品的优点与缺点是比较了解的。

(二)情感诉求策略

1. 情感诉求策略的优势

情感诉求的广告创意方法具有以下一些优势。

情感诉求的方式不会使受众产生抵触情绪,尤其是通过比较含蓄的表现方式时,其唤起情感的刺激将使受众在不知不觉间接受广告的诉求意图,从而达到广告劝服的目的。

情感诉求大都以故事情节予以表现,更容易引起受众的兴趣,而不需要受众做过多的认知努力;而受众在接受论证式广告诉求时,为了能够跟上论证的逻辑,就不得不集中自己的注意力来认知广告所传播的信息。

利用图片、音乐诉诸受众视觉、听觉并唤起情感的刺激比客观的富有逻辑的论证更容易感染受众,而且情感本身在人的大脑记忆中所保持的时间更长、更牢固。

相对于论证诉求而言,情感诉求方式更容易使受众在短时间里改变行为。情感的酝酿需要故事情节和较长的时间予以表现,所以,就不可能像论证型广告那样有较多的时间来诉求产品的利益点。运用情感诉求进行广告创意的本身并没有任何问题。问题是广告商或广告创意人员在利用情感诉求方式时,一定要认识情感诉求方式的作用,要使情感诉求的情节、主题与诉求的产品产生密切的关联。

2. 唤起情感的方法

(1)戏剧

戏剧是在相对固定的舞台空间范围内,由演员以表演(对话、动作)为主要手段,将具有人物冲突、故事情节的剧情现场表演给观众欣赏的一门综合艺术。所谓"戏剧性",就是戏剧艺术通过演员扮演的人物角色之间的矛盾冲突来展开其跌宕起伏的剧情、刻画人物内心世界,借以吸引观众,实现其具有审美价值的艺术传播效果。这里所说的戏剧指的是戏剧的特征,即在以情感为诉求策略的广告创意中,其表现方法应具有"戏剧性"这一基本特征要素。

(2)幽默

幽默是将看似毫不相干的两个事物予以"不和谐"的组合,从而引人发笑又耐人寻味。这种理论引发了幽默广告创意的大行其道。直到今天,幽默广告仍是广告界最常使用的且最具效果的创意方法。首先,幽默有助于消除受众对广告的不信任感,并使受众的情绪处于轻松愉快的状态,这种状态对于信息的接收是十分有利的。其次,幽默有助于吸引或维持受众的注意力。在许多硬性推销式的广告或其他常规的广告表现手法中,幽默是受人欢迎的解闷方式,并且幽默广告更能给受众留下比较深刻的印象。再次,同戏剧一样,幽默也可以深深地吸引受众的兴趣,从而在相当程度上减少受众对广告中心信息的抵御,使广告受众在不经意间受到广告的影响。

(3)音乐

音乐是通过有组织的乐器所奏出的变化的音符在时间上的流动来传达思想情感、表现生活感受的一种时间性艺术。音乐由音调、音速和结构三要素组成。虽然广告创意人员不太可能亲自作曲,但他们必须懂得对不同的商品诉求内容应该采用不同的音乐予以配合,并且最好能够对音乐的基本知识有一定的了解。

(三)引起注意的诉求策略

吸引目标消费者的注意力是实现广告传播目标的第一步,也是最关键、最重要的一步。如何引起并保持目标消费者对广告作品的注意是广告人员在开展广告创意活动之前首先必须思考和解决的问题。通常,广告创作可以通过四种方法吸引消费者的注意:增强刺激的物理强度、提供信息、唤起情绪、提供价值。

1. 增强刺激的物理强度

韦伯定律是关于人们对刺激感觉的理论,该理论的观点出自19世纪物理学家恩斯特·韦伯的研究。

该定律认为,一个人对其所接触到的刺激物的感觉强弱要依赖于刺激物本身的强度大小。例如,当环境中噪声很大时,一个人只有大声喊叫才能让他的谈话对象听见;相反,当环境四周寂静无声时,一个人的轻声细语也能被他的谈话对象听见。因此根据此种现象的逻辑推演,刺激物的强度大小与该刺激物能否被信息接收者所注意的概率呈正比关系。所以,为了吸引目标受众的注意,广告诉求的方法就必须尽可能地加大信息刺激的强度等级。

广告信息的传递必须依赖于承载广告的媒介物,而每一种媒介物都实际存在一个承载和发布众多信息物的媒介环境,如果媒介环境的其他信息刺激本身就比较强烈,那么广告信息的刺激强度就应该更大一些才有可能被目标受众注意,这就是适应等级理论。如果媒介环境的其他信息大都是彩色的,则本广告信息的创作可以考虑使用黑白构图来增强刺激效果以吸引目标受众的注意力;如果媒介环境的其他信息的音响效果比较劲爆,则本广告信息的创作可以考虑使用柔和的或片刻的寂静来吸引目标受众的注意力。

2. 提供信息

通过向目标消费者提供有趣的信息以满足他们对知识的了解与掌握,是吸引消费者对广告诉求信息产生注意力的另一个比较有效的方法。不过,采取这种方法之前必须首先了解什么是消费者认为有价值的信息,消费者对哪些信息最感兴趣。

社会学家莫瑞·戴维斯认为,人们对与自己潜在的价值观念或文化信仰不一致的资讯比较容易产生兴趣。如果在广告创作中使用长文案来详尽地描述有关产品的特性、使用或购买的信息,也能够引起消费者的注意,但这取决于广告向消费者提供相关、合理及客观事实的承诺。

3. 唤起情绪

虽然广告商试图通过唤起情绪的方法来吸引目标消费者的注意力,但在实际操作中常使用的方法(情绪指向性)则集中在以下几个方面:关爱儿童的本能、喜爱动物、恐惧、性感和好奇心。在广告的诉求信息中,利用儿童作为画面视觉的中心可以较好地唤起父母以及成人对儿童关爱的本能情绪，它对于父母及成人目标消费者来说有一种强烈的吸引力。另外，许多孩子和成人对动物有一种由衷的喜爱，所以，在广告创意中动物常常也是视觉表现的中心。

4. 提供价值

趋利是每一个消费者与生俱来的本能。因此，更加有效地吸引目标消费者注意力的方法就是利用消费者的趋利心理向他们提供一些有价值的产品信息。这些价值既包括产品本身优于竞争品牌的功能价值，又包括产品所提供的竞争品牌无法做到的服务价值，更包括产品促销活动期的打折或赠品的价值。对于中低端消费者，这种方法所产生的广告效果会更好一些。

（四）代言人策略

利用代言人进行广告诉求是大多数广告商最常使用的策略之一，国内外知名的演艺界明星几乎都为广告商做过代言人，而代言人所代言的产品也确实为广告商带来了较大的销售业绩。不过，代言人策略也有一定的风险，即当代言人自身因为违反法律或道德的丑闻被媒体曝光后，其所代言的产品也必将受到极大的影响。

1. 代言人的类型

代言人是指在广告作品中进行产品推荐的个人、人物或组织。代言人大致可分为三个层次：专家、名人和普通人。

（1）专家

专家是指目标受众可察觉并认可的在特殊领域具有专业水平的个人或组织。这些个人或组织在某种程度上可以确认产品的质量，有时还使用正式认可作为标记。正式认可是认证组织的专用标记，在产品的包装上或广告上可以看到认证组织为产品所做的担保。

（2）名人

名人是指被公众所熟知并具有一定影响力的个人。名人之所以有影响力，是因为公众大都向往名人的生活方式，并常常将名人的生活方式（所使用的物品）作为自己生活方式的参照物。国内大多数的名人代言主要来自娱乐界和体育界。

（3）普通人

普通人是指在广告中出现的产品推荐者。由于普通代言人与目标消费者的生活情形比较贴近，因此他们的推荐也容易得到受众的认可。

2. 广告代言人的选择

一般而言，广告商选择代言人至少要考虑以下几个方面：受众特性、代言人与产品之间的关联性、诉求模式和成本有效性。

(1)受众特性

广告商应该选择哪种类型的代言人主要取决于产品目标消费者的特性。代言人对目标受众的影响力取决于受众对产品需求的动机和受众对产品信息处理的能力。另外，选择代言人还应考虑目标消费者所大体认同的价值观特性。也就是说，目标消费者对代言人的行为价值观持认同的态度时，该代言人的广告诉求才有可能对目标受众产生影响力；否则，代言人的广告诉求就无法影响受众。

(2)代言人与产品之间的关联性

广告商选择代言人，尤其是名代言人，一定要考虑代言人与代言产品之间是否有一定的关联性；否则，代言人的诉求就缺乏说服力。

(3)诉求模式

代言广告最常用的诉求模式主要有以下几种类型。

权威型：你应该使用这个产品。

直白型：我代表这个产品。

含蓄型：我正在使用这个产品。

平淡型：代言人仅仅与产品同时出现。

代言人广告与目标受众的诉求模式取决于代言人的类型。采用权威型模式一定要谨慎，因为大多数受众是反感别人说教的，尤其是广告的说教。运用权威型模式的一个可能就是让代言人扮演父母或顾问。专家、学者适合于直白型模式，因为他们具有令人信服的知识和经验。名人适合于平淡型模式，因为他们对受众具有强烈的暗示性魅力。普通代言人一般适合于含蓄型模式，因为他们既没有直白型模式的专家的可信度，又缺乏平淡型模式中名人的魅力。这种模式的诉求实际上就是一种推荐，代言人在广告中会描述自己使用产品后的经验。在广告中，普通代言人扮演的角色和布置的场景应显得自然而不做作。比如,使用普通代言人坦白的观点,或者使用隐藏的摄像机拍摄代言人使用产品时的惊喜。如果过度地在虚构的情节中反复推荐,反而会降低广告诉求的效果。

(4)成本有效性

广告商在选择代言人时,一个相当重要的考量是为此付出的成本是否会产生最大的边际效益。具体要考虑以下两点。

最具影响力的代言人固然是最受欢迎的,但其收费也是最昂贵的。应该选择一个能与品牌相匹配、与品牌共同成长、同样具有吸引力的明星。

选择名人做品牌的代言人需要承担高风险。因为每个人都有弱点,名人也不例外。他们不恰当的言行会在不同程度上影响他们在公众心目中的形象。

总而言之,利用代言人策略进行广告诉求,应尽可能地避免出现主次颠倒的尴尬情况。在任何情况下,产品或品牌才是广告的主角,代言人则只是配角。广告传播的目的是让更多的目标消费者认知和记忆广告产品或品牌,而不是去认知和记忆代言人。

第三节 新媒体广告的创意思维

一、创新性是新媒体广告创意思维的先导

"创新"在当代已成为人类最为关注和着力的方向之一,人类社会的进步离不开创新,创新存在于社会生活的所有领域。目前,人们经常谈及的创新,实际上是"创新"的日常概念,简单来说就是"创造和发现新东西"。

(一)创新思维及其特点

创新思维是人们进行创新活动的前提和基础,一切需要创新的活动都离不开思考,离不开创新思维。

1. 创新思维的含义

我们认为,"创造性思维"除了强调原来没有的新东西之外,还有一个特点,即不是他人传授的也没有现成的规律可循。所以,创新思维是指以新颖独创的方法解决问题的思维过程,通过这种思维能突破常规思维的界限,以超常规甚至反常规的方法、视角去思考问题,提出与众不同的解决方案,从而产生新颖的、独到的、有社会意义的思维成果。

2. 创新思维的特点

思维过程的灵活性。创新思维过程往往表现出极大的灵活性和应变性。

思维解题的变通性。创新思维在解答问题的过程中,一旦遇到障碍,善于绕道而过,迅速灵活地从一个思路跳到另一个思路,从多角度、多方位探索、解决问题。

思维空间的开放性。创新思维需要多角度、多侧面、全方位地思考问题,形成了发散思维、逆向思维、求异思维、非线性思维等多种创新思维形式。

思维方法的辩证性。创新思维既包含抽象思维,又包含形象思维;既包含逻辑思维,又包含非逻辑思维;既包含发散思维,又包含聚合思维。

(二)创新是新媒体广告创意思维的先导

创新在新媒体广告创意思维中具有举足轻重的作用,是新媒体广告创意思维的先导,在具体的新媒体广告创作过程中表现为"原创性"。被誉为 20 世纪 60 年代美国广告"创意革命"三大旗手之一的威廉·伯恩巴克,结合自身创作提出了著名的"ROI"创意理论,认为好的广告创意必须具备三个特征,即关联性(Relevance)、原创性(Originality)和震撼力(Impact)。其中原创性是指创意的不可替代性,强调广告必须有所创新以区别于其他的产品和广告,广告创意应新奇独特,与众不同。没有原创性的广告,缺乏吸引力和生命力,不能从众多的广告中脱颖而出;同时,一味地追随与模仿别人的创意,往往只能是为他人作嫁衣,最终避免不了失败的结局。

例如,感冒药品牌"白加黑"在强手如林的激烈竞争环境中能独辟蹊径,大胆创新,上市仅180天销售额就突破1.6亿元,一举位列当年感冒药市场的第二位,被业内称为"白加黑震撼",其成功的秘诀源自产品的创新和极富创意的名称,以及简洁明快的电视广告。

"白加黑"是第一个只在夜用片中保留抗过敏成分,而日用片不再有嗜睡副作用的感冒药,它以"白天不瞌睡"为卖点,确立了"黑白分明,表现出众"的市场定位。广告创意简单明快,"白天服白片不瞌睡,晚上服黑片睡得香",清晰地传达了产品的市场定位,而且朗朗上口,容易记忆,使消费者对产品的功效有了明确的认识。

同样,大红鹰集团也进军感冒药市场,效仿"白加黑"的策略推出"达诺日夜片",并为此投入巨额广告,其广告创意也是围绕白天和夜晚应分别服用日片和夜片而展开的。然而该产品上市只风光了一时,很快就销声匿迹了。"达诺日夜片"败在了缺乏原创性上,"白加黑"已经明确提出了"黑白分明"的独特卖点,深入人心,而"达诺日夜片"还将焦点放在"日夜片"的区分上,没有任何新意,造成了消费者视觉上的麻木,它只起到了进一步加深"白加黑"品牌在消费者心目中印象的作用。

从上面这两个案例可以看出,是否具有创新性决定着广告活动的成败,体现了广告创意水准的高低。当然在实际的广告创作过程中,要使广告活动具有创新性,广告作品体现独创性,就必须从不同的侧面、相异的个体,塑造新的形象,深刻反映事物的普遍性,揭示客观的本质与规律。

二、逻辑性是新媒体广告创意思维的深化

创意一度被称为广告的灵魂,广告界盛行的观念是创意至上,如今众多的广告奖项,大部分也是颁发给有创意的广告,这样的观念和趋势导致了人们对广告创意前所未有的重视。广告设计师在创作的过程中,为了追求新奇的创意,将着眼点放在了新奇、刺激、震撼等因素上,而往往忽视了对基本常识的展示,忽略了广告对最简单的逻辑关系的表达,也使人们对广告创意思维产生了片面化的认识。在新媒体广告创意活动中,应该将逻辑思维和形象思维结合起来,共同促成创意的诞生。

(一)新媒体广告创意思维的逻辑规范

在日常生活中,我们看到的广告作品大都是以形象的、直觉的、感性的形式表现出来的,似乎没有多少理性的、逻辑的因素在里面,其实这是一种表象的误导。事实上,广告创作离不开逻辑思维的推理与分析,需要科学理性的指导。

著名的 USP 理论提出者罗瑟·瑞夫斯就坚持主张科学理性的因素对广告创意的逻辑规范和制约,他认为,任何销售主张的提出,都应该建立在科学的数据分析和严密的市场调查基础之上,倡导广告是科学的创意理念。与他具有同样观点的广告创意大师大卫·奥格威也崇尚实证的科学精神,甚至连和他们主张相反的"艺术派"的代表人物伯恩巴克也并不排斥科学理性的作用。

(二)新媒体广告创意规范的逻辑形式

根据逻辑思维的定义,逻辑思维主要以概念、判断和推理来对客观事物进行认知,所以,新媒体广告创意思维的逻辑规范也是围绕这些个方面展开的。

1. 概念要明确

概念在新媒体广告创意中最直接的作用是确定新媒体广告的核心概念。新媒体广告核心概念是新媒体广告诉求的关键点,具有穿针引线的作用,连接新媒体广告策划和创意以及新媒体广告的具体表现。新媒体广告核心概念的提炼需要严谨的逻辑思维,它是建立在创意人员客观调查、深入研究、比较分析的基础之上的,归纳总结出来的明确的、精炼的、富于感染力的逻辑思辨成果。

一些成功的广告案例都归功于其概念的准确和精炼,如佳得乐的"解口渴,也解体渴"、创维的"健康电视"、百事可乐的"新一代的选择"、海尔的"海尔,真诚到永远"等。

2. 推理要符合逻辑

推理就是根据一个或几个已知判断推出另一个新判断的思维形式。

要保证推理能获得正确的结论,必须同时具备两个条件:前提要真实,推理形式要合乎逻辑。演绎推理不仅要求前提和结论之间相互关联,同时还要有充足的理由来得出结论,尽管归纳推理和类比推理不要求前提与结论之间必须具有必然关系,但作为寻求结论的目的而言,我们主观上还是要求尽可能地由前提导出可靠的结论。

脑白金的逻辑推理:"让一亿人(中国人)先聪明起来!"这个广告语犯了一个致命的逻辑错误,那就是前提是"中国人全是傻瓜、笨蛋"。

在新媒体广告创意过程中,演绎推理对广告创意思维的制约仅表现在法律法规、广告规律对创意的制约上。归纳推理对新媒体广告创意思维的制约主要表现在两个层面:一是对实验、观察、调查所得到事实的归纳推导和总结,其结论是新媒体广告创意的现实依据;二是在表现过程中对素材、表现元素的归纳。

(三)新媒体广告创意的逻辑表现

1. 对新媒体广告信息组合的逻辑推理

新媒体广告信息是广告要传达给消费者的具体内容,是新媒体广告的主体,也是新媒体广告受众直接接触到的关于产品的信息,广告能否打动消费者,关键体现在新媒体广告信息的逻辑推理上。只有具备推理性的新媒体广告,才能引起消费者的深入思考,才能加深对广告的理解和记忆,最终获得消费者的认同。

针对某一种不必用开瓶器就能打开的啤酒广告,有这样一则广告创意:画面是一位其貌不扬、衣衫褴褛的老年人,他右手拿着啤酒,对着电视观众说:"这今后不必再用牙齿了!"随即得意一笑,就在他笑的一瞬间,人们发现原来他一颗门牙也没有了,这样人们在惊奇之余,很快就强烈地感受到这种不必用开瓶器就能打开的酒瓶所带来的好处,既形象又能久久回忆,给人们留下非常深刻的印象。这则广告有明确的思维线索:啤酒的特点—消费者的利益—人性的满足;不用开瓶器—方便省事—关心爱护。信息的组合中存在内在的逻辑推理性,引发受众对这种酒瓶好处的认可,并隐含了一个更深层次的含义:这种酒瓶是对您的关心和爱护。

2. 新媒体广告语言表述的鲜明准确

新媒体广告语言是传达新媒体广告内容的文本信息,新媒体广告语言要表达准确,没有歧义,语句要符合逻辑和客观存在,要避免不良的引申义,语句要围绕信息内容准确无误地展开。

例如,"农夫山泉有点甜"的广告语表述严谨准确,"有点"客观地表达了农夫山泉的水质特点,符合科学事实,不夸大、不吹嘘。同时广告语言的准确表述还体现在语句中所蕴含的逻辑推理性上,该广告语给消费者传达了一个隐含意义,农夫山泉是一个无污染又含微量元素的天然水品牌,让消费者将它和纯净水做比较,因为纯净水缺乏人体所需的微量元素。该广告语通过严谨的措辞,引起消费者的理性思考和逻辑推理,最终促成消费者的选购。

三、联想是新媒体广告创意空间的拓展

联想是一种重要的创造性思维方法,是指由当前感知的事物想起另一有关事物;或由想起的一种事物的经验,又想起另一种事物的经验的心理过程。

(一)相似联想

相似联想源自"类似律"。"类似律"是将形似、义近的事物加以类比而产生的联想,所以相似联想是由一事物想到在性质上与它相近或相似的另外事物的联想方式,如由挺拔的松树想到坚强的人,由盛开的鲜花想到青春的活力等。在新媒体广告创意中,相似联想思维的关键是发现异质事物之间的相似性,异质事物之间的跨度越大,跨越的经验层面或者领域越不相关,创造出的作品就越有新意。

(二)对比联想

对比联想源自"对比律"。"对比律"是指对于性质和特点相反的事物产生联想,所以对比联想是指由一事物的感知或回忆想到与它具有相反特点的事物的回忆,从而设计出新的项目的一种联想方式。比如,由

朋友想到敌人，由虚伪想到真实，由战争想到和平等。

对比联想是加深对事物性质和特点的认识的一种有效思维机制。在新媒体广告创作中，为了让消费者对产品产生很好的认知效果，在进行广告创意时，运用对比联想是一种常见的表现产品特点的思维方法，如通过产品使用前后的效果对比是新媒体广告创意经常使用的一种手段，如人在沙漠中的干渴状态与喝了消暑饮料的状态对比，使人备感饮料的诱惑。另外，在具体的作品表现中，对比联想思维也处处可见。比如，金纺柔顺剂广告，画面运用不同性质和属性的视觉元素做对比，"使带硬刺的仙人掌变成柔软的毛袜"来形象地说明产品的柔顺效果好。还有某些药品和牙膏、化妆品等产品广告，为了强调本产品的作用和功能，常以使用此产品的前后状态做对比。为了突出特点和引人注目，广告中应用最多的是颜色、大小、质地、虚实等对比。

（三）接近联想

接近联想源自"接近律"。"接近律"是指对时间或空间上接近的事物产生的联想，所以接近联想是由一事物联想到在时间上或空间上相接近的另一事物的联想方式。

例如，某鸡蛋广告，要想表现鸡蛋是"新鲜"的主题，可能想法和创意举不胜举，但是如何采用空间接近和时间接近使消费者联想到"新鲜"的特征呢？我们可以设想这么一个画面：一个稻草窝边，放了两三个鸡蛋，其中一个鸡蛋的蛋壳已经破裂，流出鲜黄的蛋液，从稻草窝往远处的画面是带有蛋液的鸡爪子走向远处的爪印。这样一个创意很好地利用了接近联想，从"新鲜"想到鸡蛋的来源，又想到了稻草窝，由稻草窝想到母鸡刚下的鸡蛋，这是一种空间接近；画面则向人们传达了这样一个含义，即笨手笨脚的母鸡产完蛋后，离开时不小心将一个鸡蛋打碎了，从而留下了清晰的、带有蛋液的、尚未干的爪印，这体现了时间上的接近联想。

（四）因果联想

因果联想源自"因果律"。"因果律"是指对逻辑上有因果关系的事物产生的联想，所以因果联想是由一事物想到和它有因果关系的其他事物的联想方式。客观世界各种现象的相互依存性、联系性和制约性，构成了它们之间的因果关系。某个或某些现象的发生,引起另一个或一些现象的发生,成为因果关系。比如,早晨看到地面潮湿,会联想到昨天晚上是否下过雨。

总之,联想是一种重要的创意思维方法,联想拓展了广告创意思维的空间,联想思维是广告创意思维不可缺少的部分。在广告创意中,经常用联想来引起消费者的注意,帮助他们记忆,延伸广告在消费者心目中持续的时间,并影响他们的情绪,可以促使消费行为的产生。联想有很多层面,广告创作不能只停留在简单的联想层面,这样容易造成作品的雷同,要想产生与众不同的效果,就要找出事物之间深层次的联系。同样,联想的方式也是多种多样的,采用什么方式,联想什么,不联想什么,与广告创意人员联想能力的高低有关,而作为广告创意人员,联想的能力需要长期训练才能养成。

四、幽默是新媒体广告创意戏剧性手法的运用

随着市场竞争的加剧和技术的进步,传统的直述式的广告表现方式越来越难以调动消费者的情绪,各种创意手法层出不穷。在众多的广告表现手法中,幽默的创意方法成为衡量创意水准的一个指标,从历年的戛纳、克里奥、纽约等广告大奖的获奖作品来看,多属于运用幽默手法的佳作。幽默法在广告创意设计中巧妙地再现戏剧性的特征,抓住生活现象中局部性的东西,通过人物的性格、外貌和举止或动物的某些滑稽可笑的特征表现产品或观念信息,幽默创意的特色是追求最大的戏剧效果,在取悦受众的同时传达广告的诉求。

幽默广告也以其风趣、轻松、诙谐、充满乐趣等特点,被越来越多的消费者所接受和认同,幽默广告在逗人发笑的过程之中,将产品的信息深刻地印在消费者的脑海中,同时也在一种轻松的氛围中,得到消费者的认同。广告大师波迪斯认为,"巧妙地运用幽默,就没有卖不出去的东西"。虽然此说法有些夸张,但也确实反映出幽默广告的魅力所在。

(一)幽默及其特点

从广告创意以及思维的角度,我们可以这样来理解幽默:幽默是微

笑的护照,它是通过影射、讽喻、双关等修辞方法,以一种理性倒错技法寓庄于谐,将广告的信息用诙谐的方式来表达,使人们在轻松和愉悦中感受到其深刻的内涵。广告作品如果以某种有趣的、有悖于常理的情节引人发出会心的微笑,就可以称之为幽默广告。幽默广告是以笑为中心的重要表现形式,这和当代广告注重娱乐、艺术和美的发展趋势是一致的。

幽默常会给人带来欢乐,其特点主要表现为机智性、含蓄性和趣味性。

(1) 机智性

机智性是指幽默在一瞬间产生的化险为夷、化劣势为优势、反败为胜的一种睿智的表现。我们有时会面临一些尴尬的、危急的、剑拔弩张的局面,在这些情况下,智商高的、随机应变能力强的人往往会急中生智、快速巧妙地扭转乾坤。幽默对机智性要求很高,既要求有诙谐可笑的形式,又要注重内容与形式、主体与表现的统一,所以说幽默能力与人的智商呈正相关关系,幽默也是人类智慧的结晶,是一种高级的思维能力。

(2) 含蓄性

含蓄性是指幽默经常通过曲折隐晦的语言形式,把自己的思想观点暗示给对方,而不是直言正意。幽默不仅是制造一些简单的笑料,还包含着某种只能意会不能言传的东西,需要人们去领悟、去深思。在幽默中,经常先将自己要说的意思深藏起来,用旁敲侧击的方式点到为止,把真实意图留给对方去揣摩。幽默的含蓄性也体现了受众极大的参与性与互动要求。如果把自己的意思直接说出来,就不会有幽默的产生,也会降低受众的参与度。

(3) 趣味性

《幽默与人生》的作者鲁特说:"幽默是一种特性,一种引发喜悦,以愉快的方式娱人的特性。"幽默所带给人的笑是微笑,是以曲径通幽的方式,使人产生含蓄、会心的笑,它表达的意义更深刻,看似简单的三言两语,但却妙趣横生,带有一定的哲理性,使人能在轻松愉悦中领悟到其中蕴含的智慧和哲理。同时,幽默是一种调味剂,是一种轻松、自信、豁达的表现,是一种良好的调适与休息,使人在笑声中释放情感,获得美的享受。

(二)幽默思维的特征

幽默作为一种特殊的思维方式,与一般常规的思维方式不同。常规思维是人们依据常理和习惯而进行的定向思维。幽默思维是一种辩证的超常规思维,或者说是一种特殊的辩证思维。只有发掘出幽默思维的独特性,才能解开幽默的神秘面纱,才能在实践中更好地运用它。幽默思维具有不同于常规思维的特点,与常规思维相比较,幽默思维的特征主要体现在以下几个方面。

(1)超越常规性

幽默思维是对常规思维的超越或背叛。幽默思维不像常规思维那样,能进行理性的推理和论证,所以幽默思维中也有推理和论证的成分,但并不是企图确立论断的真实性,它只不过以荒诞的方式博得人们的开怀大笑。对于一个问题做出新奇巧妙的解释,才能在前后言语、前后因果之间,造成一种不合常理的、出人意料的艺术效果。如果从常规、理性出发,我们得到的就是科学认识,幽默的效果就散发不出来。例如,苏东坡为朋友的诗打十分,问其原因,他解释道"七分是读,三分是诗",加起来刚好是十分。在常理的思维中,十分就是说他的诗写得非常好,但是苏东坡的这种解释却超越了常规思维,充满了智慧和幽默,做出了出人意料的新解,博得人们一笑。

(2)似是而非性

幽默思维的似是而非性主要表现在内容和形式的相悖中。从形式上看,幽默语言的形式与内容的表达总是不一致的,互相背离甚至相互矛盾;从内容上看,它们又是相一致的。幽默思维体现在表达形式上的相悖与内容实质上的有机统一。幽默思维具有一定的欺骗性和巧妙性,它致力于拉近形式的合理与内容的荒诞之间的距离,即以看似正确的思维形式来表达荒诞的思想内容。比如,"对于女人来说,考古学家是最好的丈夫,因为妻子越老,他越爱她",从表现形式上看是合理的,从内容上看却是荒诞离奇的,内容和形式是相悖的,幽默的特点正是这种"合理"与"荒诞"的高度统一。

(3)辩证的合理性

在幽默中,常常表现出一种"大智若愚"的特征。幽默思维看似是对常理的超越和背离,但是"却不是在混乱中失去了日常的理性,而是沿着理智的轨道带我们到荒诞之地巡游一番"。幽默思维对常规常理的超越与背离不是任意的、诡辩式的,而是存在某方面辩证性的合理因素。所以,在幽默中,超越常规性与辩证合理性是统一在一起的,幽默总是看似很愚蠢,实则体现大智慧、大道理。比如,有这样一个定义:"专家就是那些对越来越少的事情知道的越来越多直到最后对虚无无所不知的人。"照此定义,无所不知的人实际上是毫无用处的人,定义者是多么的"愚蠢",但是那种极力吹捧的幽默却是高明之至。

(三)幽默思维的广告表现

在具体的广告创意表现中,幽默思维颠覆大众的惯常思维,利用戏剧化的手段,吸引人们的注意,调动人们的情感,使人们产生联想,对广告信息产生清晰和持久的记忆。幽默思维在广告中主要体现在两个方面:一是含蓄但十分耐看的故事;二是出乎意料的结局。幽默思维具体表现在对荒诞、夸张、诙谐、比喻、拟人等的运用。

(1)荒诞

荒诞就是虚言,不足为信。荒诞是一种审美形态,广告中经常采用荒诞的、离奇的、反常规的创意来产生幽默和戏剧性,增加了广告的趣味性,使人们在开怀大笑之中,对广告产生好感,从而加深对产品信息的记忆。

例如,挪威 Braathens Safe 航空公司的广告创意,戏剧性十足。故事讲述的是一个红胡子的男人一路急匆匆地回家,一边憧憬着与妻子亲昵,从门缝中看到妻子坐在屋里,他便迅速地脱光衣服,嘴里叼着一朵玫瑰花,但是打开门后突然发现旁边还有岳父岳母,和妻子一起正在喝茶。岳父岳母意外地获得了航空公司的半价机票便远道而来了。画面中一个茶杯巧妙地挡住了受众的视线,但是一家人惊愕、尴尬的神情显而易见。这则广告生动有趣,有些荒诞但形象地反映了人们因一时冲动的旅行带来的兴奋与意外,这些都是拜航空公司所赐。这则广告很好地证明了幽默为什么是广告信息传播中一个不可或缺的因素,无论是戏剧化地表现了人们的需求,还是暗示某种治疗感情伤害的温和的方式,幽默广告都以其生动的、让人难忘的方式与受众产生共鸣。

(2)夸张

幽默通常伴随一定程度的夸张,夸张的手法可以增加整个广告的幽默感,让人看过以后在觉得轻松愉快之余,达到传播产品信息的作用和目的。幽默广告中的夸张要戏剧性、巧妙地再现产品的特征,抓住生活中的特有画面,夸大或夸小,运用似是而非的逻辑推理,以变形的方式来表现事物的特点,给消费者一种幽默的视觉空间,当然这种变形一般要和产品的特性联系在一起。

德国 WMF 厨具是以高品质和种类齐全著称的,尤其是其刀具更是世界上最硬的和最锋利的厨房刀。平面广告画面是这样的:刀架被切开,刀滑落在地,你见过这么锋利的刀具吗?广告通过夸张的表现形式反映刀具的锋利和结实。

(3)诙谐

幽默的广告通常采用诙谐的表现手法给人一种搞笑的效果,引起受众的注意,从而可以使消费者对产品产生印象,激发购买欲望。

Wallis 服装广告就是十分著名的幽默式广告。画面中展现了潜在的危险:汽车撞坏了栏杆即将掉入河中,理发师即将割破客人的喉咙。为什么呢?因为他们都被穿着 Wallis 服装的美女而吸引。通过广告中的幽默情节,诙谐地告知人们 Wallis 服装的诱惑与迷人。有些不可思议,但却又在情理之中,因为每个人都追求美的事物,也自然而然因为"美"而闯祸。

(4)比喻

比喻是幽默广告常用的修辞手法,是通过事物之间的相似点,把一个事物与另一个事物联系在一起,用熟悉的事物来解释不熟悉的、抽象的事物的一种修辞方式。幽默广告中比喻手法要求有丰富的想象力,联系在一起的两个事物之间的跨越性越大,涉及的经验层面越不相关,反差越大,越能产生幽默感。

(5)拟人

拟人主要是指利用动物的幽默来表现的手法。动物搞笑的效果远比人搞笑更能吸引人。给黑猩猩戴上墨镜,再叼根烟,让熊猫穿上内裤等,这种幽默效果可想而知。

总之,幽默思维体现了广告创意戏剧性的一面,常采用轻松愉快、引人发笑的内容,遮蔽了广告直接劝说、敦促购买的功利印象,克服了消费者对广告的怀疑与抗拒心理,使他们在兴奋、愉快的情绪体验中,对广告产生深刻的印象,进而对广告及品牌形成良好的态度。当然,广告创意也不能滥用幽默,首先要考虑目标受众的情况,其次应该将产品的特性与广告的幽默点完美地结合起来。另外,还要注意,不是任何产品都适合进行幽默型的广告思维。一般来说,理性卷入少,感性特征突出的产品,如软饮料、糖果、餐饮、旅游、娱乐、玩具等产品,适合于幽默的广告思维;而高理性产品,如与生命、资产、汽车等有关的产品,则不适宜进行幽默型广告创意。

第四节　新媒体广告的文案创意

一、广告文案概述

广告文案译自英文名词"advertising copy",一方面特指广告公司中从事文稿写作的人员(copywriter/writer);另一方面则被看作是广告作品中的文字组成部分(copy)。广告文案就是已完成的广告作品的全部的语言文字,通常由标题、正文、广告语和随文四部分组成(新媒体广告并不拘泥于这种格式)。这里需要明确的是,上述概念中提及的广告作品必须是已完成、能直接面对消费者的内容。文案包括"语言"和"文字":语言诉诸听觉,主要应用于电视、广播广告文案等;而文字诉诸视觉,主要应用于报刊等印刷媒体的广告文案。新媒体广告的表达形式较丰富,多数时候语言文字兼而有之。

文案堪称广告的"点睛之笔"。一篇好的广告文案"总能说出目标消费者心里所想,或消费者从未意识的需要",不仅利于迅速吸引消费者的关注并激发其兴趣,也有助于消费者的记忆、引发他们的共鸣,继而促使消费者搜索和分享信息、参与活动、开展对话、购买产品和体验服务。假如失去文案的助力,广告作品的创意难度就会大大增加,广告传递信息的桥梁作用也无从发挥;但若是让人感到文案只是一味堆砌辞藻、哗众取宠或造成伦理及价值的冲突,则可能被消费者忽视、嘲讽、排斥、抗拒,这些负面影响力会很快作用于广告主的产品售卖乃至整体的品牌形象。

二、新媒体平台下广告文案的主要形式

新媒体广告文案,大致可以分为如下两类。

(一)产品营销类

产品营销广告类似于传统媒体上的硬性广告,通过直观简短的介绍或宣传,为其宣传的产品造势。此类广告大致上沿袭了传统媒体广告文案的特征,所以其播发渠道实际上和传统广告类似,采用广播的形式,通过各类新媒体平台,把信息强行推送到用户面前。当前,产品营销类广告多存在于各类应用弹窗等渠道中。企业的官方微博、微信公众号等所发布的有关产品(品牌)信息的硬广告,以及在自媒体平台上开展促销、集赞抽奖、微博(信)竞猜、转发有奖、互动讨论、投票等活动都属于此类(图 3-2)。

图 3-2 营销广告

（二）推荐软文类

该类广告文案和硬广告有较大的不同，是脱胎于新媒体平台下自媒体传播的广告形式。这些被互联网媒体催生的自媒体俗称为"大号"。其内容多为各类感悟语录、心灵鸡汤、幽默段子、知识百科、热点事件、热门话题、天气节日、食物养生、美容瘦身、星座运势等信息，以具有趣味性和可读性的内容吸引用户主动转发分享。"大号"的经营方式非常灵活，可以自由选择合作方，进行推荐类型的软性广告。

三、新媒体广告文案的创作

虽然技术在不断变化、媒体在不断演进、广告形式在不断丰富，但因为广告作为广告主和受众沟通中介的角色没有变，广告以影响人、打动人为核心的终极目标没有变，故而上述广告文案创作的传统原则和方法依然适用。当然，作为新媒体创意的延展或表现，新媒体广告文案的创作也须在信息飞沫化、阅读碎片化的大环境下，更细致地洞察受众、更努力地标新立异、更好地融入环境、更多地尊重用户体验、更迅速地呈现价值、更真诚地展开对话。

（一）更细致地洞察受众

针对世俗对"剩女"的偏见，以"不因为外在而改变内心的选择，活出你的本色"为品牌主张的手表品牌唯路时（JONA&VERUS）洞察到现在的年轻单身女性追求独立、保持自我，坚持"脱单不是目的，与自己相处好才是目标"的心理取向，于2018年情人节前夕在微博上通过微博话题"#JUST FOR ME#"（向我而生）发了一组情人节主题的海报。海报文案有"我的未来，不必要跟着别人来""都希望你早点嫁人，都不关心有没有爱你的人""你那么听话，一定活得很假吧""谁会愿意一个人，只是没人愿去将就一个人""剩女不是剩下的人，她们只是暂时还没遇见真爱"等。这些文案表明"向我而生"不仅是一句口号，更是一种生活态度，是对生活的不妥协，对爱情的不将就。相应地，每一款唯路时手表都是对自我个性的展示，都能让生活充满格调。

(二)更努力地标新立异

新媒体时代,传统遣词造句的"金科玉律"正被各种标新立异的手段打破。厦门大学做过一个"横穿马路"的实验,5名学生先后在天桥附近的绿化带上放置了三种不同类型的交通标语。实验结果显示,"请走天桥"组几乎无效,横穿率69.78%,降幅仅0.24%;"仅多花9.4秒"组比无标语组下降9.07%;而"你丑你横穿"组效果最明显,横穿率大幅下降29.9%,仅有40.12%。"你丑你横穿"在句法上也许并不通畅,但这几个字利用了消费者"趋美避丑"的情感本能,有效地让他们减少了横穿马路的行为。对于新媒体广告文案而言,标新立异地用更加迎合新媒体时代受众喜好的文字去击中其内心,也是与时俱进的表现。例如健身App"Keep"的文案"哪有什么天生如此,只是我们天天坚持",家庭厨房共享App"回家吃饭"(Home-Cook)的文案"让我们红尘作伴,吃得白白胖胖",农村淘宝的"过年回家,才是人生赢家"等。

(三)更好地融入环境

新媒体广告文案需要融入内容环境、媒介环境和营销场景。微信的很多软文植入广告是文案融入内容环境的代表,比如支付宝的广告文案《梵高为何自杀》;文案融入媒介环境的代表,比如信息流广告,常常与前后的其他信息相关联;而"吃掉一只优秀的小龙虾,就抓住了南京的夏天""下午四点的时候,总拦不住想要伸向食物的手""来伤心料理店料理你的伤心""把餐桌移到春光里,你也可以"等文案则利于唤醒受众的消费冲动,是融入和创造营销场景的例子。

(四)更多地尊重用户体验

用户体验是否良好,决定着广告的受欢迎程度和新媒体的成长空间。那些强行推送、粗暴展示、制作拙劣、格调低下的广告,不仅会降低用户对广告主的好感度,还会导致用户减少对承载这些信息的新媒体的使用,而界面友好、融入环境、恰逢其时、制作精良的广告则能够产生积极的效果。近年,很多新媒体改变了以往粗放运作广告的模式,运作重点从"量"转到"质",更加注重广告主和广告作品与媒体及内容的契合度,尽可能地在增强广告投放效果和减少广告对用户的打扰之间求得平衡。顺应这一形势,广告主在选择某类新媒体(尤其是自己开设的官方网站、微博和微信公众号)投放广告时,其创意和文案设计也必须尊重用户的体验。这里以企业官方网站为例,简要介绍其文案创作方式①。

企业官方网站是受众快速认识品牌并对其产生信任的重要途径。网站文案的创作包括官网素材的收集、文字撰写和编辑,以及日常信息的发布更新等工作。由于网站栏目设置存在差异,不同企业官方网站的文案创作也有很大差别。比如宝洁等大多数企业的官网都会介绍企业概况、品牌产品、企业文化、品牌故事、最新资讯等内容;而苹果、耐克、阿迪达斯等企业官网则突出产品类别,并用简洁的文案与醒目的购买提示引导用户了解更多的信息并购买商品。不管是哪种类型,文字简练、突出利益(产品的功能利益或情感利益)、引导行动等都是企业官方网站在文案创作时遵循的标准。

除了常规板块外,网民在浏览企业官方网站时所接触到的其他文字内容也应当引起文案人员的重视。不论是页面加载过程中的信息,还是受众进行登录等操作时的提示语,如果善加利用,都可能成为优化用户体验、增进用户与品牌联系的环节。例如网络问答社区知乎在页面维护期间的提示语"服务器提了一个问题,我们正在紧张地撰写答案……",饭否网站的"在饭否维护期间你可以做的 30 件事情:认认真真刷 15 分钟牙;熨衣服;煮方便面,加个鸡蛋,甚至加点虾皮……",等等。

(五)更迅速地呈现价值

一则广告如想在信息的汪洋大海中获得人们的关注、激起人们的兴趣,最好是能在极短的时间里向受众呈现与其生活、利益、需求、情感等有关联的、有价值的内容,这些内容既可以是娱乐价值或资讯价值,也可以是知识价值或情感价值。特别是那些篇幅较长的文案,一定要将最有价值的信息通过标题表现出来。

其一,在标题中直接点明产品带来的好处(即利益诉求式标题)或向受众揭秘,加入福利、促销、攻略、值得、秘诀等关键词。例如:"这 4 个灵魂问题,解决你 80%的困境""春播×蚂蚁短租@你,这里有一份超实用的吃货必备旅行指南,请查收!(内含福利)""5 月最值得看的 11 部电

---

① 黄河,江凡,王芳菲. 新媒体广告[M]. 北京:中国人民大学出版社,2019.

影来了,爆米花准备好了吗?""商家绝对不会告诉你的事实:我们用3个月测评了15款扫地机器人后发现……"。

其二,在标题中明确告知受众如果不阅读正文会有哪些损失(恐惧诉求式标题),加入时间有限或数量紧缺等关键词,这种稀缺感会促使消费者更快展开行动、做出决策。例如:"再不来,初夏就要被别人吃掉了。""快领!亚马逊购书优惠券明天过期!"

其三,在标题中以知名的人物、地点等为产品背书,在引起受众对这些"有来历"的产品产生好奇的同时,增强其"获得感"。例如:"从硅谷火到中国,每三秒就卖一个,用过这款榨汁机,你不想碰其他的。""今年头采的西湖龙井,慈禧太后喝的就是这家的茶。"

其四,在标题中嵌入代表着获得尊重、成就、满足、个人实现等方面的热点词语,使受众产生积极的联想。例如:"巧克力中的'爱马仕',让自己站在今年情人节票圈的顶端。""到底赚多少钱才算是成功?"[1]

(六)更真诚地展开对话

新媒体使广告主与消费者实时且直接的对话成为可能。这里需要强调的是,对话的前提是广告主不能再以冷冰冰的企业自居,而应该说人话、懂人情、有人味,尊重人、关心人、爱护人,通过言说让自己成为有人格魅力的、有温度的对话者。此种策略多用于企业的官方微博和微信公众号的运营中。

第五节 不同类型新媒体广告的创意

"创意"是"创立新意"的过程,这一过程赋予广告强大的魅力,使消费者在拍案叫绝的同时产生购买的欲望。广告人大卫·奥格威曾说过,"没有创意的广告犹如在黑夜里悄无声息驶过海面的船只,无人知晓"。创意的英文为"creative",意为"具有新颖性和创造性的想法"。在广告

---

[1] 黄河,江凡,王芳菲. 新媒体广告[M]. 北京:中国人民大学出版社,2019.

活动中,创意是旧元素的新组合,它来源于对不同事物之间的关联的洞察,这些"旧元素"就是与产品和消费者相关的特殊素材、日常生活与时事的普通素材。

人们在进行消费决策时会听取和参考他人的建议,因此广告创意便是连接品牌与消费者的枢纽和中介。好的创意能够让广告更加生动形象,进而帮助产品定位、创造广告氛围、决定消费者的感受;它还能赋予产品鲜活的形象,让其在消费者的心目中保持较高的地位,改变他们的态度和行为;好创意还可使广告在海量信息中脱颖而出,不仅吸引人们主动关注,亦会引发互动、形成共鸣,激发消费者参与、分享和传播的热情。广告创意也是一个"戴着镣铐跳舞"的过程,来自法律法规、广告主、广告媒介的不同要求都会为创意设定框架,限制它发挥的范围。综上所述,我们可将广告创意看作根据广告目标的要求,围绕着核心的销售信息进行具体的、形象化的广告诉求和表现的创造性思维活动,它负责解决广告"怎么说"的问题。

一、平面类新媒体广告创意探析

平面类新媒体广告受到越来越多的关注,这类广告既要强调商业又要符合美学的要求,商业文化与艺术要求被统一起来。因此,新媒体广告本身力求以更为精细的构思、刻意的雕琢、巧妙的匠心、意蕴深沉的内涵以及独特的风格和美感来被更好地呈现,从而使消费者产生购买欲望。所以,平面类新媒体广告要达到好的效果,就必须要在设计之前了解新媒体平面广告创意设计的基本原理与规则,依据新媒体平面广告创意设计的美学特征,别出心裁,打好广告设计与制成投放的基础,这样才能制作出创意新颖、风格独特、表现力强的广告。

平面类新媒体广告属于视觉传达类广告范畴,它的创意表现是运用视觉形象来完成语言描述的,是以点、线、面、文字、形象、色彩、空间等作为基本的视觉要素,以具象表现的形式,抑或以抽象的形式,也可以借助绘画、摄影等综合的艺术形式来进行表现。设计师与受众通过视觉形象的表现来进行相互交流,受众运用自身的经验来领会和理解设计所要表达的内容。

根据新媒体平面广告创意媒体的传播特点,平面类新媒体广告的创意表现主要是运用图形、色彩、文字三种视觉语言要素,着手于具体的创意,于生动、完整之广告中表现准确主题。

(1)图形

新媒体平面广告创意要产生的效用决定了一幅好的新媒体平面广告创意作品应具备以下三点信息传达功能:第一,吸引力强,能够吸引受众,当然,版面的设计也很重要,它也是吸引受众的一个重要因素;第二,设计的思想要简洁明确地传达出来,阅读效果良好,使人一看便能够明白广告所要诉求的重心和广告要传达的意思;第三,能够使受众产生购买的愿望,广告的视觉冲击力要强,受众看完之后能够产生很强的视觉震撼,诱导人们产生冲动和欲求。

图形是平面类新媒体广告构成的诸要素中最能够吸引观众视觉的重要因素。大部分人在看一幅新媒体平面广告创意作品时,第一视觉效果是整体画面,其次是标题,再次是正文。这样的递次顺序虽只有几秒的差距,但作为第一直观、第一时间映入眼睛的图形而言,能否抓住受众,吸引受众成为标题、正文的认真读者并产生欲求,在一定程度上起到关键的成败作用。新媒体平面广告创意中图形创意的地位由此可见一斑。

此外,图形作为视觉的语言,相对于文字信息来说,它不受国界和地域的限制(图3-3)。文字、语言是有国界的,而图形不存在受众的语言背景和理解力的问题,它是一种世界性的语言,没有民族、种族和国家之分,这对于广告信息的传播是非常有利的。事物的形状、质感、颜色、材料等特征的直接展现,说服力及吸引力很强,带来的视觉冲击力真实可信,图形的这种写实性能让人在不自觉中产生购买愿望。

(2)色彩

作为新媒体平面广告创意视觉语言要素之一的色彩,是审美视觉的核心,对于我们的知觉感观有着极其重要的意义,深深地影响着人类的情绪状态,让人们第一眼看到广告就留下良好的形象(图3-4)。它能够吸引受众的注意力,激发其购买的需求,无形中为企业、为商品树立品牌形象,带来无限商机。

图 3-3　广告中的图形

图 3-4　广告中的色彩

颜色，成为人们印象中某一类产品的固有色，颜色让人们认同并购买产品。颜色、冷暖、强弱等属性可充分发挥于广告设计中。例如，辣椒油外包装的颜色近于辣椒的红色，让人马上产生辣之味觉；橘黄、奶油等色应用于设计中，会增加人们的食欲。不同的色彩可以使人产生辣、酸、苦等不同味觉，从而诱惑、暗示受众，刺激人们的购买欲望。

色彩的视觉表现力是极强的,是广告信息传达的强有力手段,它能够快速、准确地诉诸人的感官系统,通过颜色的冷暖、强弱变化产生色彩的韵律,突出产品的性质和塑造企业形象。这是其他视觉传达要素无法替代的。

(3)文字

广告图形抓住受众的时刻,即文字被关注的时间,如果无法准确传达信息,使受众不明所以、转移注意,再好的广告图形创意亦无法达到预期效果,最终将成为败笔。广告图形吸引受众后,文字就起到了补充说明、画龙点睛的重要作用,让受众准确理解信息,加深记忆,使图片更具生动、形象意义。因此,文字是图形的递增,文字是图形的补充,文字是图形的点睛记忆之笔,两者同等重要。平面设计广告上的文字排版如果能够在排列和布局上别出新意,也可以为广告增色,成为一个成功的新媒体平面广告创意不可缺少的一部分(图3-5)。

图3-5 广告中的文字

文字具有双重性,首先字体就是一种图形,它具有图形的性质,是视觉形象的图形;其次字的组合是内容的表述,是叙述性、表意性的符号。文字的这种双重性在新媒体平面广告创意设计中独具魅力,有别于图形设计的单一性。字体的排列、字体的设计还要让受众有美的感受,让艺术融于无形,字以达意,美以传神。

新媒体平面广告创意中的文字设计涵盖广告的标志、字体、排版设计等,其造型所传达的内容、风格特征和情感等直接影响着广告信息的传递,对于广告信息的正确传递以及视觉传达效果和诉求力都有非常重要的意义。所以在进行文字的设计时一定要准确、有效地表达广告的主题和创意,尽量避免因为不当的装饰变化而造成视觉识别上的障碍。

不同的广告对象要选择合适的图形和对应的字体,强化广告的气质形象,体现产品的特性,配以色彩,吸引并打动受众以实现新媒体平面广告创意之初衷。三个视觉语言要素彼此独立又相互呼应配合,合力呈现出一幅优秀的新媒体平面广告创意作品。

二、视听类新媒体广告创意探析

在网络时代的新媒体环境下,广告创意和其呈现方式远非传统广告所能企及,我们有先进的技术优势,有良好的平台为其呈现,数字技术的高效运用以及高强度的视频技术的投入时时刻刻都体现出一种时代的科技感。Maya等动画软件的使用,势必会给消费者带来更加强有力的视听冲击。如今的视听类广告有了新媒体载体的使用,效果呈现得更加逼真,给人的震撼也更加强烈了。如一则超速驾驶的公益广告,如果按照以前的广告模式及创意呈现,肯定是会选取人、高速公路、飞驰的汽车等呈现在画面中,制成危险、恐吓、惊悚的场景,以及还有可能提到超速以后亲人的反应等。然而在使用新媒体、新技术的情况下,其创意是这样呈现的:该广告不仅保留了其恐吓、惊悚的成分,而且还通过使用三维动画、液晶户外大屏把这种惊悚演绎得淋漓尽致,甚至模拟了车祸发生时激荡的撞击声。视、听的紧密结合,给人以身临其境的感觉,使人们的恐惧感增加到了极致,更好地宣传了超速驾驶的严重后果[①]。

广告艺术的表现手法,是靠着现代传播技术的支撑,创造着附加于产品之上的附加价值,以一种平面感的意义存在,最终实现着促销产品的目的。广告在一定程度上控制了人们的心理和行为。这些艺术境界,

---

① 魏星.新媒体广告创意与设计[M].合肥:合肥工业大学出版社,2019.

在广告设计与制作之前,必须被掌握,打好我们对艺术理念学习的基础,用正确的态度来创造,可以在广告作品中真正凸显艺术性与功用性。广告设计所特有的创作技巧不断发展,有助于提高广告人创作的艺术水平,更好地发挥新媒体广告在繁荣商业文化中的积极作用。

三、互动类新媒体广告创意探析

信息的及时互动实现了大家的相互沟通,使得信息的传播模式不再仅仅是主动传播和被动接受了。新媒体为实现信息互动提供了契机,新媒体广告创意良好的实施想必也要利用好信息互动传播的优势,以达到良好的效果。例如,2013年,上海地铁11号线徐家汇的换乘长廊中上演了一出腾讯《剑灵》游戏的创意互动传播。漫步在这条150米的走廊上,乘客可以看到形象各异的异形包柱、真人与动漫相结合的双面墙贴、具有互动功能的超级橱窗灯箱等多组创意广告,给大家连续的视觉冲击。其中,给人最大震撼的是电子屏换装互动游戏。乘客在观赏TVC的同时,不仅能浏览《剑灵》的人物角色,还能通过前置摄像头和触屏操作切换自己的照片到橱窗广告画面中,在短时间内乘客感受到了《剑灵》游戏的趣味性。大量乘客纷纷发状态,互相评论,还成了主流媒体、各大论坛一时的热点话题,促成了二次传播。本次创意实施在空间上使乘客处于了常规空间之外,有了视觉和自身感官的体验,并且在乘客的参与下还形成了互动,制造了热点,达到了二次传播的效果。

再来看另一则荣威550新款车在上海的推广案例。该车型在上市期间选择了上海地铁2号线中山公园人流密集的换乘通道,所有乘客都被当时利用无缝拼接技术组合的大型电视屏给强有力地震撼住了。此次的创意发布还承载了最新的Kinect全身感应检测功能:Kinect摄像头捕捉乘客的肢体动作,并将肢体动作转化为游戏指令,以此来营造良好的体验效果。乘客不仅能在液晶屏幕上了解到车的信息、性能等,还能通过体感探测仪对几乎真实比例的荣威模拟启动、关闭车门车灯等进行很多现实中的体验。

网络时代,新技术、新手段给广告创意带来更多的内涵。首先是新媒体互动的传播环境,广告人可以为消费者编织一个虚拟体验空间。新媒体广告创意应该以直观的界面以及真实的体验去打动消费者,优秀的互动广告不再需要文字去解释。丰田雅力士的创意团队曾把他们的体验式广告做到了极致。他们将雅力士的互动展示和赛车游戏结合到一起,这样一来,两个在不同地点同一时间登录雅力士页面的网民,可以直接在游戏中驾驶雅力士新车进行 PK,体验着雅力士赛车带来的风驰电掣的快感。

消费者亲身参与到广告传播的活动中去,他们成为广告的主角,成为广告创意的元素。所以,网络时代新媒体广告创意应从吸引消费者关注转向为消费者提供体验式的活动,与消费者共舞。

创意是广告永恒的主题。数字技术的发展,给新媒体广告创意带来了更多、更丰富的表现方法。一般来说,广告创意突出,广告表现吸引人,这则广告就会表现出良好的传播效果。所以,新媒体广告可以尝试各种新的广告形式。创造更多新的表达方式,强化广告的视觉冲击力,成为新媒体广告获得成功的关键所在。

互动性是新媒体广告的重要特点之一。通过互动,广告与受众沟通更顺畅了,而且新媒体资源的加入会使广告更加逼真,更能吸引受众的注意,受众主动参与到广告活动中,在体验中不知不觉地接受了广告所传达的信息。

第四章 新媒体广告的分类研究(一)

信息大爆炸的时代,广告已经是无处不在的一种信息,它不仅在促进着经济活动的进行,也在担当着文化传播使者的角色。新媒体的飞速发展为广告业的繁荣与发展提供了更新、更快的媒介技术。如今,许多市场规模比较大的或是发展势头强劲的新媒体广告值得关注,本章将重点围绕新媒体广告中的平面广告、网络广告、手机广告和户外广告进行研究。

第一节 平面广告

一、新媒体时代平面广告传播特点解读

平面广告是一种信息传递艺术,按现代传播学的观点,它是大众传播的一个重要分支。在平面广告中,运用最多的是海报。海报又称"招贴",是广告媒介的一种,是用造型艺术手段表现广告主题,并张贴于公共场所的广告形式。

借助电脑设计的强大手段,平面图形、摄影、手绘、漫画等不同风格的媒体都可以在平面商业广告中相互融合或"拼贴",成为企业展示产品和形象的最有力手段。现代广告除了以往惯用的摄影、写实绘画外,平面拼贴、超现实主义手法的借鉴、抽象漫画等也都备受设计师的青睐,他们以此来创造出超现实的视觉冲击力效果,给受众留下深刻的印象,如国外的一组名为《脆弱的人类》的交通意识的广告,通过电脑的巧妙变形与合成,使观众看到了交通事故的残酷,感叹人类的身体是多么的脆弱。

广告是一门综合学科,它包括了各种不同媒体手段的融合和结合,其中数字媒体艺术是其广告具有表现力的核心要素之一。数字媒体艺术在平面商业广告中有广泛的应用,无论是户外海报招贴、灯箱显示还是网络媒体,包括Photoshop、illustrator、Corel DRAW等软件都是最常用的设计工具。除了以上软件外,自然还包括著名的Apple Final Cut Pro、Autodesk 3ds max和Maya软件。通过这些软件实现的三维数字动画广告片是目前平面商业广告的主体。微软公司通过视频合成与轨道叠加做成了公益广告片,而同样的设计素材也转换成了纸媒广告。这样一举两得,不仅节约了广告成本,也使得同样的广告诉求能够同期出现在不同媒体上,达到吸引公众注意力的效果。

二、新媒体催生了平面商业广告的创新

现代平面商业广告的发展历史也是媒体不断推陈出新、实行多样化发展的历史。平面商业广告传播手段即广告媒体的发展与科技进步息息相关,每一次科技变革和技术创新,都可能催生一种新型广告媒体或者间接促进其他媒体广告的发展。无线电技术的发明导致广播媒体的产生,广播成为报刊之后的第三个大众传播媒体;电视媒体的产生,不仅使电视成为20世纪最有影响力的大众媒体,而且成为第二次世界大战后世界广告业发展的直接动力。其他媒体也不例外,以户外广告为例,户外广告在国外17世纪以后出现并发展,到了20世纪初,随着交通工具的改进,尤其是汽车的普及、公路建设的发展,户外广告和交通广告成为城市重要的广告媒体。例如,有一则广告:一个大的集装箱货车,整个装货的车厢被做成一个箱包的造型,这意味着该品牌箱包的空间很大,很能盛东西。这则移动广告无论走到哪,都会给受众一种惊讶的感觉,会令受众印象深刻。

值得一提的是,新媒体的层出不穷并不意味着传统广告媒体的消失,它们通过与新技术的结合反而会得到更好的发展。电视产生之初,曾经有人提出广播将会消亡;网络产生后,也有人认为传统媒体受到冲击,甚至毁灭;然而我们看到的是传统媒体在不断创新中与新媒体共存,未来的媒体将呈现多样化的发展趋势。

三、新媒体平面商业广告创意设计的标准

虽然我们对创意的"非常规性"做了许多阐述,但是我们不得不再次申明:广告作业是一种"遵命"创作活动;广告创意是一种纪律性很强的工作,并非像一般人理解的那样"天马行空"。下面这些条件,就是约束广告创意的一些框框,也可以看成是选择和评估广告创意的依据。

第一,广告创意必须建立在大量事实的基础上。所有的创意人员都要了解消费者对自己产品和竞争对手产品的看法,了解消费者在购买时考虑产品的哪些具体属性、特点、使用情况等,了解竞争对手在他们的广告活动中如何介绍自己的产品,了解某个产品属性或使用情况是否被竞争对手的广告所遗漏等诸如此类的问题。这些资料与信息和创意本身并不是一回事,但它们却可以为创意提供极有价值的情报。

第二,创意目的要明确。如果不了解广告活动的目标是什么,便不可能产生好的创意,也很难按传播效益来衡量某个广告创意到底怎样。美国广告创意专家大卫·都茨特别提出,为提高广告创意水平所能做的最有价值的事情,便是简明扼要地锁定广告意欲向目标受众传达的内容。人们常常从三个方面评估创意目标:目标的长期性与短期性矛盾、目标的层系特征以及整体传播反应与具体传播反应的矛盾。

目标的长期性和短期性矛盾是指,广告创意人员在强调传播时,他们的重心主要集中在短期目标上,但当他们强调销售时,他们又强调长期性。他们明白,即使广告可以在短期内产生传播效果,但要影响销售却需要较长的时间。过分强调市场营销目标会导致广告创意人员急于在一条广告中塞进尽可能多的承诺,而不太顾及广告更大的营销目标,不太顾及广告在更大的市场营销计划中的传播作用。目标的层系特征主要是指,广告创意目标可以区分低度参与目标层系、认知层系、信任层系、行动层系等。与此相对应,广告创意的目的就是引起感知、增强理解、建立信任、催人行动等。

第三,创意设计要符合营销战略并具有优秀的视觉表现。创意是否与已有的市场营销战略,包括广告战略相符?创意能否在可支出的媒介经费内完成预期的效果?创意会不会使消费者按预定方式行动?广告

创意是否符合公司的形象？除此之外还要考虑，广告创意是否符合目标市场细分，是否与目标受众的问题与语言相吻合？广告创意的宣传对象是否与广告主预定的对象一致？创意是否能从竞争激烈的众多广告中脱颖而出？广告创意是否具有抓住目标市场的注意力的威力？创意是否能站住脚？它能持续多久？

由于创意具有很强的变异性和复杂性，即使上面都做到了，也要秉持"根植和服务于大众（广告受众）"，创意表现应与设计规则紧密结合，通过简洁明快的视觉传达来表现广告诉求。

四、平面商业广告的新媒体创意设计发展趋势

（一）国外平面商业广告的发展趋势

1. 广告活动全球化

20世纪80年代以后，世界开始进入信息时代。广告业作为信息传播的重要产业，进入了一个新的发展时期。从世界广告业的发展情况看，普遍呈现发展新特点和新趋势。

现代工业的发展，使社会化大生产达到空前规模，跨国公司和国际贸易使全球经济活动联系更加紧密，市场国际化与经济全球化趋势日益显著。广告正是伴随着这种趋势而国际化，国际广告业务越来越多，国际性或泛地区性媒介日益引起以世界市场为目标的跨国公司的兴趣，国际广告投入日益增加。国际性广告组织也应运而生，各种国际性广告行业组织在协调各国广告业发展方面发挥了重要作用。

2. 广告服务全方位化

信息技术和计算机在市场调研、贸易媒介和企业管理方面的广泛应用，大大提高了广告工作效率，有力地促进了广告业的发展。现在广告公司发展成为一种集多种职能于一身的综合性信息服务机构，向企业提供从市场调研、新产品开发、广告策划到售后信息分析的整体策划服务，使广告服务成为企业发展不可或缺的组成部分。

3. 广告行业产业化

广告公司不再局限于一些厂家或公司的附属机构,而是以专业化形式成为独立的经济实体。按照现代企业制度要求运作,涌现了一大批著名的广告公司和广告集团,其发展速度远远高于整体经济增长水平。20世纪80年代末,广告业已成为一种可创造巨大价值的产业,在各国的经济发展中发挥着重要的作用。

4. 广告传媒多样化

20世纪80年代以来,电子媒介飞速发展,卫星传播的运作、有线电视的普及,使广告增添了新的最有效的媒介。尤其是以计算机为载体的信息高速公路的飞速发展和互联网的建立,为广告信息的传递乃至整个营销活动开创了新的空间。除了电子传媒外,广告其他形式也在不断创新,礼品广告、邮寄广告、包装广告、大型实物模型等花样翻新,甚至连味道、色差等也成为广告传递信息的媒介。

5. 广告管理日趋严格化

随着广告活动在社会生活各领域的日益渗透,广告对社会经济活动的影响日益广泛和深刻。为了防止滥用广告,西方各国对广告业的管理越来越严格。各国政府纷纷通过立法或行业协会的自律行为,加强对广告业的管理,以达到规范、健康发展的目的。

(二)我国平面商业广告的发展趋势

1. 法制化

我国的平面商业广告尽管发展道路曲折,但改革开放后获得了超常规发展,显示出强大的活力。现代新媒体时代下广告业作为朝阳产业而突飞猛进,出现了许多新特点和新趋势。

广告作为一种企业促销方式,在市场经济条件下,应该纳入法律规范轨道。我国政府通过立法加强了对广告的管理,从而达到规范平面商业广告健康发展的目的。企业的广告及广告代理商的业务活动都应严格遵循有关的法律规定，违反法律规定的广告，其主体必须承担法律责任。

2. 道德化

广告的道德化主要体现在其真实性与思想性上。就真实性而言，广告的生命在于真实。它必须实事求是，不可夸大，不可虚妄。《中华人民共和国广告法》规定："广告不得以任何形式欺骗用户和消费者。"不真实的广告，不可能得到公众的信任，不仅会败坏广告的信誉，而且有损企业形象。就思想性而言，广告不仅是对商品、劳务的宣传，也是意识形态的反映。广告应有利于倡导良好的道德风尚与精神文明，要坚决查禁有颓废、色情、迷信等内容的广告。

3. 艺术化

广告作品既是一门学科，也是一门艺术。它是集美术装潢、摄影制作、表演造型和视听效果于一身的综合性使用艺术形式。一幅好的广告作品，应遵循真实性、思想性与艺术性相统一的原则，将有关商品和劳务的信息与艺术形式有机结合起来，给人以启迪，使人们在美的享受中得到教益与信息。

4. 科学化

广告是企业的一种有计划的促销活动。一方面，采用各种科学的调查方法和技术，为有效的广告活动提供科学依据；另一方面，由于电子信息对广告业的渗透，广告活动大规模地应用现代通信技术和计算机信息处理技术，使广告活动的整体策划技术得以普遍推广。

5. 专业化

由于广告在企业经营活动中的地位日益提高，广告业务得以从企业分离出来，成立专门的广告公司，或者由企业委托广告公司开展广告代理。各广告公司由于实现了专业化，更有利于为广告主提供完善的服务，也有利于提高广告的促销效果。

第二节 网络广告

一、网络广告的概念

网络广告就是在网络上做的广告,主要以确定的广告主通过付费方式运用网络(因特网、万维网)媒体劝说公众接受或认可某种商品或进行品牌宣传的一种信息传播活动。其主要通过利用网络技术,把广告、文本链接、多媒体的方法在互联网上表现出来。通过互联网刊登或发布广告,并且利用网络本身的技术将网络广告传递到互联网用户的一种高科技广告运作方式。

二、网络广告的形式

随着网络技术的不断发展以及网络在人们日常生活、工作中的广泛应用,网络作为一种新兴媒体迅速崛起,也为广告提供了一个潜在的大市场和传播渠道。网络广告与传统广告相比,由于其传播的媒体不同,其广告的形式、广告的信息特征以及广告的信息传播方式都有着自己的特点,它将会成为今后广告研究的新焦点。

(一)旗帜广告

我们在浏览网页时,经常发现在网页上散布着各式各样的广告图片和动画,它就像旗帜一样在页面中飘扬,所以我们称这种类型的网络广告为旗帜广告,也叫作 Banner 广告。

旗帜广告是网络广告的主流形式,从位置上看,位于页面顶部的最为醒目,称为页眉广告,一般为长方形。旗帜广告有动态和静态两种,大多数旗帜广告为动态的,为 GIF 动画或 Flash 动画。GIF 动画在表现较为复杂的动态效果时,数据量较大,一般只用来制作只有简单闪动或滚动的旗帜广告;Flash 动画由于是采用矢量动画技术,其动画的数据量较小,且可以制作出精美的动画效果,是目前旗帜广告的主要动画形式。静态的旗帜广告图像格式一般为 GIF 和 JPG。GIF 格式用于色彩较少的情况,因为该格式只有 8 位色彩深度,在图像中的色彩数最多为 256 色;JPG 格式能表现出丰富的色彩,其色彩深度为 24 位,且具有较高的数据压缩率,其缺点是和原图像之间有失真。

(二)按钮广告

按钮广告和旗帜广告的主要差别是其尺寸较小,一般为小图片或小动画,其本身传达的广告信息非常有限,它的主要作用是吸引网页浏览者来点击它,从而链接到专门的广告页面或广告网站。当浏览者不去点击广告按钮时,其广告信息的传达就没有实现。相对按钮广告来说,旗帜广告的尺寸要大得多,即使浏览者不去点击旗帜广告,其本身传达的广告信息也较为丰富,广告信息的传达不完全依赖于浏览者的点击行为。从设计的角度上讲,按钮广告的按钮设计任务就是如何引起浏览者的点击行为,使他们产生点击的冲动,真正的广告信息是在专门的广告页面或站点中去传达。而旗帜广告的设计任务首先是传达广告信息,当浏览者对广告信息有进一步的渴求时,可以通过点击获得更为详细和全面的广告信息。

(三)漂移广告

此类广告形式为在页面上游动的小图片或小动画,点击它可链接到广告页面或网站。这种广告由于在页面上不停地游动,可以引起浏览者的注意,但这种不停地游动也给浏览者浏览页面内容造成了很大的干扰,使浏览者产生抵触和反感情绪。这种广告受到广告主的欢迎,它带有强制浏览者观看的作用,前些年该类广告应用较多。近年来,由于网络用户对该类广告的强烈反感,许多网站已不再使用该类广告形式。

(四)悬浮式广告

当把一广告图片或动画植入页面的一特定位置后,不论是否滑动浏览器右边的纵向滑条,广告始终保持在屏幕上的固定位置不变,该类广告被称为悬浮式广告,它一般发布在页面两边的空白处。

该类广告的最大优势是加长了广告的呈现时间。对旗帜广告而言,如果放置在页面顶端,当浏览者滑动浏览长页面的后部时,页面顶端的广告被移出了屏幕,浏览者自然就看不见它了。悬浮式广告不同,它不是处在页面的固定位置,而是处在屏幕的固定位置,所以不论你浏览页面的哪部分内容,广告会始终呈现在你的视线范围内,呈现时间更长,视觉印象也就更深。

如果将悬浮广告放在页面内容之内,悬浮广告一定会给浏览内容造成干扰,使页面浏览者产生反感。所以通常的做法是将悬浮广告放在页面两侧的空白处,这样既不影响页面内容的浏览,也达到了延长呈现时间的目的。大多数页面两侧都留有空白,这是因为通常的页面宽度都是以屏幕分辨率为 800×600 来考虑,而现今浏览者的计算机大多设为 1 024×768 的分辨率,由于页面居中,自然在两侧就出现了没有内容的空白区域。当然,如果浏览者的计算机设在 800×600 的分辨率下浏览页面,两侧的悬浮式广告自然就不可能看见了。

悬浮式广告可为长方形、正方形,但其宽度受到两侧空白区域宽度限制。和旗帜广告一样,一般在广告上都设有链接,点击它可获得更多的广告信息。

(五)弹出式广告

弹出式广告也有人把它称为画中画广告、跳出广告等,它是在网页开启时自动弹出一个广告窗口,与网页形成画中画的关系,但广告窗口覆盖了网页的部分内容,要浏览这部分内容时,浏览者可自行关闭窗口。

(六)电子邮件广告

电子邮件广告类似以前的直邮广告,只是它通过网络将广告信息发送到目标用户的电子邮箱里,而不是通过邮递系统来传递广告信函。由于电子邮件广告是通过网络传递广告信息的,所以在费用上比直邮广告低得多,且非常及时,不像直邮广告那样需要数天才能送达目标用户。

获取目标用户的邮箱地址是实施电子邮件广告的基础。对于提供电子邮件服务的网站,自然就获得了在本站开设电子邮箱的用户的邮箱地址。其他一些提供免费服务的网站,在用户申请服务时就要求提供邮箱地址及其用户的年龄、职业、性别等相关信息,这也能获取众多的用户邮箱地址。在发送电子邮件广告时,首先应根据产品的目标客户特征,依据申请免费邮箱或免费服务时用户提供的个人信息,制作出相应的电子邮件列表,然后按此列表发送电子邮件广告。由此可以看出,电子邮件广告具有较好的针对性。

目前,由于一些网站滥用电子邮件广告,使得用户的邮箱里堆满了大量的广告,影响了网络用户的正常通信,反垃圾邮件的呼声不断高涨,这将会影响邮件广告的正常运行。对大多数用户而言,如果确实能为他们提供真正需要的广告信息,对电子邮件广告还是持欢迎态度的。

(七)网上分类广告

网上分类广告是受报纸分类广告的启发而产生的一种网络广告形式,在形式上和报纸的分类广告专栏没有本质差别,也是将同类信息集中在一个分栏内,便于用户查找。但在功能上比报纸的分类广告强得多。

分类广告这种形式受到网络用户的赞同,它不强迫浏览者观看,也不会干扰其对网页内容的正常浏览。它将分类广告信息放在一独立的页面内,当用户需要获取某方面的商业信息时,又能通过强大的搜索功能得到满足。但对于广告主来说,一旦用户没有主动进行广告信息的获取,那么它所发布的分类广告就如同没有发布该广告一样,一直没有起到广告的作用。

(八)关键词广告

关键词广告近年来异军突起,它已成了 Google、Yahoo、AOL 等搜索业务网站的最主要盈利方式。关键词广告是搜索引擎技术在网络广告发布中的应用,当搜索用户使用搜索工具键入关键词时,搜索结果的页面上就会显示广告客户们的相应广告。

关键词广告的一大优势是可以具有很强的针对性。例如,在"旅游"这个关键词的结果页面上投放某旅游景点的广告,就会收到较好的广告

效果。因为键入"旅游"这个关键词的搜索者,此时正关心与旅游相关的各种信息,所提供的广告信息正好与他的需求相吻合,无疑会达到很好的广告效果。此外,关键词广告为国内企业产品的海外快速推广找到了一条通道,因为像 Google、Yahoo、AOL 这样的大型搜索引擎网站,每时每刻都有来自世界各国的众多网络用户在使用,在它上面投放关键词广告必然会起到快速向世界范围内推广的作用。

(九)游戏广告

游戏广告是利用网络游戏为载体并将广告信息传达给受众的一种广告形式。游戏广告利用了人们对游戏天生爱好的心理,从而以游戏为载体进行广告宣传,并借此来吸引消费者。

(十)网站栏目广告

综合性网站和门户网站一般都设有很多栏目,提供新闻、论坛、娱乐、旅游等方面的信息和活动,在网上结合这些特定专栏发布的广告称为网站栏目广告。

栏目广告一般为赞助式广告,就像电视中赞助某电视节目的播放一样,这对企业树立"在线"公众形象有很大的帮助,会受到众多广告主的青睐。赞助形式分为节目赞助、内容赞助、节日赞助等。赞助式广告形式多样,广告主可选择与自己企业相关的内容或栏目进行赞助,也可以对特定事件和节日开设的专题进行赞助,如"欧洲杯足球赛""三八妇女节专题""母亲节专题"等。栏目赞助支持的广告位置一般位于页面的顶部,是页面的视觉中心,是最易吸引眼球的地方。

(十一)其他广告形式

网络广告的形式不断推陈出新,并随着网络硬、软件技术的进步而不断发展。宽带网络的应用使网络视频广告问世,2003 年互联网络公司推出的 ICAST 网络视频广告得到了很多广告主和媒体的认同,主流媒体如新浪、网易、21CN 等都纷纷签约,播放这种类似于电视广告效果的带声音、播放比较流畅的网络视频广告。

此外,还有类似于广播广告的网络声音广告,只要浏览者一打开网页,声音广告就会播放。鼠标广告也很新颖别致,广告文字随光标的移动而产生出各种形状和色彩的变化,或与鼠标事件有关,当鼠标放入广告文字或小图片时,就会出现一个大的广告图片或动画,当鼠标移开时又自动还原。有奖广告在网络上也比较流行,它通过获奖诱惑来吸引用户点击,只要点击到一定的次数,你就可以获得一定的电子赠券或奖品。

在网络上,每年都有很多新的广告形式产生,今后必将表现出更多能让广告主、浏览者和网站都认同和欢迎的广告形式。2003年一些网站推出的弹出式广告就是一例,它在弹出式广告的基础上加以改进,只要广告播放结束就自动关闭弹出窗口,这样就减小了对页面浏览的干扰,同时对广告效果也没有太大影响。

三、网络广告创意设计

(一)网络广告创意的含义

网络广告创意是针对网络广告创作对象的创造性思维活动,解决网络广告设计中"怎么说"的问题。创意以产品的特质为基础,以产品的目标消费人群为诉求对象,帮助消费者发现需要,满足他们的心理需求和情感需求,使他们形成对广告产品的偏好印象,并说服他们购买产品。现代广告设计观念已经从过去的以产品为中心转移到了以消费者为中心,广告创意要从关心消费者、服务于消费者的角度出发,而不是直接去渲染产品本身性能如何好、价格如何低、企业资金如何雄厚等,应以满足消费者需求来表达创意。例如,某面巾纸生产企业发现很多消费者在公共场合使用质量低劣的面巾纸后,满脸都是面巾纸屑,使消费者十分尴尬,很失体面,按我们平常的说法就是丢"面子"。于是在为自己生产的高质量面巾纸做广告时,通过"面纸"和"面子"的联想,形成了"挣面子"想法,从而产生购买面巾纸时更要注意"面子"的广告创意。这种关心消费者的广告创意,很容易被消费者接受,并形成对品牌的良好印象,从而使他们成为产品的忠实消费者。

(二)网络广告创意要策略为先

在网络广告活动中,网络广告策略属于战略的范畴,是整个网络广告活动的总纲;而网络广告创意则属于战术的范畴,它必须服从于网络广告策略的要求。在网络广告策略阶段,首先要对市场进行调研,并结合自己的产品对市场资料进行认真分析,还要对竞争对手的产品状况、广告策略进行认真的研究,看看他们做了些什么,效果怎么样,下一步会采用什么样的策略。通过这样的分析,找到自己产品在市场中的机会点,再从机会点出发,确定自己的目标市场,包括目标市场的地理位置、行业、社会阶层、文化程度、年龄特征等。在确定了目标消费人群之后,解决了"对谁说"的问题。为了解决"说什么"的问题,还必须对目标消费人群做进一步的分析,了解他们关心什么、喜欢什么、容易接受什么,以及需要什么、注重什么等。

网络广告创意是在广告策略的基础上,根据其不同阶段的广告目的所确定的"对谁说""说什么"来解决"怎么说"的问题。有人说广告创意是戴着枷锁的舞蹈,这是十分贴切的,它不是毫无目的的标新立异,而是要符合广告目的和任务的、能体现产品潜质的、充满情感的、能被消费者接受并喜爱的创新意念。例如,在李光斗创作的《小霸王学习机·望子成龙》电视广告片中,其广告的目的是建立起小霸王学习机的消费理由,广告的任务是让成龙与小霸王学习产品利益点自然融合起来。由于成龙是香港著名的武打明星,广告采用了"想当年我是用拳头来打天下,如今这电脑时代,我儿子要用小霸王打天下"的创意思路,形成望子成龙小霸王的广告创意。这一广告的推出,使很多家长明确了学习电脑对孩子今后的重要性,纷纷为孩子购买小霸王学习机,希望自己的孩子长大后能成才,使家长望子成龙的心情得到了满足。由于该广告被广大消费者接受,其市场表现如虎添翼,1995年的月销售额就达到了1亿元人民币。

(三)好广告创意的特征

人们在接受广告信息时,往往处于不专注的状态,他们不可能像研读学术论文一样来认真体味广告创意,所以广告创意越复杂,就越难被消费者理解,而简单的广告创意易被消费者接受和记忆。例如,在一则麦当劳的广告中,当小孩见到麦当劳的标志时就笑,而看不见该标志时就哭,其创意十分简单,但使受众记忆深刻。

创新是广告创意的灵魂。只有具有独创性的广告创意,才能引起消费者的注意,才能在他们的头脑中留下独特的印象;只有具有独创性的广告创意,才能使你的广告在众多同类产品的广告中突显出来,而不是被它们所淹没;只有具有独创性的广告创意,才能引发消费者的好奇心,增强产品对他们的吸引力。例如,在保健品市场中,脑白金的广告创意就独树一帜,它在广告中向消费者传达的不是保健品,而是以礼品的概念向消费者表达,既给消费者建立了购买的理由,又使自己的广告与众不同,极大地吸引了消费者的注意。如今,"今年爸妈不收礼,收礼就收脑白金"的广告创意已经深入千家万户,在消费者的头脑中深深扎根。

一个震撼力强的广告创意,能产生强烈的刺激和说服效果,引起消费者强烈的共鸣,从而感染他们,说服他们去购买你的产品。例如,在一则"兰美抒"电视广告中,"兰美抒"瘦小的身躯与身材庞大的"脚气真菌"在擂台上进行搏斗,没用几个回合,瘦小的"兰美抒"凭着自己高超的功夫,就一举将庞大的"脚气真菌"击倒,最后推出"兰美抒身材小威力大"的广告词。在这则广告中,"兰美抒"的英勇善战和好功夫及面对强敌而无畏的精神对消费者产生了强烈的震撼力,对"兰美抒"治疗脚气的功效坚定了信心,自然会引发消费者的购买行动。

贴切是指广告创意与其所宣传的产品在逻辑上有关联性,而不是离开产品的特质进行创意。如果不以产品为出发点进行广告创意,那么你的广告就会使消费者感到荒诞或不可思议,甚至对产品形成不可信任的印象。这样,广告的作用就适得其反了。

国内著名广告策划人李光斗在他的《解密创意》一书中写道:"广告要永远做时尚的弄潮儿,追赶时髦、引导潮流,甚至制造流行、创造时尚来进行传播,否则如何引导消费?"他在这本书中把青春时尚元素作为一种吸引消费者的重要元素之一进行了详细的论述,他说:"我们正处于一个娱乐经济的时代,在娱乐经济的概念中,企业的品牌战略之一就是要充分利用人类的模仿欲,大规模地制造流行、引领时尚、创造消费风气、引起跟风消费现象,这在商品生命周期渐趋缩短的今天显得尤为重要,每一种商品都要力争成为偶像商品。"由此可见,在广告创意中,时尚性是极为重要的。在当今社会中,追求时尚已经成为表现自己不落伍的标志,尤其是年轻一代的消费者,他们把追求时尚作为自己生活的重要内容之一。当露脐装广为流行成为时尚标志时,你会看见满街的女孩都穿着它。也许从美的角度看,对许多女孩并不合适,但她们追求的是时尚,由此足见时尚对引导消费的魅力。

说起广告创意可以制造流行,很容易使人想起多年前的呼啦圈广告。当时,呼啦圈在国内还从来没有出现过,为了制造流行,生产厂家在中央电视台进行了多种形式的广告宣传,将呼啦圈随着腰部扭动而不断旋转产生的美感表现得淋漓尽致,在不到一个月的时间里,全国各地广为流行,几乎达到年轻人和小孩每人一个。为了同时玩多个圈,有的甚至一人就购买几个,各地的销售商纷纷告急,所有库存被抢购一空。这个流行的广告,无疑给企业带来了巨额的利润。

(四)网络广告创意常用方法

1. 头脑风暴

头脑风暴法又称为"智力激荡法",是奥斯本 1938 年任 BBDO 公司副经理时创造的方法。该方法借助于会议的形式,使与会人员充分发挥个人的想象力,并相互启迪、相互补充、相互激励而催生出广告创意。几十年来,这种方法被广告公司普遍采用,它的主要特点是充分发挥了集体的智慧。在头脑风暴法的会议上,作为会议的主持人,其重要的任务是调动每一个参会者的情绪,使他们的大脑处于一种自由奔放的状态,把他们的想象力激发到最活跃的水平,鼓励他们提出尽可能多的想法。为了能真正使每个人的想象力自由地发挥,让他们把每一个想法都说出来,除了制造活跃的会议气氛外,还应该做到如下几点:其一在会议上禁止提出批评和反对意见,一方面这是保证个人积极发言的有力措施,另一方面也不会因双方的争论而影响他人的思考;其二是对与会者提出的任何一种创意都要给予鼓励,这有利于他们把每一个想法都尽量快地讲出来,而不顾忌自己的想法是否幼稚或不成熟;其三是欢迎在别人创意的基础上进行补充、改进,使创意更加完善和明晰,甚至引发出新的创意。

通过头脑风暴法可能得到了多种创意思路,最后必须根据广告策略制定的广告目的以及产品的特点、市场状况、目标消费群的特征等进行精心挑选,确定出最终采用的广告创意思路。

2. 逆向思维法

逆向思维法按照常规的思路进行反推,形成新的创意理念。例如,衣服脏了需要洗,那么不洗衣服又会怎样呢?——你的女朋友认为你不修边幅而与你分手,于是形成新的创意理念"干干净净锁住爱情"。在第五届金手指网络广告获奖作品中,罗氏力度伸抗感冒泡腾片发布的链接广告就采用了逆向思维的广告创意。广告投放时正值流行感冒暴发高峰期,全民对抗感冒药的关注度提升,广告针对工作压力较大的白领上班族,采用逆向思维的方法,提出了"当心感冒炒你鱿鱼"的创意,使广告获得了成功。很明显,正向思维是:服药可预防感冒。逆向思维是:不服用抗感冒药—被流感传染—影响工作—被炒鱿鱼。

3. 所谓换位思考法

所谓换位思考法,就是广告创意人员站在消费者的角度来思考问题,从而形成广告创意。例如,在一则脑白金广告中,采用了类似新闻采访的手法,对几位购买脑白金的消费者进行了购买原因的调查,第一位消费者说:"中央电视台天天播放,脑白金名气大,送礼送它有面子。"第二位说:"送烟酒已过时,现在流行送健康。"第三位说:"别人买,我也买。"第四位说:"女婿送的脑白金里有金砖。"这则广告站在消费者的角度对消费的理由以及利益诉求都进行了完美的传达,加之以消费者说话的形式使其具有更强的说服力。

第三节 手机广告

一、手机广告定义

目前,对手机广告的研究还处于起步阶段,称谓不一,主要有手机广告、手机媒体广告、无线广告、无线互联网广告、第五媒体广告、移动广告

等说法。为了与传统四大媒体的称呼相一致,本书采用手机广告的说法。

本书所探讨的手机广告是广义上的广告,包括了商业广告和非商业广告。因此,手机广告可以这样定义:以第五媒体作为平台发布的广告,即以手机媒体作为平台发布的广告,可以针对分众目标提供特定地理区域的、直接的、个性化的广告定向发布,具有分众、定向、互动、及时、可测量、可跟踪的特点。这种广告类型与报纸广告、广播广告、电视广告等具有较大的差别。

二、手机广告投放策略

在手机互动营销领域,如何确定市场目标,广告媒体的投放策略相当重要。手机媒体作为随身携带的广告媒介,在广告投放策略中主要考虑投放人群、广告形式、广告价格、广告时间4个方面。

(一)准确定位目标受众

手机媒体移动互动的特性使其在受众注意力资源稀缺的时代具有明显的优势。作为贴身媒体,手机已经转变成个人资讯中心。手机媒体特性和移动通信平台的数据库管理技术使其精确营销,准确定位目标受众(图4-1)。相比其他媒体,手机媒体的用户群集中在15～35岁的年龄层。这个群体追逐时尚、喜欢炫耀性消费、对潮流非常敏感,因此,数码影音产品、手机产品、快速消费品、体育运动用品、时尚消费品等领域的广告将非常适合。

(二)多样广告形式组合

手机媒体搭建的是一个随身携带的广告平台,如果仅仅采用直接以短信、彩信形式发送广告,和传统广告没有本质区别。手机媒体的广告形式需要针对用户情况和所处的环境,采取适合的广告形式进行互动营销,让用户不仅是单向的接收,还可互动。2005年,商业大片《无极》的宣传推广,不仅与空中网推出了中国首个电影WAP官方网站,还落实在电影宣传的配合上。除了向手机用户发送电影海报、片花等直接的广告宣传外，还有答题赠电影票、抽奖等方式的互动性行为，吸引手机用户进入电影院观看电影。

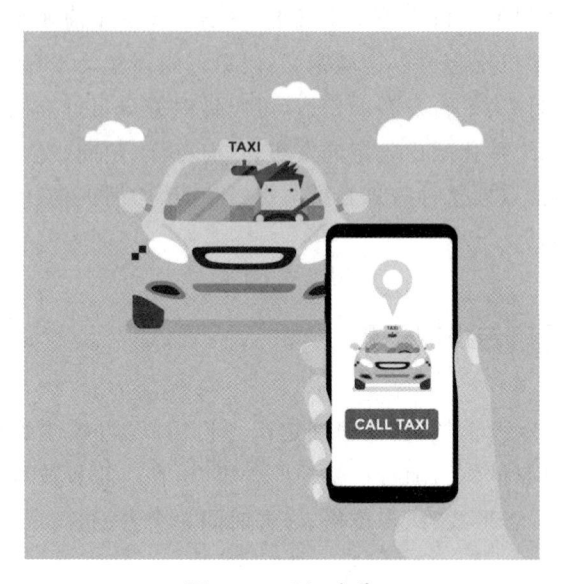

图 4-1　手机广告

(三) 广告价格

目前，手机广告类型多样，涉及的企业众多，造成手机广告的价格相差较大。企业可以根据产品的实际情况，选择投放。在内置广告方面，价格体系尚待完善，更多的定价方式是由客户与手机终端商协商定价。由于是一次性置入广告，所以价格相对较高。

(四) 广告发布时间

手机媒体是贴身媒体，但是广告不能在任何时间投放，应充分尊重消费者的个人时间，如在周末主要投放促销消息；在上班时间尽量减少对用户的打扰；在吃饭时间应尽量避免投放一些卫生用品、药品的广告；在休闲时间可以投放音乐、电影娱乐信息等。只有掌握好手机广告的投放时间，才能使手机真正变成用户的个人资讯中心。

第四节 户外广告

一、户外广告的内涵

所谓新媒体是相对于传统媒体而言的,在户外新媒体广告新兴初期,它被定义为:投放在户外,不同于传统媒体的广告,统称为新媒体广告。从 2005 年发展至今,一部分专家将它系统地称为"环境媒体广告"。在 *Is Any Body Out There* 一书中,美国人马克·奥斯汀和吉姆·艾吉森首次提出了"环境媒体"的概念:环境媒体就是适合于传播广告信息的,可以用于书写、上色、悬挂,"任何"你可以借用来传递品牌信息的东西。环境媒体广告是指户外与室内等一切公共空间环境中的广告媒介形态,强调充分借助环境这个道具来表现广告主题,并与环境有机地融合在一起,使之成为城市环境中的视觉景观[1]。

二、户外广告的表现形式

户外新媒体广告可分为平面和立体两大类。平面的包括招贴、壁墙、海报等;立体的包括霓虹灯、IPTV(互动电视)、高立柱广告牌、LED 看板、户外电视墙、升空气球、车载电视及飞艇等,其投放模式包括了户外视频、户外投影、户外触摸等。这些户外新媒体都具备户外互动的共性,以此来达到吸引人气、提升媒体价值、借此宣传产品的目的(图 4-2)。

---

[1] 杨静. 新媒体广告传播与发展研究[M]. 北京:经济日报出版社,2017.

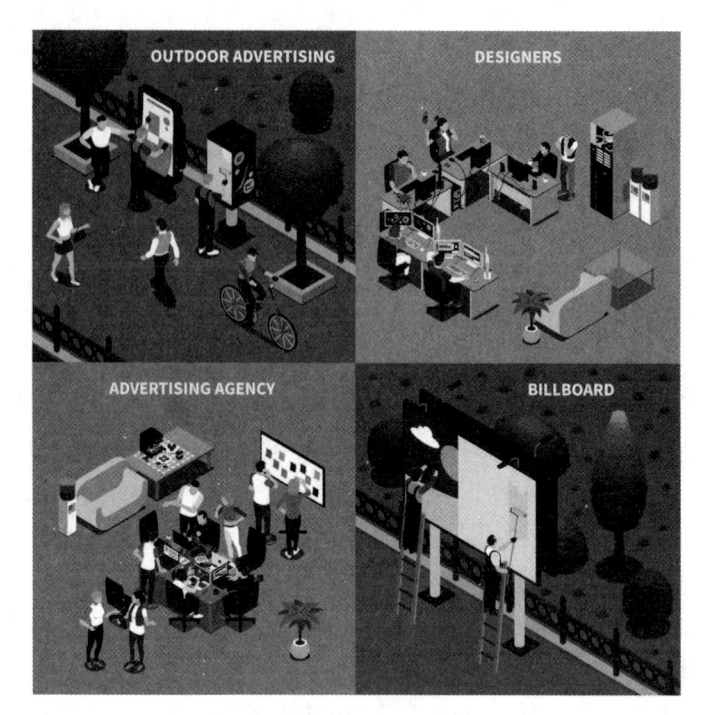

图 4-2　户外广告

三、户外广告的优势

(一)包容性

户外媒体的人群包容性最强。户外媒体的非内容性特征,避免了传统媒体的广告受众因为对媒体所承载内容有意识地主动回避而产生广告接触障碍。

(二)体验性

长期以来,我们对户外媒体的认识只停留在二维世界里,户外媒体的空间价值被严重忽视。如果说电子媒体提供的是一种基于时间的虚拟世界,那么印刷媒体提供的是一种基于平面的二维世界,而户外媒体提供的则是基于立体的三维空间。三维空间,意味着无限可能。难得的开放性体验空间,在拉近产品与消费者的距离、真实传递产品利益点上,表现出独有的价值。

(三)互动性

所谓互动,是相对于传统媒介单向传递信息而言的,它与多维度和非线性有关。信息的双向,乃至多维的传递、反馈、碰撞、融合、激发即构成互动的内容。互动是一个广泛的概念,大至社会群体之间的互动、媒介之间的互动,小至人与人之间的互动,等等。

第五章 新媒体广告的分类研究(二)

接续上一章,这一章我们将继续探讨新媒体广告的分类研究项目。在这一章中,新媒体广告还包括移动电视广告、互动广告、植入广告等,详细分析其传播模式和传播特点。

第一节 移动电视广告

一、移动电视广告的定义

移动数字电视是一种新兴媒体,国际上称之为"第五媒体",它的出现引起社会极大关注,被誉为最具发展前景的传播媒体。移动数字电视是通过无线数字信号发射、地面数字设备接收的方式进行电视节目的播放和接收,是一种新型的、时尚的可安装于汽车上的高科技电视产品。在传输电视信号上具有高画质、高音质、高性能等独特优势,其最大的特点是在处于移动状态、时速不超过200公里的交通工具上能稳定、清晰地接收电视节目信号。

二、移动电视广告的特性

(一)渗透力高

信息传递快、影响范围广,是移动电视广告最大的特点。电视台发出的信号可以将广告讯息迅速地传递到电波覆盖区域的各个角落,并且深入各种场所。现在,全国每天有数以亿计的观众在观看电视节目,同时接受各种广告讯息,信息传播力不可低估。

(二)冲击力强

电视广告声画结合,兼具娱乐性。它不但可以运用示范手法,直观地展现产品特性,令消费者眼见为凭,还能透过演员生动丰富的表演,或充满戏剧性的故事吸引观众的注意,引发他们对产品的兴趣和购买欲;它凭借刻意安排的一些优美的画面、意外的惊喜、戏剧化的情节、奇特的意识等,营造出强势的视听冲击力,刺激观众的情绪,从而加深他们对广告讯息的印象与记忆。

(三)良好的选择性

电视台的播映区域虽有限定,但利用联播网或多家电视台,能做全国性和特定地区的广告。根据电视播放的时间段和电视节目内容,能够对准特定的目标对象做适应时机与个性的广告。将广告穿插在节目中播出,更具有讯息接受的强迫性,使视听者难以逃避,即使闭上眼睛稍加休息,仍能听到广告的声音,因此易于收放[1]。

三、移动电视广告的运营策略

(一)充分尊重受众的需求

观众需要才是移动电视发展的原动力,是数字电视发展的第一要素。电视观众对充斥荧屏的广告的抵触和厌恶由来已久,之所以逃避广告,更多是因为国内大多数电视广告粗制滥造,毫无创意和美感,甚至是视觉污染,满足观众的审美需求更是无从谈起。现阶段要想彻底改变观众对广告的成见,就需要广告主和广告制作单位配合,下大力气创作出富有美感的作品,只有画面精致、创意独到并贴近观众需要的广告才会

---

[1] 杨静. 新媒体广告传播与发展研究[M]. 北京:经济日报出版社,2017.

有效地吸引眼球,进而让观众注意到它传达的商业信息及内在的商业价值。

(二)广告分众投放发布

在移动电视传播时代,媒体运营商应对庞大的收视群体进行细分,按不同层次采取相应不同的传播策略。根据广告主的需求,可以充分利用数字电视的互动反馈的特性,通过挖掘广告目标受众的潜在偏好,结合对受众群体收视习惯的研究,选择适宜的发布方式与表现内容,更好地为受众定制个性化广告。

(三)努力尝试互动性活动

如何吸引受众的眼球,一是源于需求,二是来自刺激。参考互联网的互动广告发布形式、内容和策略,互动性活动同样可以成为移动电视广告借以发展的有效手段,这种手段如果能规范和合理运用,必将使当前索然无趣的电视广告变得生机盎然,而互动性越强则越容易受到广告主的青睐,从而产生良性循环效应。

(四)学习网络广告的经营策略

媒体运营商可以借鉴一些广告运营比较成功的互联网企业的经验,了解他们如何吸引网民注意力、如何实现精准个性化营销、如何利用定位技术等。根据这些经验,再结合自身实际,经营好有线数字电视广告媒体[1]。

(五)深度开发其他广告形式

在当前,以最有价值的开机画面广告、EPG主菜单广告和导航条广告为运营核心的基础上,根据数字电视广告的运作方式和特性及迎合已进入实质推进的"三网合一"大趋势为目标,开发和完善数字电视广告的其他表现形式,满足广告主多元化的需求,开拓更广阔的利润空间。

---

[1] 杨静. 新媒体广告传播与发展研究[M]. 北京:经济日报出版社,2017.

第二节 互动广告

一、互动广告的定义与特性

（一）互动广告的定义

"互动"是一个广泛的概念，最早来源于英文 Interactive，有相互影响、相互作用的含义。社会学家给出的定义是"两个或两个以上的人们之间的行为互相影响的过程"。在传播学中，互动是指传播者与受众之间进行的动作或者信息的往来，既有发送，也有反馈。受众在传播过程中不仅可以对传播者的信息进行反馈，还可以主动地选择信息，更为重要的是可以随时积极地发布信息、意见和观点。相较于传统的广告形式，在互动广告活动中，广告受众可以参与到广告中来，成为广告传播的一部分。具体而言，根据互动性的不同，笔者认为互动广告可以分为以下两种。

广义的互动广告：广告媒体或者广告本身具有直观的可操作性和参与性，能够引发受众行为上的互动反馈，广告受众有意或者无意地参与到广告中来，从而完成广告的传播（图5-1）。例如，互联网上的旗帜广告、弹出框广告等，在这种互动广告中，广告主和受众处于非常不对称的传播地位，受众对广告的互动性弱。

狭义的互动广告：在广告传播中，受众有意识地参与到广告中，对广告主传递的产品、服务和观点进行反馈，实现信息接收与反馈双向沟通。这种强调受众参与程度，并且由受众的参与程度来决定效果的广告，就是狭义的互动广告，也是本书主要讨论的互动广告对象。

互动广告借助新媒体，以一种崭新的互动传播模式吸引受众，具有传统媒体无法比拟的优势。需要指出的是，互动广告并非是互联网技术出现后才有的新型广告，只是在新媒体出现后，得到了迅速发展。

图 5-1　互动广告

(二)互动广告的特性

互动广告的特性集中表现在其无法比拟的互动性上,具体体现在以下三个方面。

1. 广告主和受众关系转变

随着互联网、手机媒体等新媒体的发展,受众不再是只能被动地接触广告信息,而是可以主动对广告内容进行反馈。广告主和受众既是传播者,也是受传者,传播的双方相互影响,两者越是能够影响对方,广告的互动性越大。

2. 受众对广告内容控制增强

有学者称"互动"的核心概念就在于控制,就是指具备互动这一特征的媒体使用者不仅可以影响媒体信息呈现,而且还可以影响媒体体验的形式和内容。受众对内容的控制欲望是始终存在的,只是单向传播的大众媒介时代无法给予这种潜在欲望得以实现的机会。在新媒体环境下,受众对内容的控制体现在两个方面,一是受众可以主动选择和接受广告的内容,决定是否要浏览这个广告,在何时、何地,以什么样的方式浏览广告;二是受众可以在广告活动中增加自己的意见和观点,生产新的内容,使其成为广告的一部分。

3. 受众反馈渠道的畅通

在传统媒体时代,互动广告就已经存在。但是由于现实条件的限制,受众对广告内容的反馈受到限制。新媒体的出现,给受众提供了一个更为有效、畅通的反馈渠道。具体表现为:受众可以在任何时候、任何地方进行反馈,不受时空限制,且使用简便;反馈的内容能够完整、有效、快速地被广告主接受[1]。

二、新媒体与互动广告的结合

新媒体和互动广告作为当下热议的媒体形式及广告形式成为业界和广告主们关注的焦点,其两者的结合,即新媒体互动广告传播更是成为一种行之有效的传播途径。

推动新媒体和互动广告结缘的关键在于互联网的发展。互联网的发展使得信息发布的时效性和传播性大大提高,信息发布方式由平面化转向立体化,信息量剧增,互联网的信息传播不再是传统媒介单一的"点对点"传播,而是表现为传播方式多样化,且由于互联网的无国界性,使得互联网传播信息呈现无国界化。媒介得以实现互动属性是在网络技术成熟的前提下。计算机互联网拥有信息发布的即时性、无缝连接性,让传者和受者之间流畅地进行传播交流。通过交互式设计,将传播主题行动化,让受众参与其中;在广告投放中实时监控受众的参与情况并对创意策略进行调整,以达到更好的传播效果。新媒体与广告互动结合的传播模式带动了新媒体广告行业的飞速扩张,广告主已将主要目光从传统媒体上移开,潜心接受和研究新媒体互动广告的效果,因此成为当下的主流广告投放方式,前景大好。

新媒体和互动广告在互联网和移动互联网市场规模逐年递增的情况下,能否扎稳步伐,在优胜劣汰中取得生存呢?我们从媒介的广告价值和互动广告的广告价值角度进行如下探究。

一般来说,媒体的广告收入是由两次销售过程中获得的,其中先要

---

[1] 杨静. 新媒体广告传播与发展研究[M]. 北京:经济日报出版社,2017.

把媒介产品卖给受众,随后再由广告客户购买。媒体只有让目标受众满意,才能抓住广告主并带来利润,才能实现媒体发展的终极盈利目标。在此过程中,媒体实际上是将媒体的时间售卖给受众,因此媒体想要生存与发展,就必须提供喜闻乐见的内容,才能牢牢锁住受众的心,使之长时间地"沉溺"于媒体世界中不可自拔。媒体竞争就是使用更有吸引力和让受众满意的内容与竞争对手争夺受众。这就是为什么网络上面的几大门户网站能够将自己的广告位用高价卖给广告主,而一些一般的、日均流量少的媒体却很少受到广告主的偏爱。同样,对于广告主来说,只有争取到更多的受众、更长的注意力时间,才能使广告价值增值。互动广告的主要特性是其互动性,广告互动过程本身能带给受众沉浸体验。在互动广告中,广告主也可以采用延长绝对广告主的时间来抽取"绝对剩余价值"或加强广告注意的强度来抽取"相对剩余价值"这两种方法使广告增值。需要强调的是,与媒体用强制收看的手段抽取"绝对剩余价值"不同的是,互动广告"绝对剩余价值"的产生是由观众自愿行为达成的,虽然观众一样付出超过"必要劳动时间"来注意广告,但他们同样也获益不浅,不仅获取了感兴趣和需要的信息,更重要的是在互动过程中还获得了愉悦的体验。

三、新媒体环境下互动广告的传播

(一)新媒体环境下互动广告的传播模式

1. 人信互动模式

人信互动模式是新媒体环境下基于广告传播者和广告受传者交流的根本互动模式。它指的是互动广告通过某种策略,让广告受传者与广告传播者发布的广告信息之间产生一种互动关系,达到吸引受众的注意力,进行深度沟通的目的。但实际上,信息本身缺乏与受众进行互动的能力,在中间起到重要作用的是智能系统的存在。比如,受众点击网络广告能够进入品牌网站、输入关键字能够搜索到相关商品的信息等,都是因为智能系统接收到广告受传者发出的互动请求,从而从预设中选择相适应的信息以满足受众的互动需求。

第五章 新媒体广告的分类研究(二)

在新媒体环境下,互动广告传播者不再是一个有形的角色,新媒体也可以成为信息的代理发布者。广告受传者通过点击新媒体广告向传播者传递互动信息,而智能系统根据互动信息的读取程度相应地从数据库中提取符合要求的信息进行及时反馈。但由于数据库是预设的,所以体现的信息反馈能力比较有限,通常仅限于一问一答,也就没有办法做到真正灵活性的深度沟通。所以这种人信互动传播模式下的互动能力还停留在浅层次。

新媒体互动广告中人信互动模式的应用主要表现在两个方面。第一,通过与广告受传者直接的互动,获得他们的相关信息,从而在广告中融入个性化的元素。例如,某些女性产品类的广告,常常通过"个性测试""心理测试"等游戏类的互动方式获取广告受众的相关个人信息,并以此与广告内容产生联系,起到延续受众注意的目的。第二,通过让受众选择广告信息的走向,或者让受众成为广告中的一部分等方式,让受众更多地参与到广告中。比如,Tipp-Ex 修正带在它名为"A Hunter Shoots a Bear"的广告片中便给予受众选择广告走向以及让受众帮助构建广告内容的权利。广告前半部分描述的是,有一位在山中扎营野炊的猎人正在刷牙,忽然出现了一只大熊。当猎人举起猎枪准备射杀它时,影片中出现了"Shoot the Bear"和"Don't Shoot the Bear"的弹出式选单,不管受众选择哪一个选项,都会直接链接到后半段影片,受众会看见猎人一时心软下不了手。这时,神奇的事发生了,猎人把手伸出画面,拿起了 YouTube 影片右边广告区块上面的 Tipp-Ex 修正带,把 YouTube 影片标题中的"Shoots"涂掉了。接着让受众在影片上方的文字输入框中输入文字,影片会根据不同的信息为受众展示相应的视频内容[①]。

2. 人际互动模式

人际互动模式指的是,新媒体的使用者之间通过各种即时聊天工具、社交媒体、网络社区、电子邮件等工具或站点,围绕着某些品牌、商品服务进行的互动沟通。人际互动模式下,原有广告中界限分明的广告传播者和广告受传者被泛化成广告参与者,即广告传播者不再只是广告主或者广告代理公司等传统的广告主体,广告受传者也不再只是消费者或

---

① 黄河,江凡,王芳菲. 新媒体广告[M]. 北京:中国人民大学出版社,2019.

者潜在消费者。消费者可能会把使用心得等相关的广告信息发布在新媒体的各个平台,或者潜在消费者会根据自己的需求发布广告信息;而广告主或者广告代理公司反而成为这些信息的接收方,会根据具体的情况反馈或者组织新一轮的广告投放活动。所以,消费者在人际互动模式下会积极地发起广告传播活动,而事实证明,由消费者主动发起的广告活动往往有着更好的广告效果。消费者和广告主在这种互动模式下,不分彼此,共同承担广告的参与者这样一个综合的角色,从而在传播中实现了平等的交流。

(二)新媒体环境下互动广告的传播特点

从互动广告人信互动传播模式和人际互动传播模式出发,互动广告传播有以下特点。

1. 平等性

传统媒介广告传播中,广告主具有绝对的话语主导权,广告主发布什么样的广告信息,受众就只能被动接收到什么样的信息。且由于传播媒介的限制,受众对广告信息很难实时、有效地反馈。与传统媒介广告的这种单向、线性传播不同的是,新媒体环境下,互动广告传播是一种双向的传播。传受双方的界限更加模糊,角色更加不固定。他们都可以是信息的掌控者,广告受众可以参与、讨论和二次传播广告信息;而广告主也可以根据受众及时反馈的信息,不断调整广告策略和广告内容,形成互动。所以,传受双方在新媒体环境下的互动广告传播中都展示了主动性,也表现了他们在地位及传播影响上的平等状态。

2. 精准性

受众的参与是新媒体环境下的互动广告赖以生存的基础。所以,对新媒体广告互动广告来说,如何把受众卷入互动广告中,让他们与广告信息,或者与其他受众进行交流是首先要解决的问题。碎片化时代下,"大众"开始被"分众"所替代,分众表现出相对多元化的需求。因此互动广告吸引分众的参与要建立在了解多元化分众的基础之上,根据分众给予的反馈,分析分众的兴趣点和对媒介的接触习惯,精准地投放互动广告。而大数据的出现,使得互动广告传播在信息与受众的匹配上更加精准。

3. 可控性

新媒体环境下,互动广告传播的参与者可以自由选择合适的时间以及自己感兴趣的内容,主动创造信息并传播信息。从这个层面上来理解,互动广告传播的参与者都能实现对广告信息的控制,无论是量还是质,无论是时间还是空间。互动广告传播的参与者有充分自主的权利。

4. 体验性

新媒体环境下的互动广告传播为了追求与消费者更深入的互动沟通,往往会增加消费者易于感知的成分,即通过某种手段充分调动消费者的心理和行为,这里既包括感性因素,也包括理性因素。而这个调动消费者心理和行为的过程,这个让受众感知的过程,实际上也是让受众体验的过程,使受众通过体验更积极地参与互动。

第三节　植入广告

一、植入广告的内涵与外延

植入广告是指广告主通过提供免费的产品或服务、直接付费等方式,有意识地使商品或服务及其品牌名称、商标、标识等信息隐匿在媒介内容中,以期影响消费者的一种广告形式。不同于赞助广告或冠名广告,该类广告最大的特征在于广告信息隐蔽、与视频内容(如视频背景、台词或人物对白、故事情节等)关联相对紧密,因而可以达到既不招致用户反感和抵触,又不知不觉影响用户的认知、态度与行为的潜移默化的广告宣传效果。

随着新技术的发展和广告主营销理念的变迁,视频网站也持续优化

植入广告,这表现在:

其一,后期智能广告植入,基于视频内嵌广告技术和 AI 技术,视频网站推出了相应的后期广告植入产品(如爱奇艺的"Video in"、优酷土豆的"移花接木"),对视频成片自动搜索出适合植入的视频内容点位,并将广告主的特定信息(如商品海报、产品实体、动态视频等)快速植入相应的画面或位置上,从而突破了传统植入广告只能在视频前期拍摄、制作过程中植入的周期,实现了后期内容制作乃至播出等环节的动态广告植入,延长了植入广告的售卖周期。

其二,以"创意中插"的形式深入植入广告。该类广告由影视剧剧组而非广告公司拍摄制作,具体表现形式为在影视剧播放过程中,插入由剧中"角色"拍摄、与剧情有一定关联的广告创意内容,如网剧中的"脑洞时刻""小剧场"等。例如,在优酷上线的网剧《大军师司马懿之军师联盟》中,每一集剧中都会插播一个名为"轻松一刻"的由剧中人物出演的小剧场广告,时长 30～45 秒,如司马昭和司马师以可口可乐"密语瓶"为武器,"弹幕大战"三百回合;曹真为了鼓舞士气,请来"厨房好帮手"华帝魔镜烟机助阵,以美食唤起士兵们的斗志,取得了战争胜利。

其三,借助"视链"技术,将植入广告与购物、视频网站及电子商务网站相打通。该类广告产品以爱奇艺的"Video Out"、优酷土豆的"边看边买"、芒果 TV 的"灵犀"为代表,其原理是依托 AI 技术,自动识别视频内所出现的产品、明星等内容触发点,并以浮屏、视点、电商页面等形式在视频播放页面上发出提示(如产品的购买页面、明星的代言品牌或同款商品等),用户点击之后便会进入相应的购买界面,从而达到缩短用户消费决策流程、提升广告转化率等目的。

二、植入广告的概念的区分

(一)置入式广告/嵌入式广告

对于 Product placement 的翻译,很多文章还有"置入式广告"和"嵌入式广告"的说法。杨文静区分了"植入"和"置入"的概念,认为从"这两种称谓的微妙区别,可以看出使用者对这种传播方式在理解上的些许差别。置入,是把某物放到另一物之内;植入,是把一个有生命的东西放到某承载物内并使两者紧密结合,相辅相生。从实践来看,置入者有之,植入者更多"。另外,有学者将"嵌入式广告"翻译为 Implanted advertisements,认为在概念上两者没有区别。阎海虹借用医学中"植入"的概念解释,"通过器官移植,植入物与受体融为一体,成为无排异反应、彼此不可分割的整体"[①]。

(二)隐性广告

一些研究将"植入式广告"等同于"隐性广告"。隐性广告主要指它隐藏于载体内并和载体融为一体,共同构成了受众所真实感受到或通过幻想所感知到的信息内容的一部分,在受众无意识的状态下,将商品或品牌信息不知不觉展现给受众(消费者),进而达到广告主所期望的传播目标。《中国经贸新词词典》对"隐性广告"的界定是"一种与显性广告(在媒介中位置固定、自成体系、与媒体的正常内容界限清晰、容易分辨的广告)有着很大不同的商业宣传,它表现出很强的渗透性,有的还与媒体内容互为一体,其功能与目的和广告并无两样,但间接的效用较广告更胜一筹。隐性广告的渗透形式主要有三种:(1)提供赞助,冠名协办;(2)共同制作,提供成品;(3)有偿报道"。

由此可看出,将"隐性广告"定义为"商业宣传",其与媒介融合的同时其自身可以是一个广告活动,但"植入"的概念则必须将广告的诉求依托于媒介的产品内容并与之相生互补。

在美国传播法案中列有关于"隐性广告"和贿赂的特别条款。Plug 有"推销广告"的意思,如果播音员在节目中刻意宣传他们所钟爱的酒吧、餐馆或剧院,就会给自己以及他们所在的电台带来麻烦(隐性广告)。同样,如果主持人接受了唱片发行商赠送的彩电而换取唱片播出,那么他就犯了受贿罪。大多数负责任的电台会要求其播音员每 6 个月签订一次声明,明确表示他们没有参与任何形式的隐性广告和贿赂。

(三)软广告

其实,从隐蔽性的特点来看"植入式广告"似乎更接近于早些时候对于"软销售广告"的定义。廖道政在《软广告微探》中提出软广告是指"为

[①] 杨静. 新媒体广告传播与发展研究[M]. 北京:经济日报出版社,2017.

减少公众的广告躲避而将显明的、凸现的广告形式,通过更巧妙的、更迂回的、更隐蔽的方式传达出去,使消费者在不知不觉中把广告所传达的内容接受下来的一类广告"。软广告是相对于硬广告或纯广告而言的,它在很多手法上的运用——例如编码的文艺化、媒介的多样化上已经初具"植入式广告"的端倪。粟娟在《软广告是一把利器》一文中提到"软广告是指通过迂回、隐蔽的方式传达商品信息";资深广告人许顺利先生在《广告不打水漂》中称"如果把平面设计广告称之为'硬'广告的话,那么,'软广告'就是相对硬广告而言的,以文字表现见长的广告。软广告是现代广告的一种新的表现手段,它是把硬广告的主题号召力加工烹饪成风格迥异、体裁多样、引人入胜的文章,从而弥补硬广告形式单一、内容难以畅所欲言的缺陷"。河南大学刘志杰将软广告分类为"赠品广告,植入式广告,广告歌曲和广告片,公益形式的软广告,公关、赞助活动"五类,其中公关、赞助活动类包括"赞助体育活动,电视剧冠名、栏目赞助等,扶助贫困地区,赞助文化教育事业"四种。可见,软广告在范围上要更广一些。

就目前我国电视节目中出现的"植入式广告"而言,大部分还是"冠名"和"赞助鸣谢"的形式,没有完全脱离软广告的范畴,它们对节目的情节并没有造成影响,最多只是在品牌个性上达到与节目定位的一致。因此,本节在后面的内容分析中并不将此类广告纳入样本范畴,而只考虑节目内容中的广告植入。

三、新媒体环境下植入式广告的发展趋势

(一)规范化与专业化发展

正因为目前植入广告中存在一些乱象,所以无论是业内还是普通民众都很希望看到植入广告向更规范、更专业的方向发展。所以当2010年由陈奕利导演指导的影片《爱出色》获得广告植入成就奖时,人们才会将其看作是中国电影植入广告中专业植入的典范。这部以时尚先锋的态度为主线的影片由姚晨、刘烨、陈冲等一线明星出演,被称为"有史以来最时尚的华语电影"。影片中满是让人眼花缭乱的植入广告,包括苹果、D&G、奥迪、星巴克、爱马仕等诸多名牌,范思哲甚至在片中打造了一次T台秀。但上述的一切并没有给观众造成困惑或厌恶,反而从自己的理

解出发,认真地评判影片中出现的哪些品牌是他们认可的品牌。之所以会有这样的反应是影片自身的定位决定的,如果这样一部与时尚息息相关的电影中没有现实中的一线品牌入驻反而可能会成为电影史上的笑话。在策划和制作的双重成功下,该影片成为 Brand Cameo 广告植入奖中少有的中国影视植入。虽然今天这样的影片并不多,但从《爱出色》的获奖可以看出,中国的部分植入广告制作方已经开始走向成熟,已经具备了登上世界舞台的实力,随着时间的推移,他们对植入广告的理解和发展将会更好,而更多的新人也会向着他们成功的方向努力。

(二)植入广告将与时代发展密切关联

新媒体的植入广告迎来了属于这个时代的机遇与空间。我国的传统影视植入广告的稳健发展为新媒体时期植入式广告的兴起提供了借鉴和经验。可以看出,未来的市场中,多平台共同发展将会是植入广告的最大趋势。新媒体时代媒介平台的迅速更新是时代赋予的特性,而新媒体时代下的植入广告也必然会追随时代的脚步,不断与时俱进。植入广告已然进入了动漫、游戏、微信、微博、微电影,无论未来还会出现什么样的平台,植入广告也必不会错过那些机会。

(三)更加注重受众的参与和互动

互动性是新媒体时期的重要标签,是其有别于以往的特色环节。在过去,互动性只能体现在商品现场发售中,以邀请现场观众参与,主持人推销产品,做游戏,最终将产品作为奖励发放给观众。而新媒体时代的到来让交互的方式有了更多的选择,以往在现场才能做到的互动和产品体验可以通过虚拟的游戏表现出来,而且相比现实中诸多不可控因素(主持人的临场表现、专门找事的观众等),虚拟的产品体验可以更好地控制周围观众的反应。互动性是植入广告在新媒体时代品尝到的巨大甜头,在未来的发展中,这一特性将会进一步放大[1]。

---

[1] 杨静. 新媒体广告传播与发展研究[M]. 北京:经济日报出版社,2017.

第四节　其他广告

一、微博广告

微博在中国的发展已经超过十年时间,其间既经历了"井喷",也滑入过"低谷"。如今,以新浪微博为代表的微博运营商基于规模化的用户和流量,积极对微博进行商业化运作。作为商业化运作的重要组成部分,微博广告也越来越成熟。

这里首先介绍微博的基本情况,接着总结微博广告的类型和优点。

(一)微博的兴起与发展

微博是微型博客(Micro Blog)的简称,因其与传统博客相比发布字数受到限制(大多数微博平台规定每条微博不得超过140个字)而得名,是一个基于用户关注关系的信息分享、传播及获取平台,具有使用方式便捷、一对一传播和一对多传播结合、内容碎片化、交互性强和裂变传播等特点。最早微博只支持140个字以内的文字发布,现在可支持长文字、多图片、短视频以及长图文发布。

纵观微博在世界范围内的发展,其诞生背景可以追溯到信息全球化浪潮中 Web 2.0 概念的兴起。随着 Web 2.0 产品的升温,微博作为一种"迷你博客"应运而生。2006 年,Obvious 公司推出了 Twitter,它允许用户将自己的最新动态、所见所闻、观点意见以短信息的形式发送到手机和个性化网站群。随后,微博的网络价值和传播价值开始显现。

Twitter 的迅速发展也带动了国内微博的兴起。从 2007 年中国国内第一个微博产品"饭否(fanfou.com)"上线到现阶段新浪微博一家独大,国内微博的发展大致经历了四个阶段。

1. 引入探索阶段(2007~2008 年)

2007 年问世的饭否和叽歪是国内最早的微博产品。2008 年 8 月,腾讯推出了微博"滔滔",成为中国首家尝试微博产品的门户网站。之后,做啥网、嘀咕网等也相继上线。

这一阶段,初生的微博数量较少、规模较小,从服务和功能来看,这些微博产品模仿借鉴 Twitter 的运作,用户可通过网页、WAP、手机短信/彩信、即时通信软件(如 QQ、MSN)等在微博上发布消息,还可通过互相关注、私信或者对话进行互动。不过,由于自身管理和行业监管等方面的原因,饭否、叽歪等早期微博产品试水不久便相继停止运营。

2. 快速发展阶段(2009～2012 年)

自 2009 年起,随着大型门户网站的介入,微博市场明显升温,9911 微博客、同学网、Follow5、新浪微博、搜狐微博、百度贴吧、人民网微博、腾讯微博等相继入市,竞争也激烈起来。特别是 2009 年 8 月开始公测的新浪微博,利用名人效应将大量普通大众转化为微博用户。

2010 年,微博出现了井喷式的发展,因此这一年也被视为"中国微博元年"。"人人皆可发声"的微博掀起了中国社会信息传播的"微博热"。中国互联网络信息中心(CNN-IC)2011 年 1 月发布的《第 27 次中国互联网络发展状况统计报告》显示,截至 2010 年 12 月底,我国网民规模达到 4.57 亿,其中微博客用户规模达到 6 311 万,使用率为 13.8%,手机网民中手机微博客的使用率达 15.5%。一种传播媒体普及到 5 000 万人,收音机用了 38 年,电视用了 13 年,互联网用了 4 年,而微博(特指新浪微博)只用了 15 个月。

经过这一阶段的发展,微博的媒体特性、社交特性逐渐凸显,用户人群扩展至更大范围,企业微博、政务微博、媒体微博亦纷纷涌现;同时形成了以门户微博为主导,垂直类微博、微博功能类产品多元发展的环境。

在诸多微博平台中,新浪微博和腾讯微博是推动微博发展的主导力量;网易微博、搜狐微博、人民微博等平台的用户规模相较前两个平台有一些差距,但能结合自己的特点、优势、资源形成差异化的定位;用户规模更小一些的天翼 V 博、移动微博(原 139 说客)等则专注服务于一定范围的垂直用户。

在各微博完成基本的用户积累后,探索可能的商业模式就成为主要任务。其中,依靠商业广告实现流量变现和布局电商平台通过进入用户的消费流程实现商业价值这两种模式成为探索重点。比如,2011年底,腾讯微博"微卖场"上线,形成"微博＋电商"的模式;2012年,新浪微博与小米手机合作,试水电商服务。

3. 市场整合阶段(2013～2014年)

发展至2013年,随着互联网其他新应用的出现和普及,微博的用户规模和使用率开始呈现下降趋势。截至2013年12月,中国手机微博用户数为1.96亿,较2012年底减少了596万户,同期手机微博使用率为39.3%,较2012年底降低了8.9%。在此市场背景下,大部分微博运营机构调整了战略,腾讯、搜狐、网易、和讯等相继撤离微博市场。例如,2014年7月腾讯官方宣布腾讯网络媒体事业群(OMG)进行架构调整,腾讯微博将与门户融合;同年11月,网易微博宣布与网易LOFTER合并,不再单独运营;搜狐则将战略重心转移到新闻客户端和视频。

自身的不断拓展及多家微博的相继退出,客观上形成了新浪微博"一家独大"的局面。2013年4月,新浪微博与阿里巴巴签署了战略合作协议,阿里巴巴以5.86亿美元的价格购入新浪微博18%的股份,双方在用户账户互通、数据交换、在线支付、网络营销等领域进行深入合作;同年,新浪微博首次实现盈利,并在2014年4月拆分上市。

4. 加速商业化运作阶段(2015年至今)

在经历整合期之后,其他微博平台的用户逐渐向新浪微博迁移,微博的使用率有所回升,2015年微博市场整体出现回暖迹象。在此阶段,微博深挖平台价值,不断完善内容资源体系,并在垂直领域深入发展,传播方式更加多元化,长文、短视频逐渐成为微博平台新的热点,带动了其他新兴垂直直播与短视频平台的发展[1]。

---

[1] 康初莹. 新媒体广告[M]. 武汉:华中科技大学出版社,2016.

(二)微博广告的分类与优点

1. 微博广告的分类

微博广告是微博最早的商业模式之一,现今也是微博最为主要的营收点。新浪财报数据显示,2017年第一季度网络广告营收为 2.28 亿美元,非广告营收为 5 010 万美元,前者主要得益于微博广告和营销收入的增长,增幅为 71%。依据发布平台的差异,微博广告主要可分为两类:一是企业自助广告,即企业在自建的微博账号或合作的意见领袖的个人微博平台投放的广告;二是在微博提供的广告位置投放的广告。

(1)产品广告

产品广告即通过介绍产品的功能、使用方法、特点、价格等,尤其是对新上市产品的卖点及独特的销售主张进行强调和阐述,以达到吸引消费者和解释产品目的的微博广告(图 5-2)。比如,魅族手机、小米手机经常通过官方微博发布广告对新产品加以推广介绍。

图 5-2　微博广告

(2)促销广告

促销广告以促销信息为主要的广告内容,形式上包括优惠券、折扣码、赠品券、礼品券等。

2. 微博广告的优点

基于微博本身的功能和传播特点,微博广告得以吸引广告主的因素主要有:

第一,流量和热点带来的营销机会。如今,新浪微博的注册数和每日平均活跃数都以亿为单位,这给予新浪广告流量和注意力方面的保障。另外,人人皆可发声的平台属性又使微博成为热点话题的孵化器和聚合地,这既利于广告主及时洞悉消费者的喜好和需求,据此有效设计营销场景和营销内容,也有助于广告主通过话题和兴趣圈子展开深入持续的社群营销。

第二,广告互动性强。无论是展示广告、信息流广告还是关键词广告,都可以实现广告主与微博用户的互动,从而改变了"我说你听"这种单向灌输式的传播状态,一定程度上激发了微博用户信息获取的主动性和参与对话的积极性。对此,微博用户一方面可借助关注、私信、@、留言评论等多种方式表达自身对广告、产品、广告主的感受,询问问题,做出反馈;另一方面又能通过转发和发布博文等方式对广告信息进行再编码、再加工,并传播给自己的粉丝,在这种多级传播过程中对广告主形成积极或消极的影响。对于广告主来说,这种互动便于及时发现问题以调整广告策略,同时也可适当借力意见领袖对自身形成多元的、良好的评价。

第三,易于实现精准投放。数量庞大的流量和较高的用户活跃度也为微博提供了海量的数据,广告主可从中挖掘微博用户的行为特征、兴趣爱好、消费需求,从而使自身的广告投放更加精准。目前,广告主运用的微博关键词广告、信息流广告和植入式广告,大部分都是面向明确目标受众的有目的、有针对性、定制化的广告信息传播活动,这能在提升广告精准度的同时增强传播效果、降低传播成本。

二、其他广告的形式

(一)网幅广告

网幅广告通常以 GIF、JPG、Flash 等文件格式创建,定位在网页中,用来表现广告内容,可使用 Java 等语言使其产生交互性,使用 Shockwave 等插件工具增强其表现力。网幅广告是最早的网络广告形式,包含按钮式、通栏、竖边、巨幅等不同形式[1]。

(二)文本链接广告

文本链接广告以纯文字作为点击对象,点击后进入相应的广告页面,是一种对浏览者干扰最少,但却效果较好的网络广告形式。

(三)电子邮件广告

电子邮件广告是以订阅的方式将行业及产品信息通过电子邮件提供给所需要的用户,以此与用户建立信任关系。它可以针对具体某一个人发送特定的广告,这点为其他网络广告方式所不及。

(四)视频广告

视频广告直接将广告客户提供的电视广告转成网络格式,并在指定页面实现在线播放。

(五)即时通信广告

即时通信广告即利用互联网即时聊天工具进行推广宣传的广告方式。即时通信广告具有较强的交互性、即时性,有着极高的使用率。

(六)BBS广告

BBS 广告指利用论坛等网络交流平台,以文字、图片、视频等形式发

---

[1] 康初莹. 新媒体广告[M]. 武汉:华中科技大学出版社,2016.

布广告企业的产品和服务信息，让目标客户获知和了解相关信息，最终达到企业宣传广告的目的。

(七)品牌广告

品牌广告是通过制造微博传播的话题，传播消费者的购买或使用心得，或品牌的文化、历史等，以此提高品牌的知名度、认知度、美誉度和忠诚度。比如，在VANCL(凡客诚品)的微博上，用户可以看到VANCL畅销服装设计师讲述产品设计的背后故事，或者入职刚三个月的员工抒发的情怀。

(八)活动广告

活动广告即通过微博传播活动信息，包括具体的活动内容、活动方式、奖项设置、地点范围、时间限制等。活动广告有助于广告主迅速提高产品和品牌的知名度，吸引更多目标消费者群体的注意。

第六章　新媒体广告的设计与制作

新媒体是一种新兴的媒体,附着于其上的广告也有着与传统媒体不同的设计与制作方式。本章我们将详细介绍新媒体广告的设计方法和原则,并附上详细的案例。我们需要注意的是,介绍这些并不是让设计者照搬照抄,而是要灵活运用。广告设计创新并不是要抛弃前人的经验,而是要在前人的经验上,运用创新的思路来重新创造出更多的设计理念。

第一节　新媒体广告的设计

一、新媒体广告的概述

新媒体是相对于传统媒体而言的,新媒体是一个不断变化的概念。只有媒体构成的基本要素有别于传统媒体,才能称得上是新媒体;否则,最多也就是在原来的基础上的变形或改进提高。新媒体的广告投放是专指在新媒体上所进行的广告投放。

在新媒体环境下,新媒体的融合及整合能力带来营销传播方式的变革,这必然导致广告作为营销延伸的内涵演进。这种演进的理由如下。

①新媒体的互动性,决定了不仅受众可以选择广告信息,广告主也可以利用便捷的自媒体自主传播广告信息,从而使新媒体双向对称的传播特性得以凸显。

②新媒体的受众主动性,为广告主提供了自主、便捷地传播广告信息的条件,这些广告信息不仅包括直接的、功利的产品信息,还包括突出广告主良好形象的品牌形象。

二、新媒体广告的设计方式

一般而言,新媒体广告与其他传统媒体广告一样,通过硬广告与软广告两大类型来进行设计创作。

(一)硬广告

硬广告主要是指企业或品牌把纯粹的带有产品/品牌信息的内容直接地、强制地向受众宣传。其特点是目的的单一性、传播的直接性和接受的强制性。传统意义上的网络广告和新媒体广告都应属于硬广告这一大类别。目前,按照不同的分类标准,它又可分为以下几类。

1. 按照广告的目的与效果划分

新媒体广告可分为品牌广告(利用新媒体以提升品牌形象和品牌知名度为目的)、产品广告(利用新媒体以提升品牌和产品认知度,驱动购买为目的)、促销广告(利用新媒体以刺激消费者购买,提高市场渗透率为目的)、活动信息广告(利用新媒体以告知消费者促销信息为目的)。

其中,品牌广告是品牌在新媒体营销传播的重要形式,主要投放在综合门户网站、垂直类专业网站上,其功能是增强品牌广告的曝光率。品牌广告是一个较为宽泛的定义,具体来说可以根据其位置、形式分为横批广告、按钮广告、弹出广告、浮动标示/流媒体广告、"画中画"广告、摩天楼广告、通栏广告、全屏广告、对联广告、视窗广告、导航条广告、焦点幻灯广告、弹出式广告和背投式广告等多种。

2. 按照广告表现形式划分

由于在形态、像素、尺寸、位置、声音、视频等方面的不同,新媒体广告呈现出复杂多样的形态。以网络视频媒体平台上的广告形态为例,新媒体硬广告的形式有:

①网页图文广告/视频图文弹出;

②图片对联广告＋视频超链接;

③复合式视频超链接广告；
④视频贴片广告；
⑤半透明的活动重叠式(overlay)广告。

(二)软广告

软广告主要是指企业将产品/品牌信息融入诸如新闻宣传、公关活动、娱乐栏目、网络游戏等形式的传播活动中，使受众在接触这些信息的同时，不自觉地也接受商业信息。软广告具有目的的多样性、内容的植入性、传播的巧妙性、接受的不自觉性等特点。

新媒体中的软广告主要以植入式广告为主。按照广告植入平台类型的不同，新媒体广告可分为视频植入广告、游戏植入广告等。

三、新媒体广告的设计原则与方法

(一)广告设计原则

要想达到良好的广告传播效果，就必须遵循一定的广告设计原则。通常广告会从以下几方面进行设计。

1. 原创性

原创性原则就是要求企业的广告设计能够有自己的理念价值在其中，而不是照搬或是抄袭其他企业的广告理念。原创性就是要保证广告设计中的独创性与新颖性，可以让产品在众多产品中脱颖而出。"中国好声音"如此受欢迎，就是其在广告宣传中阐明自己的节目理念就是注重歌手的原创、声音上的独特。

2. 艺术性

广告设计讲求经济与艺术的完美融合，但是关于两者如何结合历来都是广告界争论的焦点。如果只是为了经济利益而着想，不考虑艺术因素，广告设计的效果就会显得苍白无力，没有视觉审美，也不会有丰富的情感内涵，更遑论打动人心，引发受众的内心变化。所以广告设计要遵循艺术性原则,让受众感受到广告的艺术魅力。

3. 整体性

广告要达到一定的宣传效果,就要有一种全局意识,从整体性上把握广告的设计效果。不仅要从产品本身特性考虑,还要对广告的受众群体特征有一定的了解,要展现企业的价值理念。广告设计的整体性不仅是广告播出时的整体形式,还要考虑广告中呈现的精神层面,比如,企业的价值理念和管理模式。这就要求广告设计时要兼顾到所有的设计元素、形式、秩序。如劲酒的广告语"劲酒虽好,可不要贪杯哦!"这就是点睛之笔,不仅让酒的品牌得到了宣传,也让企业以受众身心健康为中心的文化理念得以体现。广告设计中惯用故事情节来表现产品的特性,但是这种情节的设计要顺畅自然才会引人入胜,如果情节之间衔接没有逻辑性,不能从整体上得到协调统一,也就不会对受众有所影响。

4. 真实性

广告的真实性是受众对广告产品产生信任的基础,是交易活动产生的基础。如今由于科技的发达,网络诈骗广告不在少数,所以广告设计者就像一个把关人,设计出真实可靠的广告,才会引发受众购买产品。广告设计者在设计之初不仅要保证自己所设计的广告产品真实存在,还要保证自己即使在运用了各种艺术表现手法后也不会让广告有一种虚假的表象,误导受众。广告设计中夸张手法的运用很平常,但是这并不代表广告设计者可以随意吹嘘产品的功能。虚假广告不仅会失去受众群,还会自毁品牌形象。

5. 效益性

企业出资进行广告设计的目的就是为了经济效益的最大化。所以,在广告设计中就不得不考虑商业诉求,这是广告设计进行的初衷,也是最终目的。我们不仅要了解一个产品,还要了解一个企业的文化,分析销售市场,对同类产品的竞争者做一个全面的比较,明确自身产品的优劣势所在,这样才能设计出具有针对性的广告,在满足受众需求上面面俱到。

6.合法性

法治社会下的广告设计也必须是有法可依、有法必依的,而且只有遵法守法,在一定的法治秩序下才能进行我们的正常生活,合法的广告才会被播放出来,呈现在受众面前。所以,广告设计者要在广告法的限制框架内进行创作,切不可抄袭他人广告作品或是设计虚假广告,不然,可能会给生产厂商带来官司,而且使广告产品形象打折扣。

新媒体时代下的广告扮演着重要的信息传播者的角色,不仅是产品的销售这种经济职能的不可替代作用,还有各种文化也会借助于广告得以传播。随着人们审美意识与素质的不断提高,合理的广告设计显得尤为重要。要做好新媒体时代下的广告传播就要遵循新的媒体环境下的设计原则,关注受众审美等方面的心理变化,丰富广告设计的理论基础。

(二)版式设计原则

广告的版式设计有一定的特殊性,计算机、手机等终端设备决定了它的尺寸是相对有限的,在有限的范围内更快地吸引用户的注意,从而产生点击的行为是网络广告的直接目的。在广告版面中将文字、图片、图形等可视化信息元素调整位置、大小,使版面达到美观的视觉效果,更便于阅读和获取重要信息是网络广告设计成败的衡量标准。

1.聚拢原则

聚拢原则是最为实用的排版原则,简单来说,就是将内容分成几组,相关内容都聚集在一个组中,再将不同的组进行组合。聚拢原则有利于优化版面结构、丰富层次,更好地突出主要信息。网络广告中的元素包括文字、图形、图像,在运用聚拢原则时应重点注意不同层级文字之间的关系,还应注意文字组与图像、图形之间的距离。

2.留白原则

网络广告的版面大小是有限的,如果将很多的元素和想法表达在一个画面里,通常会由于缺少空间而又乱又花。因此,在排版时不能排得密密麻麻,需要留出一些空间来突出重点内容。既有空间又有集中的内容才能更好地引导读者的视线,版面才能够舒展和透气。

在版式设计中,几个原则都是相辅相成的,聚拢不够导致画面空间不足,显得太过拥挤,不利于阅读;而网幅广告的空间保留较好,文字、图像、背景的层次感也有很好的体现。

3. 降噪原则

一份好的网络广告应当重点突出,层次分明,带给用户顺畅的阅读体验和强烈的点击欲望,如果颜色、字体种类、图形过多,又缺乏有序的组织,整个版面就会凌乱烦琐,多余的元素都成为分散用户注意力的"噪声"。理财产品广告采用卡通动物作为视觉元素,版面看起来丰富但不凌乱,背景飘起来的纸币形象并没有用真实的纸币图像来表现,而是用色块代替,与整体的风格相统一。

减少字体种类、减少色彩种类、改变透明度、虚化图像等都是为版面降噪的方法,在进行效果和氛围设计的时候要从整体考虑,而不是为了突出某一效果忽略版面的统一,导致突兀和杂乱。

降噪原则不可以理解为简单化的版面处理,虽然版面中的嘈杂元素减少了,但主体的元素要更加突出、清晰、丰富才能产生广告的看点,广告语等文字信息也要进行仔细地斟酌和排列。

4. 重复原则

重复原则的运用能够帮助设计师合理安排版面,让版面具有形式感和统一性。在进行不同内容的组合时,运用同样的图形元素会增强版面的连贯性。重复原则不仅仅是指元素的重复,也包括形式的重复。重复的图像元素会使版面时尚和丰富,重复对象的排列组合方式也会让画面产生形式感。

一个元素重复若干次就会形成一种规模,这种规模能够为版面带来形式感,但重复运用元素时候要注意在重复中应富有变化。

5. 对比原则

元素大小均一、色彩对比差异弱、质感对比不明显都会导致版面没有节奏感。加大不同元素的视觉差异,能够有效突出视觉重点,增强画面的节奏感和层次,并便于用户浏览到重要的信息。常用的对比原则包括色彩对比、比例对比、虚实对比等。

(三)广告的文字设计

字体设计随着时代和科学技术的进步而不断地变化着,被广泛应用于网络生活的各个方面。要设计出好的新媒体广告作品,仅仅从计算机里调用标准字体已经不能满足要求。新媒体广告字体设计要求设计师根据广告主的不同需求、不同的广告内容、不同的广告环境去捕捉字体的应用,文字的设计是否能增加商品或活动的吸引力是衡量字体设计的标准。好的设计师既能很好地针对内容和版式的需要选择字体,又能对字体进行设计安排与控制。

新媒体广告的文案大致分为以下组成部分——标题,通常是大字号的短语、短句,目的是引起读者的注意,进一步阅读更多内容;副标题,对标题进行辅助说明或界定;商品名、品牌标志;标语口号;正文内容。合理的文字层级编排能够让新媒体广告更容易被消费者获取、点击。

文字是新媒体广告的重要构成要素,广告需要在较短的时间内脱颖而出,获得广告效果,这需要网络广告能够快速、准确、有效地传递广告信息,文字无疑是最有效的方式。另外,网幅广告版面尺寸较小,醒目的文字在版面中占据了较大面积,因此设计好广告文字就成了决定网幅广告设计成败的重要因素。

1. 字体选择

众多色彩斑斓的广告中,文字设计也是千姿百态的,各种字形、效果的运用让初学设计的人应接不暇,因此往往会过度重视效果、色彩、层次这些辅助要素,对于最基本的问题反而忽略了。在任何设计中,文字设计必须清晰易读,这也是网络广告文字必须要做到的。如果文字不易于识别、不够清晰、阅读不畅,做再多的效果也是徒劳。

作为广告语的文字通常需要选择醒目、厚重、易识别的字体,如黑体、标宋、综艺体等。这里针对不同字库列出一些常用的适合做广告标题的字体供读者参考:方正黑体系列(大黑、粗黑、超粗黑、正大黑)(图6-1)、方正综艺体、长城综艺体、汉仪大宋、汉仪黑体(粗黑)、蒙纳简版黑字体、蒙纳简雅丽字体、蒙纳超刚黑、造字工房系列字体(版黑、劲黑、力黑、悦圆)等。

图 6-1　方正黑体系列字体

2. 文字变形

文字变形是新媒体广告设计中常用的设计手段，得体的文字变形能够更好地传递广告的内容信息，增强广告的视觉冲击力，提升广告的趣味性。文字变形要首先选好合适的变形的原始字体，再根据字形和广告内容进行适当的变形，这一个小小的举动可以让广告增色不少，起到事半功倍的效果。随着网络广告覆盖面的增大，越来越多的用户也开始关注文字设计，高标准的文字设计成为网络广告设计成败的关键。

在字体变形上要注意笔画的末端或起笔是最利于变形的文字部位，在变形时要把文案当作一个整体去设计和衡量，这样能够保证字体的统一性，不至于因为过度变形而丧失识别性。在网络广告中进行文字变形之后字形本身要有美感，文字的笔画有一定的规律可循，不可太过突兀，也不可以为了变形而变形，导致变形过度，影响了文字的可读性和清晰度（图 6-2）。

3. 文字角度

在进行网络广告文字设计时，经常会根据版面和内容需求对文字的角度进行调整，横平竖直的文字并不能满足每一种情况的需要。最便捷的文字角度变化包括倾斜、斜切，这样的变化会使版面活泼和动感。如图 6-3 的所有文字均进行了倾斜处理，文字的倾斜带来了版面的倾斜，这种倾斜设计使广告画面具有了动感和活力。

图 6-2　变形文字

图 6-3　倾斜文字

4. 文字的质感

(1)立体字设计

立体字是网络广告设计的常用手段,立体字能够强烈地突出文字,拉开版面层次。值得注意的是,立体字设计通常用在主广告语中,在立体字设计时不能忽略文字的可读性。利用好平面设计软件可以制作出各种效果的立体文字,在立体文字的字形基础上进行效果渲染。为文字赋予材质感能够更好地提升文字效果,如金属、水晶等质感(图 6-4)。

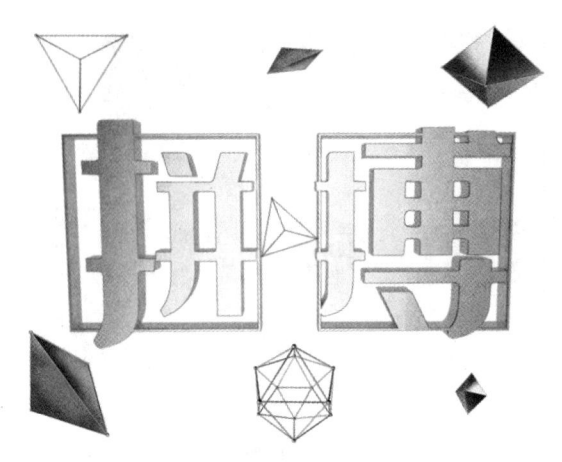

图 6-4　金属感立体文字

(2)情景文字设计

根据广告内容将广告环境进行设计,同时为文字赋予相应的质感,能够体现出广告的情景感,拉近与用户之间的距离,并带给用户亲切感,产生情感共鸣。新媒体时代下的网络广告设计应用例如毛笔字、粉笔字、手写字等文字效果(图6-5)。

图 6-5　情景文字设计

5. 文字的层次编排

网络广告的文字虽然不多,但信息层级有主有次。合理进行文字的层次编排能够更好地突出文字的主要信息,文字之间的排列组合变化也可以让版面更加丰富。

(1)大小和颜色的编排

将文字进行拆分,然后进行字号和字色的变化组合,通过改变文字的大小和色彩达到强调、突出的目的。在广告文案中经常有数字的出现,数字与文字的面积对比能够带来强烈、醒目的宣传效果,消费者更易于记住广告中的重要信息,数字的优化设计有时能决定一个广告的成败。

(2)排列组合的编排

广告文案虽然较短小,但也蕴含着丰富的含义。在网络广告文案中除了广告标题外还有其他广告语、说明文字、购买按钮等。如何进行文字的断句、排列、组合决定了能否准确地传达广告信息。将文字进行拆分,突出重点内容,将辅助内容与重点内容进行排列组合形成新的整体。

(3)不同字体之间的编排

不同字体的使用能够让版面变得更加灵活和丰富,在选择字体时还应该注意字号与字体之间的配合(图6-6),粗重的标题字体是不适合作为辅助信息文字的小文字的,任何排列组合的设计都不应该影响可读性。通常一个版面中不能超过三种字体,否则会显得凌乱和无序。

图6-6 不同字体之间的组合

(4) 中英文字体的混搭

很多中国的设计师认为,英文字与汉字相比显得更"洋气",这是因为英文不是我们的母语,它是作为一种符号存在于我们的印象中,作为图形元素出现的。在设计网络广告时可以适当加入英文调节版面,同时需要注意,网络广告设计是面向客户的实用设计,保证多数人快速方便地阅读是它的主要目的之一。因此在使用英文的同时必须首先保证用户本土语言的有效传播,将英文字体作为背景或辅助文字信息处理是较为得体的处理方法(图 6-7)。

图 6-7 中英文字体之间的混搭

(四)广告设计创新

1. 形象思维的运用

形象思维的运用是需要人借助于一定的具象事物得以完成的思维过程,是一种想象思维的体现。形象思维与艺术创作有着天然的密切联系,而广告中的视觉艺术就是以形象思维为基础的,视觉设计的本质就是一种形象思维过程。19 世纪俄国文艺批评家别林斯基在《艺术的观念》提到,"艺术是对真理的直感的观察,或者说是寓于形象的思维。在这一艺术定义的阐述中包含着全部艺术理论"。广告设计者在进行艺术设计时,想到的许多具体形象会经过思维加工,在艺术处理以后,成为一种艺术的再现形式。想象的本质就是对物质世界的一种大脑加工过程,主要靠一定的具象来表现,这是一种艺术的思维方式。人类文明传承至今,其中智慧结晶就少不了强烈且活跃的想象思维的运用。视觉艺术是一种靠复杂想象力进行的创作,不是对客观事物的简单再现,而是人脑对自己的原有心理活动加上外界信息经过解码、编码重新整理而来的一个新的意象,是"意"与"形"的完美结合。人们的审美意识必然以想象为基础,当人们在观看广告作品时,已经通过自己的固有思维定式和广告画面的呈现,在自己的大脑中重组了一个想象的空间。当然根据受众的不同个人经历,所想象的画面也是不一样的。

记忆的信息越多,想象的能力越强,就会使得想象的画面越丰富。抽象的广告语,单纯的色块之所以让人难以忘记,就是因为人的想象思维,将这种抽象的事物在大脑内具象化,形成一定的情感认可(图6-8)。

图6-8 游戏广告

2. 发散思维的运用

发散思维就是由问题的中心出发而向周围展开扩展,以此获得解决问题的方法或策略的一种思维过程,这种思维方式也被称为扩散思维、辐射思维、多向思维等。就如车轮,有一个中心轴的存在,而各个辐条就如每一条发散出去的思路。正如车轮的辐条,每一思路都是由中心而发,互相之间并没有关系,所以,逻辑上一般呈现间接联系,而非直接联系。发散性思维可以突破人的固有思维模式,打破常规,重新组合已有的认知信息,形成新的解决策略。发散思维是开放的,所以这种思维的模式不是固定的,思维方向具有无限性,可以独树一帜,也可以异想天开。发散的方向越多,广告设计的方案就会越丰富,成为新的创意的可能就越大,所以发散性思维在广告设计中具有很重要的作用。

美国著名心理学家吉尔福特首先提出发散思维的概念,他说:"正是发散思维使我们看到了创新思维的最明显标志。"人脑就是个无尽之泉,想象就像是创新活动的源泉,而联想使得各种源泉汇合,发散思维疏通渠道,让这个泉水可以奔腾远方。发散思维就是从一个小小的点出发,冲破思维局限性,让人的大脑插上想象的翅膀,如天马行空般在广阔天空中翱翔。广告设计中,要运用发散思维的多触角性来创新组合各种广告元素,给受众带来不一样的视觉体验。

发散思维中还有一种思维方式,被称为逆向思维。广告创新设计中的逆向思维又叫反向思维。反其道而行之的逆向思维古已有之,家喻户晓的司马光砸缸的故事,就摆脱了一种单向的而且定向的思维模式,得到一种创新的解决方式。逆向思维模式就是要告诉人们学会从正反两方面思考解决问题的方法。所以逆向思维就是让自己的广告脱颖而出的一种很好的策略。

3. 灵感思维运用

灵感思维的运用要求设计者有一定的悟性和天生的敏感。灵感是一种设计者在设计广告过程中达到高潮阶段时出现的最富创造性的瞬间。广告设计者在广告设计过程中由于思想的高度集中和情绪的紧张,冥思苦想而不得,思想不自觉地放松,就在放松之后的某一瞬间,灵光闪现,出现的一种"顿悟"。这种顿悟是由偶然间的情境触发,或是人与事物的沟通而来,容易形成一定的清晰图式,但也容易一闪而过,所以在灵感闪现的一瞬间,设计者要稳定情绪,迅速记忆,以防灵感流失。灵感出现不同于人的固有思想,它极具不确定性,而且灵感虽然是一种顿悟,但也有赖于人的长期知识储备,还有先天的智力水平和外界环境,以及之前的苦思冥想。

第二节　新媒体广告的艺术表现

一、新媒体的表现及内涵

传统媒体只能靠声音和画面来传播信息,而新媒体则把声音、图片、影像、实物等有机结合起来,使人们产生更加生动、直观、身临其境般地感受。手机、博客、微博、微信等新媒体不仅支持用户传播文字、图片,还支持音频、视频等的传播,产生灵活多样的满足不同需求的特定内容,也能针对特定用户的需要,提供个性化、专业化的服务,甚至和受众即时地进行互动交流,达到很好的效果。

另外,传统媒体如报纸受范围、版面所限,而广播与电视信息传播一般转瞬即逝,不易保存,因而传达的信息量往往是有限的。新媒体能够大量地、长久性地和高密度地储存信息资料,从信息的深度、广度和发散度来看,都有着传统媒体无法比拟的优越性。此外,新媒体蕴含内容的复杂性也是其重要特点之一。互联网、手机等新媒体传输速度极快,覆盖面很广,用户可以在任何时候、任何地点接收或发布信息,发布的信息几秒钟便可以传播到世界任何一个角落。各种各样的资源可以通过网络传输,及时快捷地实现全球信息共享。当然,这些巨量的信息内容庞杂,受众的可选择性多,能够满足不同人的不同需要,但是其中也有很多信息鱼龙混杂、真假难辨,需要进行认真筛选。

二、新媒体广告的艺术表现手法

新媒体广告的艺术表现手法与传统媒体既有继承,同时又有发展和创新,以下是新媒体广告中所经常使用的几种艺术表现手法。

(一)直接展示法

直接展示法是一种最常见的运用十分广泛的表现手法。它将某产品或主题直接如实地展示在广告设计版面上，充分运用摄影或绘画等技巧的写实表现能力，精心刻画和着力渲染产品的质感、形态和功能用途，将产品精美的质地引人入胜地呈现出来，给人以逼真的现实感，使消费者对所宣传的产品产生一种亲切感和信任感。这种手法由于直接将产品推向消费者面前，所以要十分注意画面上产品的组合和展示角度，应着力突出产品的品牌和产品本身最容易打动人心的部位，运用色光和背景进行烘托，使产品置身于一个具有感染力的空间，这样才能增强广告画面的视觉冲击力。

（二）突出特征法

运用各种方式抓住和强调产品或主题本身与众不同的特征，并把它鲜明地表现出来，将这些特征置于广告设计画面的主要视觉部位或加以烘托处理，使观众在接触言辞画面的瞬间即很快感受到，对其产生注意和发生视觉兴趣，达到刺激购买欲望的促销目的。在广告设计的表现中，这些应着力加以突出和渲染的特征，一般由赋予个性产品形象与众不同的特殊能力、厂商的企业标志和产品的商标等要素来决定。突出特征的手法也是我们常见的运用得十分普遍的表现手法，是突出广告主题的重要手法之一，有着不可忽略的表现价值。

（三）对比衬托法

对比是一种趋向于对立冲突的艺术美中最突出的表现手法。它把作品中所描绘的事物的性质和特点放在鲜明的对照和直接对比中来表现，借彼显此，互比互衬，从对比所呈现的差别中达到集中、简洁、曲折变化的表现。通过这种手法更鲜明地强调或提示产品的性能和特点，给消费者以深刻的视觉感受。作为一种常见的行之有效的表现手法，可以说，一切艺术都受惠于对比表现手法。对比手法的运用，不仅使广告主题加强了表现力度，而且饱含情趣，增强了广告作品的感染力。对比手法运用的成功，能使貌似平凡的画面处理隐含着丰富的意味，展示了广告主题表现的不同层次和深度。

（四）合理夸张法

借助想象，对广告设计作品中所宣传的对象的品质或特性的某个方面进行相当明显的过分夸大,以加深或扩大这些特征的认识。文学家高尔基指出:"夸张是创作的基本原则。"通过这种手法能更鲜明地强调或揭示事物的实质,加强作品的艺术效果。夸张是在一般中求新奇变化,通过虚构把对象的特点和个性中美的方面进行夸大,赋予人们一种新奇与变化的情趣。按其表现的特征,夸张可以分为形态夸张和神情夸张两种类型,前者为表象性的处理品,后者则为含蓄性的情态处理品。夸张手法的运用,为广告设计的艺术美注入了浓郁的感情色彩,使产品的特征鲜明、突出、动人。

第三节　新媒体广告的案例分析

一、电脑桌面广告媒体

(一)媒体简介

电脑桌面广告媒体可以使全国所有电脑用户由原来的静止或手动更换桌面壁纸,变为精美屏幕壁纸的自动更新并实时播放精彩的娱乐、体育、新闻、时尚等各领域的资讯,满足不同背景、不同年龄、不同性别的用户需要。同时为了充分满足互联网用户的个性化需求,媒体可以通过不同的内容频道,提供全方位个性化内容服务,对所有用户永久免费。它打破了互联网现有的媒体框架,通过电脑桌面为广大互联网用户提供综合数字化内容服务,开创了新型的数字广告媒体形式。

我国相关法律所定义的网络广告,是指互联网信息服务提供者通过互联网在网站或网页上以弹出窗口、旗帜、按钮、文字链接、电子邮件等形式发布的广告。而电脑桌面广告是指媒体运营商通过互联网以个人电脑桌面为广告发布平台,以图片、动画等形式向电脑使用者传播广告信息的一种全新广告形式。两者的主要区别之处主要就是,网络广告是通过互联网在网站或网页传播广告信息的,而电脑桌面广告根本不需要网站或网页载体,利用电脑显示器的桌面壁纸来发布广告信息,通过独有的信息传播技术,可以使广告信息直接延伸到用户操作系统终端,完全打破传统网络广告的页面局限。

电脑桌面广告媒体与分众传媒的商业楼宇联播一样,都是基于受众的闲暇时间进行信息传播,但与之相比,电脑桌面媒体借助的互联网具有更广泛的传播性,而所搭载的电脑终端对于受众来说也具有更好的可控性和互动性。

电脑桌面广告媒体还具有许多区别于传统广告的特质,如根据广告主的要求将其网站网址与广告信息链接制作成桌面壁纸向受众发布,受众对广告信息产生兴趣后,一定会浏览访问广告主的网站,这样的发布会取得更好的延展和互动效果。用户只要下载安装一个很小的客户端软件,就可以在每天打开电脑后,自动获取媒体运营商提供的大量最新壁纸图片及新闻资讯,这些图片将显示在用户的电脑桌面上,用户不做任何操作就可以看到图片资讯的滚动播放。

(二)媒体分析

1. 媒体优势

电脑桌面广告媒体以贴近受众时尚生活需求、差异化的媒体定位、独特的发布渠道、新颖的表现形式及高价值的受众属性,形成了独具特色的媒体优势与特点。

(1)受众数量庞大、传播范围广

艾瑞市场咨询的调查数据显示,使用过壁纸、屏保和桌面主题的网民高达96.6%,电脑桌面广告媒体的市场基数大,需求明显。

(2)根据受众特征,实现有效投放

随时根据受众的性别、年龄、学历、职业、收入等情况的变化加以分析,可以更充分更深入地了解和认知受众群体特点,以保证广告投放的精确性和有效性。

调研数据显示,消费电子、汽车、IT、通信等是网民日常关注的重点行业。在充分了解中国网民特征变化的基础上,广告媒体运用目标锁定技术,保证广告信息精准地出现在网民中真正感兴趣的潜在消费者面前,并且以迎合满足受众需求为目标,根据受众特点和市场反馈及时调整和变化投放策略,有的放矢,实现真正的有效发布。

(3)表现丰富,到达率高

电脑桌面广告可以融合文字、图像、动画、音视频、超链接等各种多媒体元素,全屏展示不受版面限制,不需要用户安装任何插件就可以播放。受众在开机后不知不觉中就被广告内容所吸引,并且由于广告与目标受众的零距离接触,因此广告可充分展示产品特点或品牌形象,有效到达率大大提高。

(4)投放灵活

广告主可以根据自身需求或具体情况安排投放区域和时间,最大限度地保证投放的灵活性;广告发布支持网络广告的所有表现形式并且可实时更新广告内容,保证广告发布的及时性和有效性。

(5)发布速度快

电脑桌面广告通过数据传送,从广告内容的提交至发布,仅需几秒钟,比传统广告更为快捷。

(6)效果监测

电脑桌面广告媒体具有强大的受众数据反馈能力和互动性。通过用户对广告图片的点击、停留时间以及用户打开广告的时间,其年龄、所属地区、阅读偏好、单位点击成本等数据都可以反馈给广告主,再结合网络技术手段就可对广告的投放效果进行及时而有效的分析评估,使广告主非常准确地监控广告效果。

从广告传播的效果来看,电脑桌面广告媒体更容易让受众接受。图片式的表达方式,能够将广告内容与媒体内容紧密结合在一起,广告即内容,受众不易产生反感,继而对内容保持高度专注。这是一种新的广告产业模式,具有巨大的潜在商业价值。

2. 媒体劣势

(1)网民地域分布失衡

在我国经济发达地区的网民数量要远多于经济欠发达地区,截至2011年12月底,我国农村网民规模为1.36亿,占整体网民的26.5%,而城镇网民占比为73.5%。受制于经济发展水平滞后、互联网接入条件不足、硬件设备落后等因素,农村地区网民数量的增长仍较为缓慢,增幅小于城镇地区。这样的地域分布相对于传统媒体显得过于集中了,不利于广告主通过互联网络在全国范围内进行广域宣传。

(2)网络技术条件的制约

虽然电脑桌面广告可以采取丰富的表现形式,但仍然受到网络现有技术条件的制约,特别是网络带宽的限制,使得最具冲击力的视频形式的应用难以得到快捷而又流畅的发挥,无法与有线数字电视的播放速度相媲美。

(3)公信力弱

回顾电视、广播、报纸等传统媒体广告发展历程可知,任一媒体广告发展未成熟前,都经历过一段泛滥期,即随意插播、信息污染等影响整体公信力的时期。网络广告目前正处于这一时期,根据中国互联网络信息中心的调查,受众对于目前的网络广告最不满意的因素是杂乱无章,而且国家也没有出台相关的管理条例,相比较,部分受众甚至更愿意相信传统广告。

(4)广告主需要一个认知过程

对于电脑桌面广告媒体这一新生不久的媒介而言,许多媒体优势和创新空间都没能完全发挥,广告主自然不敢轻易投放,由此制约了媒体的发展步伐。

(三)系统介绍

以酷屏传媒研发的"酷屏桌面媒体视听平台"为例,它是一款借助电脑桌面为用户提供图文、音视频享受的技术平台。它利用电脑使用中的闲暇时间,在不打扰正常工作的情况下,使用户时刻获得媒体体验。

1. 功能完善

视听平台可以提供的使用功能有:①精选美图资讯播报;②绿色壁纸动态装饰;③个性化的桌面相册;④桌面动态视频欣赏;⑤音乐在线试听;⑥营销广告美图欣赏;⑦DV广告桌面播放。

2. 操作简单

无须专业电脑知识,只要运行下载后的程序,视听平台就会自动工作。只要点击几下鼠标,就可以完成频道的选择。

3. 节省系统资源

100K左右的文件大小,常规下500K左右的内存占用,可谓小巧玲珑。

4. 完全绿色

除自身的启动项目外,不对注册表添加任何内容;除自身文件夹和自身启动图标外,无须改变或增加硬盘内任何内容。软件和外界唯一的交流,就是从服务器读取必要信息,除此之外,不会有任何其他的网络操作,因此软件不会泄漏用户的任何信息。

5. 干扰度低

视听平台在用户工作时,基本不工作;在用户不工作时,才会工作,帮助用户放松心情,满足资讯或知识方面的需求。

6. 人性化设计

用户不但可以定制符合自己爱好的播放内容,还可以设定图片播放速度,并可以将喜欢的图片予以收藏。系统会在用户操作中随时给以直观的提示,并对工作情况进行记录,以便用户随时了解平台工作情况。

7. 用户有自主权

用户不但可以在服务器上订阅喜爱的节目,还可以将收藏的节目作为一个独立的频道,在视听平台中播放,更可以将电脑中的某个文件夹作为一个独立的频道,利用视听平台进行播放。

8. 免费的增值服务

用户可以免费获得额外的增值服务,只要注册成为视听平台的会员,就可以免费享受到媒体运营商所提供的其他服务。

(四)媒体建议

艾瑞市场咨询的侯涛认为,资讯丰富和绿色安全是电脑桌面广告媒体吸引受众的两大法宝,媒体需要走向内外兼修的良性发展之路。

电脑桌面广告与数字杂志、门户资讯和RSS(简易信息聚合)等多种产品都存在不同程度的交叉竞争。电脑桌面广告媒体的核心价值是内容和功能的差异化,针对门户资讯的视觉单调性,电脑桌面广告须通过技术优化突出自己图片资讯的视觉美感,并以丰富的内容迎合目标受众的需要。

虽然目前主流的电脑桌面广告客户端都是绿色安全的软件,但先前桌面"流氓软件"留下的阴影仍令人难以释怀,这让普通用户对桌面软件产生了惧怕及排斥的心理。为此,目前的电脑桌面广告媒体应强化阐述绿色安全的概念,树立良好的形象,打消受众的心理顾虑。

二、社会化广告

(一)社会化广告的定义

社会化广告,即Social Ads。广义上指的是基于社会化媒体平台产生的广告形式,这包括社会化媒体平台上出现的所有与内容有关或者无关的广告;狭义上指的是通过用户参与,在用户许可的情况下将参与互动的信息展示到广告内容中并分享给朋友的一种在线互动广告形式。由于狭义理解上的社会化广告表现出与普通网络广告(如旗帜广告等展现类广告)在创意、视觉、投放、评估等多方面的差异,所以接下来本书作者将选择狭义角度理解的社会化广告来展开论述。单纯在社会化媒体平台上以展示形式出现的广告不属于本书的研究范畴。

以上狭义的角度非常清晰地展现了社会化广告的几个实现前提。第一,广告推送前需要在用户的许可下利用个人的信息和社交关系,这涉及用户隐私问题,国外的社会化广告都有一个自愿选择和退出机制,来保证社会化广告最小限度地侵犯用户的隐私。第二,社会化互动信息需要植入广告内容中,即受众可以参与到广告的互动中,这和传统的展示广告割裂广告与互动的方式形成巨大的反差。第三,社会化广告需要用户帮助进一步的传播,如果社会化广告只能形成一级传播,那么社会化媒体就与传统媒体没有差别,都是一对多的传播模式;正是因为多对多的传播模式,才使得社会化广告展现出更快速更广泛的传播效果。

(二)社会化广告的特征

与其他新媒体平台上的广告相比,社会化广告平台和社会化媒体传播的特殊性,使得社会化广告具有以下几个特征。

1. 更加精准的目标人群

在社会化媒体中,用户关系和交互行为习惯等数据都是可以被搜集、被读取的,这超越了以往仅仅根据性别、年龄、职业等基本的人口统计学特征选择目标受众,为最大程度有效地到达目标受众提供了更为精准的维度。所以,根据人口统计学特征,在利用用户关系和交互行为习惯等数据综合细分后,社会化广告就能够精准聚焦其目标受众。

2. 更加个性的广告内容

由于占有用户资料和交互行为习惯数据,广告主更加了解其目标受众的个性化需求,特别是某些场景下的即时需求,并能在此基础上为其个性化定制社会化广告的内容。而由于这些广告内容反映的是目标受众的兴趣特征、社交关系、真实需求,当受众接触这些社会化广告时,产生反感、排斥情绪的可能性较低,因而能够达到较为理想的广告效果。

3. 更加有效的受众传播

社会化广告传播更多的是基于受众的网络社会关系展开的。不论是广告主还是熟人、朋友,能够向受众发布广告的前提是已经在网络中缔结某种关系(或是"好友"关系,或是"收听"关系,或是"跟随"关系,等等)。这种关系下,一方面,受众对信息的信赖度更高,更加容易达到社会化广告的说服效果,也就更容易形成"口口相传"的"口碑效应";另一方面,社会化广告的到达效果越好,能够即时与社会化广告进行互动的机会就越多,广告信息实现多级传播的可能性就越大,社会化广告的传播也就越有效率。

4. 更加方便的实时监控

目前大部分社会化媒体都是开放性的,不仅是媒体内容的开放,更是用户某些交互行为数据的开放,借助这个媒体优势,社会化广告不需要借助任何第三方的监测软件,部分广告效果便可以迅速地被反映,也就实现了更加方便的实时监控。比如,在微博上能够即时了解每一条微博内容的转发和评论,社会化广告一旦被投放在微博上,就可以通过监测这些数据了解实时的广告效果,虽然只能涉及一些浅层的信息,但是足以让广告主判断广告未来的传播走向。

(三)社会化广告的典型模式

目前社会化广告最集中的展示平台是各种社交网站。Facebook 是其中最有代表性的一个。社会化广告最早在社交网站的出现就是在 Facebook 上(2005 年 5 月),仅仅 4 年,Facebook 的社会化广告收入就超过 7 亿元,而且 Facebook 也是最早涉足移动社会化广告业务的(2012 年 3 月)。Facebook 一直坚持拒绝生硬展示型广告而选择社会化广告的理念。它在社会化广告的各种行为和观念上的领先使它一度成为后起的社交网站在社会化广告业务上的模仿对象。因此,以 Facebook 上的社会化广告进行模式分析具有一定的典型性。目前,Facebook 上的社会化广告可以分为一般式广告和赞助式广告两种模式。

1. 一般式广告

一般式广告代表的是"品牌的声音",是一种以品牌自身的口吻呈现、给目标受众展示定制化的各种广告信息的社会化广告形式。具体来说,主要有以下几种形式。

(1)品牌页面上的文字、图片、视频、链接广告

品牌主可以在 Facebook 上建立自己的专属页面,这能够拟人化地展现品牌的形象,比较适合品牌的整合推广。一般而言,与受众进行互动的内容是通过文字、图片、视频、链接等实现的。只要 Facebook 用户浏览品牌页面,或者与品牌结成好友关系,品牌主在其品牌页面上发布的包含各种广告信息的 Post(帖子)就可以进入用户的视野。

(2)投票式广告

这种广告形式利用 Facebook 多选项的投票功能,在推广品牌、与受众形成互动的同时,还搜集了用户的信息和偏好。通过对这些数据的利用,可以更好地洞察用户的需求,为品牌创造更多精准广告的机会。投票式广告需要充分考虑用户选择的可能,并在选项中体现;或者通过自定义选项的方式,让用户表达。受众的投票、关注、邀请朋友的行为都可以以动态消息的方式传播给受众的好友,以尽可能多地吸引用户参与。

(3)活动广告

这种广告形式展示的是广告主进行的推广活动。活动广告可以以动态消息的方式显示,也可以显示在品牌主页右侧边栏的广告位。但是,以动态消息的方式显示时,Facebook 会对内容量进行限制,只会有限地展示广告主、活动名称、日期、时间、地点等基本信息,所以要精简化、准确化地推广信息。受众在接触广告之后,可以用点赞的方式或者参与的方式表达自己对品牌活动的支持,广告主通过即时分析受众的各种反馈,还能达到精准化目标受众的意图。当然,受众的这种行为也会以动态消息的方式呈现给他们的好友,有利于信息的再次传播。

(4)优惠广告

当品牌向受众推出优惠券或者折扣券时,最适合运用这种形式的广告。优惠广告可以用于吸引新用户的加入,维持与现有或者潜在用户的对话关系,也可以更好地增加用户的忠诚度。由于优惠广告可以以动态消息的方式显示部分文案,所以需要在有限的空间中展示能足够引起受众兴趣的文字。

(5)APP 广告

当广告主想要通过 APP 的推广,更好地维系与现有用户之间的对话时,可以使用 APP 广告。该类型广告引发受众直接安装 APP 的行为,当然,广告主还可以从安装 APP 的用户身上得到更为详细的购买信息。

2. 赞助式广告

赞助式广告是一种"朋友的声音",是一种以来自朋友信息的呈现方式,传递他们与品牌之间的互动关系的动态,企业可以有选择性地付费推广这些动态的社会化广告形式。相比一般式的广告,这种赞助式的广告类似好友推荐或邀请的模式,利用用户对朋友的亲近、信赖、跟随的心态来进行信息推广。赞助式广告在理论上具有较高的到达率,但由于抓取了用户与品牌之间的互动关系的事实,被某些侵权组织质疑侵犯了用户的个人隐私,所以发展过程中阻力不小。

由于用户与品牌的互动呈现多种多样,所以形成的动态也形式不一。比如,如果 A 用户点赞了一个品牌的粉丝页面,这条"动态"会出现在他的页面更新上,如果 B 和 A 在 Facebook 上缔结了朋友关系,而 B 的好友非常多,这条动态很有可能被淹没在 B 好友的众多动态中。但如果以赞助式广告呈现,那么 A 点赞了这个品牌的"动态"就会出现在 B 页面的右侧广告位上,且可以保持较长时间。除了点赞动态能够被呈现以外,赞助式广告的动态还可以呈现为留言、分享、投票、领取优惠、活动参与、游戏参与、分享安装的 APP 等。

(四)社会化广告的传播特点与传播机制

社会化媒体的出现改变了广告信息传播的方式,呈现出与其他新媒体不一样的广告信息传播特点,并在发展的过程中建立了新的广告传播机制,随着社会化媒体的不断普及与深入,甚至对整个广告传播格局都产生了重要的影响。

1. 社会化媒体的传播特点

(1)广告内容生产与社会关系相互融合,相互依存

由于社会化媒体建立在互联网和社会网络的基础之上,社会化媒体自然渗透了社会网络中的社会关系,所以社会化媒体上的广告内容生产与社会关系也产生了联系。确切地说,内容生产和社会关系两者间是相互融合的,社会关系的需求促进了社会化媒体平台上的内容生产;反过来,这些平台上的内容也成为连接人们关系的纽带。

(2)传播主客体界限模糊,传播节点影响力不一

社会化媒体的传播网络结构是由节点和链接形成的,社会化媒体上的广告信息传播是呈环形分布的,没有中心节点,传播主客体界限模糊。每一个节点都可以是广告信息的发布者,向其他节点发布信息,任何一个节点也可以向发送广告信息的节点反馈信息。当然,每一个节点的影响力都是不同的,要让信息更好地在社会化媒体中得到传播,就要寻找

影响力大的节点,即意见领袖。

(3)广告内容信息的个性化、碎片化及其价值的聚合性

由于社会化媒体的开放性和人人都能参与的特性,用户创造内容成为社会化媒体中广告内容信息的主要来源方式。与批量专业生产内容不同的是,用户生产的内容不是程式化的内容,而往往带有个性化的色彩,表现出对一个品牌、产品、服务的主观态度。同时,由于大部分用户生成的内容来源于碎片化的时空,体现出与个人生活相关的内容,不可避免地呈现一定的私语化倾向,构成了社会化媒体中海量的碎片化内容。

虽然社会化媒体上的广告内容信息是个性化和碎片化的,单个广告内容信息的影响力是有限的。但是通过特定的方式聚合,单个内容的价值可以被扩大化,最终能够形成价值的聚合效应。

(4)根据强弱关系差别化广告信息

20世纪中期,美国社会学家马克·格兰诺维特(Mark Granovetter)提出了人在社会关系中的强连接关系和弱连接关系以及"弱关系的强势"假设,在这个假设中诞生了非常著名的观点——"强连接往往形成小圈圈,弱连接却会形成一张大网络"。社会化媒体出现后,用户通过各种不同的传播互动形式,各自形成了强连接关系和弱连接关系,这既能维护和稳固情感取向的小型关系网络,也能形成新的小型关系网络,并且使小型关系网络不断向外延伸,最终扩展个体的社会关系。所以,一般而言,强关系适合以情感手段包装广告信息,而弱关系则需要靠引发兴趣、独树一帜的优质广告信息做吸引。

(5)裂变式的传播路径

大众媒介的传播是一对多的方式,而社会化媒体的传播是多对多的方式,广告信息在这种多对多方式下往往以裂变的形式快速传播。所谓裂变式的信息传播,指的是极短时间内信息以几何级数形式快速流动传播,从而形成巨大的影响力。以微博为例,每位微博用户都拥有自己特定的粉丝,当某位用户发布一条广告内容后,被他的粉丝注意并转发,这就使得粉丝的粉丝也能看到这条微博内容,依此类推,信息不断裂变,最终达到的广度和深度是不可估量的。

2. 社会化广告的传播机制

彭兰教授在其《社会化媒体:网络时代的关键转折》一文中总结了社

会化媒体主要依赖的三种模式：社会网络的过滤机制，实现了公共信息的凸显与个性化信息的满足；意见领袖的"权力"机制，带来了社会化媒体议程的民间设置；"自组织"的协同机制，促成了社会化媒体的自我修正与进化。我们根据这三种社会化媒体的传播机制，结合广告与传播的关系，相应总结了社会化广告的传播机制。

（1）社会网络的过滤机制

在传统媒体的广告信息生产和流通中，广告信息的发布门槛较高，一般都遵循"先过滤后发布"的原则。大众媒体、专家、国家相关行政部门等作为过滤信息的"把关人"，帮助排除虚假的、有害的、无关的广告信息。而在社会化媒体的广告传播中，没有这么一个全能的"把关人"，也就无法在发布前对所有广告信息进行过滤。但是这并不意味着在社会化广告的传播过程中缺乏信息的过滤机制。社会化媒体的广告传播中，广告信息的过滤基于社会网络，是一种协同过滤的机制。具体来说，这种机制运作需要有以下几个前提：第一，利用用户社会化媒体的结构限制广告信息传播途径；第二，个体与通过社会网络所连接的其他节点之间兴趣和行为表现出一定的相似性；第三，节点需要通过社会化媒体对广告信息进行评价、分享、分类等。通过这么一种协同过滤的机制，个性化的广告信息才能够在海量的公共信息中凸显出来，成为为用户量身打造的专属信息。

以豆瓣读书为例，它不基于传统图书分类方式，它允许受众个性化定义图书的标签，从而在图书之间形成内在的逻辑关系。当用户为一部小说标注上"心灵鸡汤"的私人化标签时，这个标签向全豆瓣用户公开。当点击"心灵鸡汤"标签时，出现的是被不同用户打上这个标签的各种图书。通过同个标签，实现了用户与用户、图书与图书之间的内在关联。然后，系统就会根据用户的这些兴趣和行为，为用户针对性地推荐其可能感兴趣的相关内容信息。

（2）意见领袖的"权力"机制

意见领袖指的是在人际传播网络中经常为他人提供信息，同时对他人施加影响的"活跃分子"，他们在大众传播效果的形成过程中起着重要的中介作用，由他们将信息扩散给受众，形成信息传递的两级传播。当然，社会化媒体人人都是信息的传播者，而意见领袖除了进行简单的信息发布以外，他还是一个有号召力、有影响力的节点。就目前而言，意见领袖在社会化媒体中扮演了强势内容源、信号放大器、流向调节阀、意见气候营造者等角色,这些角色造就了他们的议程设置能力,他们的信息与意见在一定程度上影响着社会化媒体中信息与意见的走向。因此,社会化广告传播一旦经过意见领袖这个传播节点,不仅在广告效果上会有一个瞬间的提升,而且还能在控制对广告主有利的舆论走向上起到重要的作用。

(3)"自组织"的协同机制

社会化媒体的开放性、匿名性使得信息的来源非常不稳定,一方面广告主可以自由地为自己的品牌、产品进行宣传;另一方面,对自身品牌、产品有害的言论也相应产生,甚至还会出现中伤品牌、产品的各种谣言。同时,社会化媒体的开放性和即时性,也使得谣言治理难度颇高。

从系统论的观点来说,"自组织"是指一个系统在内在机制的驱动下,自行从简单向复杂、从粗糙向细致的方向发展,不断地提高自身的复杂度和精细度的过程。人类社会发展的各个阶段都有"自组织"的推动作用。社会化媒体环境中,这种"自组织"依然广泛存在。从这两年对社会化媒体谣言中伤企业的治理措施上看,除了加强企业的危机管理能力以外,利用社会化媒体中用户自发形成辟谣的"自组织",可以协同工作,在一定程度上纠正谣言或者提高用户对谣言的辨析能力,减小社会化媒体的谣言危害,进一步控制谣言的产生,以维护企业的正面形象。

三、搜索引擎广告

随着互联网的发展,旨在提供信息收集、信息组织与信息检索服务的搜索引擎所积聚的用户规模日益扩张。在这一过程中,我国以百度为代表的搜索引擎网站,对网站本身的搜索技术以及广告形式、计费方式等广告服务不断优化,使得该类平台的广告价值不断凸显,获得了越来越多企业的认可,推动着搜索引擎广告成长为我国网络广告市场上的重要力量。

(一)搜索引擎概述

搜索引擎(search engine)是根据一定的策略、运用特定的计算机程序从互联网上搜集信息,在对信息进行组织和处理后,为用户提供检索服务,将用户检索到的相关信息展示给用户的系统。

按照搜索引擎的工作方式,可将之分为目录搜索引擎、全文搜索引擎和元搜索引擎三类。

目录搜索引擎又被称为网络资源指南,作为浏览式的搜索引擎,它由专业人员按人工或半自动的方式搜索网络信息资源,继而根据资源采集的范围,按照一定的主题编成详细的目录体系,并将搜集、整理的信息分类,最终提供一个按类别编排的网站目录,在每类中排列着属于同一类别的网站站名、网址链接、内容提要以及子分类目录等信息。用户可以不输入关键词进行查询,仅靠分类目录一层层跳转来找到其所需要的信息。

早期的全文搜索引擎是通过从互联网上提取各个网站的信息(以网页文字为主)而建立的数据库,检索与用户查询关键词匹配的相关记录,然后按一定的排列顺序将结果返回给用户。其与目录搜索引擎最大的区别在于,搜索结果不是网站信息,而是符合检索条件的网页信息。此类搜索引擎的优点在于信息量大、更新及时、无须人工干预,有的还具备"高级搜索"功能,允许用户在关键词外增加语言、关键词位置等搜索条件来缩小搜索结果范围,提升搜索信息的准确度和效率;但缺点是返回信息过多,用户必须在结果中自行筛选。Google、百度即是此类搜索引擎的代表。

元搜索引擎不收集网站或网页信息,通常也没有自身数据库的搜索引擎。在接到来自用户的查询请求时,元搜索引擎通常将搜索请求同时发送到多个搜索引擎,在这些引擎上加以搜索并对结果进行整理,最后再统一返回给用户。Info Space、Vivisimo 等均属于这一类搜索引擎。相较于前两种搜索引擎,它的优势在于,只需提交一次检索请求,便不仅能获得来自多个搜索引擎的综合结果,还能自动过滤掉大量的重复信息。

简单的关键词搜索,不支持复杂的高级条件搜索,此外囿于处理时间的限制,在每个目标搜索引擎上所花费的时间都不长,只能获取每个目标搜索引擎大约 10% 的信息。

除了上述分类方式外,搜索引擎也可按照用户对搜索引擎功能的需求分为不同的专题,如地图、新闻、音乐、视频、图片等;还可按照服务的领域分为综合搜索引擎(在同一个平台上整合大量的信息,如百度、

Google)和垂直搜索引擎(针对某个细分行业的专业搜索引擎,如去哪儿、淘宝);等等。

(二)我国搜索引擎的发展特点

在我国,搜索引擎出现于20世纪末,1998年2月,首家大型分类查询搜索引擎——搜狐正式诞生。步入21世纪后的2001年8月,百度上线独立搜索服务,开启了中文搜索的新时代。在此后近20年的发展过程中,搜索引擎的发展呈现下述几个特征。

1. 角色:从互联网工具到互联网"入口"

作为一款互联网工具,搜索引擎在诞生初期的功能就像字典一样,能为网民提供信息收集、信息组织与信息检索等服务。而我国互联网行业的高速成长,为搜索引擎提供了重大发展机遇:一方面,互联网的普及带来了网民规模的快速增长以及网民网络使用能力的日益增强,这为以搜索引擎为代表的各类网络工具提供了潜在的用户基础;另一方面,随着互联网平台上的信息数量呈爆炸式、几何式的增长,网民希望方便、高效、准确检索到真正需要的内容的需求不断提升,这大幅促进了其对搜索引擎的使用。在此期间,搜索引擎企业持续不断地开展搜索算法优化、服务领域延展和市场宣传推广等各项工作,借势推动着搜索引擎从简单的信息检索工具逐步发展为网民访问互联网内容的"入口"——对于已经接触过的网站和服务,网民慢慢倾向于不记忆网址,而是通过搜索引擎搜索的方式进入;对于未使用过的网站和服务,他们也习惯于通过模糊搜索的方式在搜索引擎上进行探索,再跳转至相应的网站或服务。

2. 业务:从单一的文字搜索到人工智能服务

如今,搜索引擎的业务已经从文字搜索服务拓展为面向多个领域的智能搜索服务。随着互联网的普及和终端设备的升级,网民的信息输入方式日趋多元(除文字外还包括图片、语音等形式),他们希望搜索引擎能够针对检索主题给出更个性化、更准确的响应。为了迎合网民的新需求,搜索引擎企业对其搜索模式进行了如下调整。

①积极探索多元化的搜索输入模式,除了推出语音、图片输入之外,还结合新型硬件设备创新搜索体验,如2015年6月百度与清华大学达成合作,探索通过可触摸点阵式屏幕和语音交互为视障人群提供盲人搜索服务。

②将人工智能与搜索技术深度结合,不断升级自然语言处理技术(NLP)、知识库构建技术等技术,研发自然语言搜索、实体搜索R等搜索方式,以提供更智能、精准的搜索结果,如百度的"度秘"、必应的"小冰"。

③在被动信息搜索之外,探索信息主动推荐功能,这方面的例子如百度于2016年2月上线了"信息流"产品,通过打通百度新闻、百家号、百度百科、百度贴吧等内容平台上的各类内容,基于对用户人群属性、搜索意图、行为数据和兴趣爱好等数据的分析,并使用人工智能技术实现实时动态建模和实时匹配计算,最终为用户主动推送符合其关注点、兴趣点和使用场景的个性化内容。

为了不断提升用户的使用体验、增强用户的使用黏性,以百度为代表的大型搜索引擎企业在发展过程中也陆续研发出更多样的产品和服务形式。

①针对用户日益多元的线上搜索需求,在网页搜索之外,推出音乐、地图、新闻、学术、阅读等多项搜索结果类产品。

②借助并购或控股等方式,加速对网址导航、本地生活服务、社交等其他垂直行业的布局,并将之与已有搜索产品加以整合,丰富自身的搜索结果内容,为网民提供"一站式"信息服务,例如搜狗相继接入微信、QQ兴趣部落、知乎等平台,百度收购糯米网并优化其地图搜索等。

③借助自身的大数据和云计算技术优势,于线下积极和企业、政府部门合作,不仅开发了餐饮、旅游、金融等生活服务项目连接消费支付场景,还搭建了智慧城市、智慧医疗、智慧出行等诸多公共服务平台,使服务惠及更广泛的公众。

与上述变化相呼应,搜索引擎的页面设计也做出一定调整,从传统的以搜索框为中心的简单布局,向集合多种互联网工具、多元互联网内容的页面布局转变。

(三)搜索引擎广告的类型与优势

1. 搜索引擎广告的分类

广义的搜索引擎广告是指搜索引擎企业推出的所有广告形式,但不包含其所并购、控股的一些网站所经营的广告形式。结合现有实践观之,搜索引擎企业主要运营关键词广告、展示类广告、网络联盟广告三个类型的广告,而在移动互联网迅猛发展的大背景下,这些企业也积极开发出了导航广告、移动搜索引擎广告、信息流广告等新的广告形式。

在营收上,关键词广告对搜索引擎广告市场整体表现起着决定性作用,网络联盟广告是良好的补充,其他类型的广告贡献较小。数据显示,2016年搜索引擎广告整体市场规模达到902.1亿元。其中,关键词广告收入652.0亿元,占整体市场的72.3%;网络联盟广告收入113.1亿元,占比为12.5%;其他类型的广告收入仅占约15%的比重。

(1)关键词广告

关键词广告是搜索引擎平台最具代表性的一种广告形式,人们提及搜索引擎广告时,大多也指的是关键词广告。该类广告由广告主根据自己的产品或服务的内容、特点,确定相关的搜索关键词、撰写广告内容并自主投放,当网民搜索这些关键词时,相应的广告信息(多为文字类广告)就会展示在搜索结果页面上;搜索引擎采用按点击计费(CPC)的方式对广告进行计费——广告信息的展示是免费的,只有当网民点击广告信息、打开广告主网站时,搜索引擎才会按照一定价格向广告主收费。

(2)竞价排名广告

竞价排名广告是指搜索引擎并没有为关键词设置特定的点击价格,而是由广告主对广告每次点击自行设定可支付的价格,搜索引擎根据广告主设定的价格并辅以一定规则对每个广告主所投放的广告加以排位。以百度为例,其会根据广告主的信用情况、关键词的质量度、关键词出价、关键词的转化加分、其他推广商户和网民相关因素对广告加以排位,排位最前的广告将优先展示在搜索结果首页左侧,余下的广告将依次展示在首页及翻页后的右侧。最后百度会综合考量上述因素决定出每个关键词的"点击价格",并在网民每次点击广告时按该价格加以计费。

(3)固定排名广告

固定排名广告则是由搜索引擎企业为广告主提供关键词,将广告主的网站在搜索结果页面中的固定位置加以展示,在网民点击信息后,按照预定的价格向广告主收费。

2. 搜索引擎广告的优势

相较于其他新媒体广告,搜索引擎广告具有下述优势。

(1)覆盖面广

如前面所述,作为互联网"入口"的搜索引擎具有庞大的用户基数,这保证了广告覆盖的范围,使搜索引擎广告对于广告主来说具备了很强的吸引力。仅以网民的医疗健康类搜索为例,如今在百度搜索框每天60亿人次的搜索量中,有6 000万人次在搜索着与医疗健康相关的词语,跟疾病相关的搜索每天超过1 500万次,跟医院相关的搜索每天超过300万次,跟医生相关的数据也达到50万次。这样的数字"比有些国家的人口还要庞大"。

(2)投放精准,到达率和转化率较高

得益于搜索引擎企业在数据分析上的技术优势和所集聚的大量用户使用数据,搜索引擎广告既可以在网民搜索特定的关键词时触发,也可以关联网民的搜索行为、网络浏览行为等数据,从而得以更加精准地为广告主锁定目标消费者,并实时投放为其"量身定做"的广告。而正因为消费者所看到的广告是与其关注点或兴趣高度匹配的,所以他们浏览、点击广告甚至购买产品的可能性也较大,广告的到达率和转化率也较高。

(3)投放门槛低,投入可控

搜索引擎广告的这一优势源于其采用的CPC付费模式。

在搜索引擎之前,几乎所有网络广告的付费都是基于展示次数(CPM)的,广告主不得不投入大量的费用签订初始合同,但却无法预知这些广告可为自己的网站带来的访客和交易量,因此广告的使用者大多是资金雄厚的大公司。而对于搜索引擎广告,广告主只有在获得广告点击、流量甚至是销售量的时候才需要付费。这种转变无疑降低了广告的投放门槛,让一些中小企业乃至个人都可以加入广告投放的行列中。

另外,按点击付费的模式还赋予广告主定价权,广告主既可以针对每个关键词自主定价,还能够根据竞争对手的出价和网民的需求等情况灵活调整定价,这使广告主的推广力度和资金投入更加可控,从而得以不断优化其投资回报率。

(4)自主投放,操作简单,灵活度高

传统广告及不少其他类型网络广告的投放都有一个策划、设计、排期的过程,搜索引擎广告则不然。搜索引擎企业为广告主提供了一个操作便捷的广告管理平台(如谷歌的Google AdWords、百度的凤巢),将关键词购买、创意制作、广告效果报表、广告费结算等关涉广告投放各个环节的功能,以及数据分析、账户优化等辅助广告主更好决策的功能加以整合。广告主只需在平台上注册一个账户,填写一些必要的信息(如公司和账户信息、关键词及其描述、访问URL),预存一定的费用,再在后台编辑好相关的广告内容和选择好关键词后,就可以为这些关键词购买排名并发布。

正是由于多数搜索引擎广告是由广告主在后台上自主投放的,所以具有很高的灵活性:第一,广告主能够自行编辑广告内容,只要不违反相关法律法规,广告主便享有修改和优化广告内容的最大权限;第二,广告主可以在后台自由选择广告时间,让广告在特定的时间才出现;第三,广告主能设置广告费用的上限,如果广告累计支出超过了设定的金额,广告就自动下架;第四,在广告投放之后,广告主可在后台随时查询有关投放效果的数据,并根据数据自行调整既有的投放策略(如关键词设置、广告内容、广告投放时间、关键词价格等),以进一步提升广告效果和投资回报率。

第七章　新媒体广告的传播

新媒体时代的出现和发展对广告传播的形式也产生了十分深刻的影响。现在的新媒体广告不再仅仅局限于传统媒体时代下的纸媒、电视或者是广播，而是更多地采用了网络传播或者是手机传播的形式。这两种广告传播的形式建立在通信技术、数字技术及互联网技术的基础上，目前使用网络或者是手机的人群数量是巨大的，因此新媒体在投放广告的时候也把主要的焦点放在这两个阵地上。

第一节　新媒体广告与传播学

一、新媒体广告传播的主要特点

在新媒体时代的条件下，新媒体在进行广告传播的过程中，借助的媒介主要有通信技术、数字技术和互联网技术，因此这种新媒体时代下的广告传播也要体现出数字技术和双向互动的特点。新媒体广告所具备的这种双向互动的传播特点，在很大程度上降低了传统媒体时代下广告的使用范围。现在的商家在选择媒体进行广告传播的时候，越来越多地倾向于选择新媒体广告，因此尽管新媒体广告的市场份额现在还低于传统媒体广告的市场份额，但是新媒体广告的增长速度远远超过了传统媒体广告的增长速度，所以有专家预测新媒体广告时代的到来最终将挤占传统媒体下的广告的生存空间，或许在将来的某一天新媒体广告将会

第七章　新媒体广告的传播

取代传统媒体广告的市场份额[①]。

传统媒体时代下的广告借助的传播媒介通常是纸媒或者是电视、广播等形式,这种传播媒介一般会受到媒介传播在时间和空间上的限制,因此存在着广告传播范围小且广告在传播过程中不易更改的劣势。而在新媒体时代下的广告,由于其借助的传播媒介不同于传统媒体时代下的纸媒或者是电视、广播等形式,而是采用了数字技术、通信技术及互联网技术,因此新媒体的广告不仅在呈现形式上是多种多样的,还具备了传统媒体时代下广告所不具备的超越时间和空间、灵活性及交互性等特点。

第一,新媒体时代下的广告传播超越了时间和空间的限制。通常情况下,传统媒体由于其借助传播的平台的有限性,因此传统媒体下的广告容易受到时间和空间的限制,广告传播的范围相对就比较小,因此传统媒体下的广告的传播效果就比较差。而新媒体时代下的广告传播借助的媒介是数字技术、通信技术及互联网技术,因此其不易受到时间和空间的限制,而是表现出跨时空性。在新媒体时代下,广告传播的过程中只需要具备上网条件就可以了,不受时间点和空间地理位置的限制,可以在互联网上随时随地浏览各种商家的广告,并且当消费者想要搜寻之前的一些广告信息的时候,也可以通过互联网这个新媒体的媒介来进行搜索,这是新媒体时代下的广告传播和传统媒体时代下的广告传播的最突出的不同之处。

第二,新媒体时代下的广告传播具有灵活性强的特点。传统媒体时代下的广告传播一般是通过电视、纸媒或者是广播进行传播的,在这种情况下,一旦商家的广告投放的话,商家想要再进行修改就很不容易,并且传统媒体时代下的广告在制作过程中花费的成本也是比较昂贵的,需要专业的团队及专业的公司来对这些广告进行"加工"。而在新媒体时代下的广告传播中,这些已经投放在互联网、手机或者其他新媒体形式上的广告,可以实时地进行修改,同时商家也可以少花费一些制作广告过程中的费用,节省商家的开支。因此,将新媒体时代下的广告传播与传统时代下的广告传播进行对比,新媒体时代下的广告传播过程中灵活性更强,并且也具备传统媒体时代下广告传播过程中所不具备的滚动性

---

① 杨静. 新媒体广告传播与发展研究[M]. 北京:经济日报出版社,2017.

和可更新性。

第三,新媒体时代下的广告传播具有互动性高的特点。传统媒体时代下的广告在进行传播的过程中,往往是一种"单向传播",也就是说商家利用广告单方面地向潜在的消费者进行商品信息的传输,消费者与商家的互动基本为零。而在新媒体时代下,广告在进行传播的过程中实施的是一种"双向传播",这就是指潜在的消费者在看到某一条感兴趣的广告的时候可以与商家实时进行沟通,或者是通过点击广告直接进入商家的网站。在这种互动性的前提下,消费者可以通过在线咨询商家从而实现在线订货、在线付款等,实现足不出户就可以购买商品的梦想。

这种高度的互动性在一定程度上也改变了传统媒体时代下广告在传播过程中消费者的被动接受。传统媒体时代下广告在传播过程中最突出的功能就是告诉消费者他们需要一些什么商品,这些商品在有些消费者看来可能根本就是不需要的,这对于商家来说也是某种层面上的资源浪费。可是在新媒体时代下,广告在进行传播的过程中,商家通过直接在网站上建立商品的链接信息,使得消费者可以自主地去搜索或者选择自己需要的商品广告,这样一方面可以帮助商家节约成本,另一方面消费者在进行消费的时候,也可以直接找到和自己的需求匹配的商品,不仅可以控制广告传播的内容,而且消费者也可以控制广告传播,甚至呈现出更加主动或者是更加强势的地位。此外,传播者和接受者之间的这种互动对有些商家来说也是十分有益的。因为,接受者可以根据自己阅览广告的感受对传播者所传播的广告内容或者是采取的广告形式、广告渠道等进行一定的反馈,这样的话,传播者可以及时地了解到接受者的信息及其对商品和商品广告的看法,从而完善该商品及广告,使之更好地适应消费者的需求。

第四,新媒体时代下的广告传播具有分众传播的特点。传统媒体时代下的广告在进行传播的过程中,通常是针对大众而非个人的一种信息传播,这种广告传播的形式无形中会加重商家的成本负担,因为它的商品并不可能对所有人都适用,可是它的广告在传播过程中针对的却是所有人,因此传统媒体时代下的广告在进行传播的过程中不仅会浪费商家的资源,对消费群体的针对性也不是太明显。在新媒体时代下进行广告传播的过程中,传播者往往会根据商品的特性、不同的接受者来制作出不同的广告内容,并在广告传播过程中采取不同的形式或者是传播渠道,有的甚至会将广告信息传播给特定的人。在这种情形下,商家一方面可以节约大量的广告成本,另一方面也可以使消费者快速、及时地找到适合自己的商品。如随着无线网络的发展,移动 4G 的出现,手机用户的人数呈现大幅度的增加,因此现在越来越多的传播者利用手机作为一种新兴的信息发布载体。传播者可以建立多种多样的手机 APP,这样一来,手机用户就可以根据自己的需求来订阅一些自己感兴趣的微信公众号,从而获得自己所需要的商品广告信息,这在一定程度上增强了传播者传播广告信息的针对性,提高广告信息向特定群体或者是个人进行传播的精准性,这是在传统媒体时代的大众广告传播所无法达到的一个层面[1]。

二、新媒体广告的传播原则

(一)信息真实性原则

新媒体广告作为品牌传播的重要方式,离不开包含沟通内涵的传播;但任何品牌传播,却均离不开信息的真实。我们可从百年老品牌"同仁堂"的经历上获得启示。

"同仁堂"于 1669 年创办同仁堂药。1706 年,同仁堂传人乐凤鸣把各类剂型配方分门汇集成书,名为《乐氏世代祖传丸散膏丹下料配方》,在该书序言中特别强调了这样一句话:"炮制虽繁必不敢省人工,品味虽贵必不敢减物力。"此话堪称中国最早的质量宣言,也成了此后每个同仁堂人必须信守的承诺。

(二)全面坦露性原则

任何局部的、特定形态的信息真实性传播,却往往经过选择加工,乃是局部的、艺术化的真实。这也是每每有广告做得响亮,新闻报道得勤的企业,其产品或服务却会曝出问题的原因。进入新媒体广告传播层面,我们考虑的就不仅仅是局部的真实,而是需要对品牌涉及的

---

[1] 杨静. 新媒体广告传播与发展研究[M]. 北京:经济日报出版社,2017.

方方面面进行全面的坦露传播,以期获得受众在品质、真实、信誉上由衷的信赖①。

(三)多元旁证性原则

如果说有谁在看了一则广告、读了一则新闻、旁观了一次路演活动,就认准某品牌进行消费,并成为该品牌的粉丝,恐怕谁也不会相信。事实上,包含我们每个人在内的消费者对任何产品的消费、对任何品牌的信任,均是通过多种不同渠道,获取不同的信息,并多是正面进行彼此验证之后,才逐渐形成的。

(四)即时沟通性原则

在产品营销中,购销双方面对面的即时性沟通是实现营销的必要环节。营销大师科特勒曾经说:"人员销售是一种人与人之间直接接触进行推销的方式。广告是单向的、同目标消费群体进行的非人员交流。相反,个人销售是双向的,在推销员和每一个消费者之间进行的个别交流——无论是面对面的,还是通过电话,通过电视会议,或是通过其他方式。"这里,他强调了达成销售的人际传播实际是推销员与消费者之间的双向交流沟通。这种营销的即时性沟通在商店的终端中体现最为典型。

三、新媒体广告的传播策略

(一)"抓住眼球"的广告传播策略

尽管这种"抓住眼球"方式在传统媒体广告中也被视为重要的传播方式,但是受到技术手段的限制,无法达到新媒体广告这样的传播效果,所以也很难上升到传播策略的地位。新媒体广告的传播非常注重吸引受众注意力,从广告内容的确立、表达到表现,要处处出新、处处出彩,创意至上。只有这样才能让自己的产品和服务在众多的供方市场中脱颖

---

① 舒咏平.新媒体广告传播[M].上海:上海交通大学出版社,2015.

而出。例如,有一个新西兰苹果的成功营销案例,就是通过配以和 iPhone 手机广告类似的字体和色系的图片,加上"2015 苹果新品发布,再一次改变世界"的标题,再配上"2015 苹果神秘新品震撼首发"的引导语,引导消费者将水果的苹果与流行电子产品苹果手机产生直接联想,把受众的眼球直接抓住,在网上造成巨大的转发量和评论量,并通过大量受众主动转发传播该微博,达到了二次传播效果。这就是新媒体的独特传播优势和优良的传播效果。

(二)隐形广告传播策略

在广告无孔不入的今天,从社会心理学和大众传播学角度看,成功的广告是在不知不觉中被受众接受的,也就是传说中的潜移默化。在这方面有一个成功例子就是美拍 APP。它把自己的广告做成"美妆达人"视频,在视频中示范化妆技巧,让"粉丝"们在观看视频时就学到很多化妆技巧,从而达到传播商家产品的效果。这一做法深受用户欢迎,甚至主动询问商品信息。电影、专题片等这类的视频植入广告非常受广告主和消费者欢迎,从观众被动地接受商品的"硬灌输"到主动参与的"软植入",充分体现了软广告在新媒体时代下的巨大市场潜力和成长空间。这也从另一个方面说明新媒体时代隐性广告已经开始代替传统广告,成为很多商家的多元化选择之一。

(三)营销传播策略呈现多元化、组合化趋势

正如一千个观众眼里有一千个哈姆雷特一样,在商家眼里,每一种媒体都有其自身的价值,都能通过各自不同的传播方式和渠道,起到其他媒体不具备的传播效果。现代的广告通过整合各种媒体资源,将各种媒体的优势发挥到最大化,并有效地整合这些新媒体广告的交互优势,达到 1+1>2 的传播功效,这也是当下媒体融合的一大趋势,既包括新旧媒体融合,也包括新新媒体融合。如老村长酒,不仅通过电视、广播等传统媒体进行广告植入,还通过微信、微博等各种新兴媒体进行广为人知的宣传,从而让这一品牌在东北家喻户晓,入脑入心,成为女婿见老丈人的首选礼品,实现了东北市场全覆盖。

(四)广告传播策略呈现逐利化趋势

在新媒体时代下,新媒体依靠自身强大的传播能力,追求利润最大化,并通过利益优势受众进行"病毒式"的二次传播。如酷划,通过红包大力推广其相关业务,通过用户之间互相邀请的形式扩大信息的传播,通过传播中捆绑受益的形式形成受众与商家双赢的局面,从而在短期内将一款全新产品迅速演变形成一种消费潮流和产业发展趋势。

(五)大V传播策略

大V是新媒体时代出现的舆论领袖,在消费时代他们不仅可以有效主导舆论场,一旦营销成功还能有效主导消费场。消费者在面对陌生品牌和产品时,往往愿意选择和相信口口相传的口碑传播,商家在广告传播时,可以通过"熟人营销"或知名度、美誉度较高的公众人物,通过他们的推介,缩短消费者对产品的认识周期。如粉丝量高达9 694万人的著名房地产商任志强,曾在私人微博上为房地产推波助澜,作为名人,微博一经发出,引起轰动效应,一时间,房地产市场风起云涌,动荡不安。由此可见,大V在消费者达成消费意愿的过程中能够起到相当大的作用,有时甚至能在一定时间内主导市场的走向。

(六)选择性媒介策略

在新媒体时代下,作为广告的载体,新媒体的出现,使得多元化的媒体之间的相互融合成为可能。未来新媒体的发展,其中一个重要的方向就是对传统媒体进行改造,使之更加符合新媒体时代人们的差异化要求,使之更加人性化、多元化、差异化。随着传播格局和媒介形式的改变,阅读视听的权威性不断提高,对广告制作水平和传播效果提出了更高要求。这也对广告商家提出了新的广告细分和市场细分的要求,商家根据自身的产品和市场需求,选择适合自身的媒体进行广告投放。这也是由市场因素决定的,新媒体的价格差异,决定了受众的差异,也直接决定了广告投放的效果。

(七)呈现策略

在新媒体时代下,产品广告的传播很大程度上是一种呈现策略。在网络传播时,信息的传播依然在很大程度上呈现推拉互动式的特征。多种传播策略、方式和手段的运用,为目标消费者提供定向信息,从而让他们获得产品的定向认知,最终达到营销效果。新媒体广告的呈现更多地采用网络传播与现实诉求相结合的形式,在获取消费者的信任感和忠诚度上,广告的视觉表现、个性诉求、技术体现、形式表达、内容呈现上都采用了更加丰富灵活的表现形态,越来越趋向于多元化、大信息化、互动化。

(八)执行策略

在新媒体时代下,技术优势得以进一步发挥,媒体形态的选择更加多样化,栏目的确定更加科学化,时间的确定更加合理化,网络广告的推广更加具体化,这些都以更具有表现化的方式结合起来,把新媒体广告的优势表现得淋漓尽致,达到了更好的、更合适的、更具有针对性的传播目的。

第二节 新媒体广告传播的本质与模式

一、新媒体广告传播的本质

虽然"新媒体广告"的概念界定基本上揭示了其本质内涵,但定义的概括有助于我们对概念总体的把握,而其特点的逐一揭示,才可帮助我们更深入地、具体地把握概念、运用概念。我们认为"新媒体广告"主要特点为以下几种。

(一)网络在线的链接性

当离线的电脑屏幕还留有购物网站的页面、楼宇视频与户外 LED

屏在播广告,当手机中的游戏软件中出现植入的品牌,我们应该知道,我们面前出现的虽然也是数字化的商业信息,但它们不属于新媒体广告,因为它们没有网络连线、没有信息的链接性。

传统广告受大众媒体空间与时间的限制,广告信息往往是提炼又提炼、精练又精练之后才予以发布的,其信息量必然非常有限;同时,这种广告信息的有限又与强迫性地让泛众化的消费者接触相关,毕竟大多数的广告受众并非特定广告商品的消费者,不期而遇的广告某种意义上是对他们的时间、空间的无情侵占。于是,传统广告与一般受众的接触,不仅具有强迫性,还具有偷袭性,即以精美的、简短的广告出其不意地偷袭着一般受众的神经。如此,就决定了传统广告信息提供的简短与有限[①]。

(二)受众导向的互动性

在审视新媒体广告的本质内涵时,我们没有简单迎合传统广告单向度的广而告之的意蕴,而是强调了其双向传播的本质。"传播"的英文Communication,其含义有着通信、通讯、传达、传递、传染、交通、连通、相连等多重语义,而且这些语义的一个共同点就是双向传播。正因为此,港台地区的学者翻译为"传通",但内地的学者因为翻译为"传播",而不知不觉中暗含了单向性的"传出去""播出去"的意味,以至于双向互动的本质总被打折。而这里,我们则需正本清源,将"传播"的本质回归于"双向互动",以及"从受众出发"的含义上。由此,为区别于传统广告,新媒体广告因凸显传播本质,也就必然显示出"受众导向的互动性"。

(三)品牌信息的聚合性

对应于消费者关于品牌信息的深度需求,新媒体广告主体——广告主或品牌主则自然地进行品牌信息的聚合性的传播供给。如果说,在广告主的整合营销传播中,是根据消费者的需求,通过广告、公关、新闻、营销等渠道,统一地发出一个声音,那么,新媒体广告本身就具有多重品牌信息服务的在线链接性,其一方面有着丰富的品牌信息呈

---

① 杨静. 新媒体广告传播与发展研究[M]. 北京:经济日报出版社,2017.

多形态、多页面的碎片化体现,另一方面又通过链接路径形成品牌信息的统一聚合。

新媒体广告的品牌信息聚合既包括阶段性的、以营销目标实现为主的整合营销传播所涉及的各类信息,更包括相对稳定、战略性的品牌信息,如品牌历史、品牌实力、品牌理念、品牌信誉、品牌的产品线、品牌动态、品牌服务等,从而使得新媒体广告既具有眼前的广告促销功效,又具有从长远着眼的品牌形象建树的意义。

(四)信息管理的即时性

我们在认识新媒体广告之时,一定要有一种颠覆传统广告的心理准备,即新媒体不再仅仅是以静态的一种品牌或商品信息作品方式的存在,而是互动的、由消费者可以主动掌控的品牌或商品信息的获得。如此,则可以根据具体受众而不是泛泛的大众的具体需要,进行相应的信息供给,以满足一个一个受者的信息需要。而个性化的信息供给,不但需要前面所述及的各类深度信息的聚合传播,还需要进行即时性的信息沟通管理[①]。

二、新媒体广告传播的基本模式

(一)信息邂逅的广告模式

可以说,整个现代广告就是随着大众传媒的发展而发展的,而基于大众媒体环境下的广告模式则是以"信息邂逅"的提示与告知为本质的。因为,大众传媒环境下,广告主对广告受众的媒体接触判断是模糊的,单向度的广告信息发布本身追求的也只是信息邂逅的高概率,即希望目标消费者能高概率地接触本广告信息,或希望所发表的广告信息能高概率地引发媒体接触者关注。美国学者曾指出:"全美大约有 1 750 家日报、450 家电视台、3 300 家广播电台、600 种普通杂志、32 万座看板,还有几百万公共交通车上的车厢广告……广告主的问题是一个属于选择的问题,站在密集的行列中,等待着帮助他做哪种选择的,是成千上万带着许

---

① 舒咏平. 新媒体广告传播[M]. 上海:上海交通大学出版社,2015.

多真实和未证实的事实与数字的媒体推销员。"在如此多的媒体选择中，以及每一媒体丰富的时间、空间选择中，追求消费者对广告信息的接触概率显然是最明智的标准。可选择的媒体信息可以说是无穷大的，而无论多么财大气粗的广告主其发布的广告信息也是非常有限的，如此，任一消费者对于具体广告信息的接触则只能是"信息邂逅"的浪漫一遇①。

(二) 搜索满足的品牌传播模式

随着以网络为代表的新媒体迅速发展，我们所需要正视的现实是：传统的大众媒体依然主流性存在，而数字化的新媒体强势崛起势不可当。当我们将关注的目光投向基于新媒体的新广告模式，可以发现技术的转变已经威胁到广告业对于媒介和受众的控制力。正如李奥贝纳广告公司的斯皮特勒所说："以前我们认为自己无所不能。我们可以使用大众媒介……对于所有人我们意味着一切。但新的媒介稀释了那样的努力。"黄升民教授对于新媒体环境下的广告传播则说道："广告从简单的传播工具，向集多种交流渠道和多类交流方式于一体的沟通平台演化，实质是广告媒体化的一种功能推演。平台的搭建对于捕捉分散与聚合的需求和市场而言意义非凡，'多媒体'与'泛媒体'潮流为广告传播的平台化提供了必要的条件，我们可以凭借其定向、精准、互动等特征，向消费者和企业充分传递各自所需的有效信息，从而填平企业与消费者的信息鸿沟，消除二者之间的信息不对称。"

(三) 两种模式融合的新媒体广告传播操作

对于以上两种广告传播模式，我们需从实际出发，建立互有长短、并行不悖的认识。因为，一方面新媒体强劲崛起，另一方面传统媒体活力依然。这就启发我们，立足于新旧媒体上的两种品牌传播模式虽然在演绎着此消彼长的历史变革，却将长期并存。

---

① 杨静. 新媒体广告传播与发展研究[M]. 北京：经济日报出版社，2017.

第三节 新媒体广告传播的接受行为

一、新媒体广告的接受过程——从广告侵入广告搜索

由"使用满足"理论所决定,消费者受众对于广告媒体与信息的接触使用,归根结底是以产品的消费为本质需求的。可以说,没有专门为接触广告而使用广告的受众,只有为消费而使用广告的消费者。诚如传播学者麦克卢汉所说:"广告把借助鼓噪确立自身形象的原理推向极端,使之提升到有说服力的高度。""广告不是供人们有意识消费的。它们是作为无意识的药丸设计的,目的是造成催眠术的魔力。"如此,就严格意义上的、可识别的广告而言,受众也就几乎不可能具有自觉的广告接受观,而仅有无奈地接受被强制性广告并对广告产生多为负面感觉的广告观。可是在新媒体广告的视野中,由于新媒体广告呈现形式更多的不是可识别的广告,而是品牌信息,这恰恰对应了消费者的消费需求,由需求驱动的主体意识得以明确的彰显,自觉的新媒体广告接受观这才可望形成。对此,我们则进一步做如下界分与认识。

(一)广告侵入的被接受观

诸多的广告效果调查,其实所获得的仅是无意识接受的效果呈现。正如美国学者米切尔·舒德森曾说道:"广告效果的测试往往是'回忆'式测试。市场研究人员只要能确定接受调查者达到一级水平(对一种思想观念有所了解),就判断广告'有效'。广告主当然对四级(该观念的地位渐显突出,渗透到人们的'行为环境'中)和五级(观念内化)更感兴趣,但是他们衡量成功级别的能力十分有限。"也就是说,广告信息侵入消费者总是趁其不备而悄悄注入的。因此,舒德森认为广告对于消费者说服的艰难,恰恰就是在猛攻消费者无意识中,也未见效果,只得转向;而转向的对象即为经销商、投资者,以期提高他们的信心,并间接地产生广告效果。但经销商、投资商,一定意义上恰是广告主发布广告的同谋者,严

格说来不是受众,不是消费者。也就是说,在舒德森的眼中,广告对于消费者的说服效果非常有限。

(二)广告搜索的自觉接受观

一个奇怪的现象是:当人们在进行其他各种社会活动实践时,通过已经被严格定义为"广告"接收到商品信息,这个时候商品信息与广告信息画上了等号;而人们在有意识地搜索商品信息,甚至明确为自己的消费来进行商品信息的收集,这时的商品信息不再被看作广告,哪怕该商品信息背后就是商家有意的设置与提供。

如此,就形成了这么一个基本的事实:受众不屑于对于简单的、直线的、几乎是嘲笑智商的广告信息接受,当然这里是指有意识的接受,而不是潜意识被动地接受。但作为消费者的受众,却无一例外地需要自觉地搜索商品信息,其包含亲友间的咨询、商场中的考察、逛街时的比较、电话询问、媒体查阅等。在这个搜索过程中,消费者呈有意识的主体状态,其搜索的成果能证明他的智慧与能力,他往往会津津乐道,具有一种成功感。这个基本事实,如果概括为一句话,那就是"消费者拒绝广告,但乐于进行商品信息搜索"。

二、新媒体中的接受行为

郭庆光曾经对人类社会传播的特点归纳出五点:社会传播是一种信息共享活动;社会传播是在一定社会关系中进行的,又是一定社会关系的体现;社会传播是一种双向的社会互动行为;传受双方必须要有共通的意义空间;传播是一种行为、一种过程、一种系统。新媒体广告作为一种典型的传播,其受众无疑既是新媒体广告传播的出发点,同时又是新媒体广告传播的信息归宿点。因传播由受众导向所决定,新媒体广告受众的接受行为无疑是一切新媒体广告的出发点与传播过程展开的核心依据。

(一)从"读报"到"读屏"

如果说传统广告是由19世纪报纸媒体的诞生而正式成为一个成熟的行业,那么新媒体广告的兴盛无疑则是由互联网兴起而予以标志的。几乎是在2010年前后数年间,人们一报在手的阅读习惯,已经让位"一屏在眼前"的现实。这里的"屏",可以具体为手机屏、电脑屏、电视屏。

新媒体发展给传媒格局带来剧烈冲击,首当其冲的便是传统报业。一方面报纸经营成本持续上升;另一方面读者群迅速萎缩,以广告为主要支柱的单一盈利模式已面临严峻挑战。虽然社会商业信息传播需求快速增长,但是由于消费趋势的个性化要求,企业营销也向个性化、多元化和细分化方向发展。特别是新的媒体业态出现后,对年轻群体的分流速度惊人,且分流量巨大,传统报业出现滑坡已成不可逆转态势。报纸需要读者,报业广告需要受众,但随着受众群的"新媒体化",消费主力人群阅读习惯的"新媒体化",报纸的广告市场不断萎缩,广告收入大幅下滑。

(二)接受行为的质化导向

"质化"是相对"量化"而言的,是强调研究者深入社会现象之中,通过亲身体验了解研究对象,并依据所搜集到的各种资料做出总体判断的思维方法。质化研究方法论学者陈向明曾写道:"质的研究是以研究者本人作为研究工具,在自然情境下采用多种资料收集方法对社会现象进行整体性探究,使用归纳法分析资料和形成理论,通过与研究对象互动对其行为和意义建构获得解释性理解的一种活动。"基于这一质化的方法,我们对受众新媒体广告接受行为完全可以进行整体性的认识。

(三)接受行为的量化导向

在社会学家的眼中,"任何存在的事物都是可以测量的",因为任何事物均是变化的,变化就有"变量",而只要变量存在,测量就可以进行。正是基于如此的理念,就有了量化的研究方法。但时至互联网发展已经30余年的今天,量化的研究方法已经不限于分组实验、抽样调查基础上的数据统计与分析,而是通过数据挖掘来形成更为科学、准确的量化统计分析。这就是所谓的"大数据"。

最早提出大数据时代到来的是麦肯锡："数据,已经渗透到当今每一个行业和业务职能领域,成为重要的生产因素。人们对于海量数据的挖掘和运用,预示着新一波生产率增长和消费者盈余浪潮的到来。"而学者们更是明确地指出："这是当今社会所独有的一种新型的能力:以一种前所未有的方式,通过对海量数据进行分析,获得有巨大价值的产品和服务,或深刻的洞见。"相对于传统的量化研究仅仅是利用一小部分数据,那么"大数据"挖掘、利用的则是互联网上以及数据库中大覆盖、大跨度的海量数据信息。其无疑更为科学、准确、富有价值。大数据的利用,是按实践、理论、技术三个维度展开的。

随着数据仓库、数据安全、数据分析、数据挖掘等技术的不断完善,大数据为企业带来良好的投资回报率,为企业业务贡献商业价值。而新媒体广告上的表现更为明显,依托海量的数据资源进行挖掘和分析,可在最大程度上帮助广告主进行精准有效的广告投放。在过去几年,全球的数据量以每年58%的速度增长,在未来这个速度会更快。2013年,业界认为应是"大数据的元年",因为已经有"秒针""中科曙光"等本土大数据公司,利用大数据存储和计算技术,帮助企业解决营销、商业、数据计算等问题。

三、受众的广告接受行为

受众在接触媒介后,就有可能接触到曝光的广告信息,一旦对接触的广告信息产生兴趣,我们可以认为接下来的一系列行为,如搜索行为、对广告信息的二次传播行为、消费行为等都属于受众对广告接受的表现,即属于受众的广告接受行为。

(一)受众搜索行为

新媒体环境下,受众接触广告信息后,如对广告信息有进一步了解的意愿,在受众的主体意识的激发下,受众不再被动等着接收信息,而是会积极主动地去寻找信息,即通过搜索引擎、品牌官网、各种垂直类网站、社会化网站、购物网站站内搜索等方式,搜索诉求信息。受众除了关注诉求信息本身以外,还看中搜索到的信息的来源。现在的新媒体广告受众的搜索行为并不是一个单一的、结果式行为,它是一个闭合的、过程

第七章 新媒体广告的传播

式行为。

新媒体环境下,广告受众搜索需求的产生,既可能因为受众存在于消费世界中,本身便存在消费需求,也有可能通过接触广告直接刺激产生,这两种情况都产生了最原始的对诉求信息的搜索动力。接下来,受众要围绕诉求信息的不同构造合适的搜索关键词,键入搜索框后进行搜索,然后要对搜索结果页面中成列的众多信息进行筛选,从中确定最后的搜索结果。当然这个过程不一定非常顺利,一次搜索就找到满意的信息,当对最后呈现的结果不满意时,受众就会重新产生搜索需求,重新构造搜索关键词,再进行新一轮搜索行为,直到获得满意的信息为止。

实际中的搜索行为可能更为复杂,一个是因为搜索平台越来越趋向多样化,另一个是单个需求中会产生不同阶段不同目的的可能,搜索过程变得更加反复或者循环。受众在搜索平台的选择上并不是唯一的,常常出于比较的搜索目的或者出于验证的搜索目的,而采取多种平台并用的搜索方式。

由于新媒体技术的不断发展,新媒体使用不断深化,也深刻地影响了用户的搜索行为,接下来我们了解一下目前的新媒体广告受众搜索行为的新趋势。

第一,搜索的移动化。中国互联网网络信息中心(CNNIC)发布的《2014年中国网民搜索行为研究报告》中提到,截至 2014 年 6 月,我国搜索引擎用户规模达 50 749 万人,其中手机搜索引擎用户规模达 40 583 万人,手机网民使用率达到 77.0%。通过数据,我们得知目前手机移动端的搜索行为已经普及,搜索行为的移动化与受众的媒介使用以及移动广告的发展有着密不可分的关系。

第二,搜索方式上以文本搜索为主,以语音搜索为辅。除了普通的文本搜索方式以外,语音搜索也慢慢开始被受众接收。虽然由于技术不够成熟,一度被人认为是鸡肋,但从目前的多种应用程序特别是移动终端应用程序大范围支持语音搜索的情况看,它作为辅助文本搜索的搜索方式一定有着存在的必要。正如谷歌在 2014 年 10 月公布的美国用户语音搜索使用习惯报告中显示,约有 55% 的青少年每天都会使用语音搜索服务,13~18 岁的用户群占比高达 75%。我们相信,未来语音搜索的发展空间一定很广阔。

(二)受众的二次传播行为

广告受众的二次传播行为指的是在广告信息的传播过程中,广告客体或者其中一部分广告客体,在接受广告信息后,会再次向目标受众传播广告信息的行为。所以,广告客体和主体的界限不再那么分明,一个广告可能会经历广告主体传播以及广告客体的二次传播,获得的广告效果也会是二次传播效果的总和。这是任何一个广告主都希望能引发的受众行为。

广告受众的二次传播行为在新媒体及时性、互动性、分享便捷性等多种优势的支持下,变得更加容易产生。新媒体环境下,广告受众的二次传播行为具有以下几个特点。

第一,无强制性的受众自主行为。新媒体广告受众接受广告后,会有一部分的受众愿意将广告信息分享、转发给别的受众,这就实现了广告信息的二次传播。这个过程中,新媒体广告主无法干预受众的行为,受众是自主自发免费地参与信息的传播。

第二,新媒体广告信息能够引发受众进行二次传播的关键在于广告信息对受众的感染力。伴随着一次传播,广告信息的感染力就已经展现出来,感染力强的信息会立即抓住受众,引发二次传播。那么什么样的广告信息具有感染力呢?有价值的、有意思的、让受众产生兴趣的,甚至能够引发广告受众进行互动参与的信息,而这里的互动参与表现在对广告信息本源进行的再创作上。新媒体环境下参与的便利性与低门槛,使得广告受众有了更多二次传播的热情。

第三,二次传播一定是在一次传播的内部产生的。进行二次传播的新媒体广告受众一定来源于一次传播中的广告受众,且一定不会是全部的受众,而是部分的受众,因为二次传播行为代表着受众对广告的接受,接受程度越高,可形成的二次传播效果越好。

第四,二次传播引发的效果很有可能呈几何级增长。虽然只有新媒体广告中的一部分会引发二次传播,但是每个新媒体广告都有一部分目标受众,特别是在微博、微信、博客等自媒体平台的盛行下,广告信息借由新媒体广告受众的二次传播后能较为容易地被目标受众捕获。这种多对多的传播方式,使传播面被瞬间打开,呈现几何级的庞大增长空间。

(三)受众的消费行为

广告受众的消费行为并不只是购买这一简单的行动,完整意义上的消费行为是包括购买前、购买中、购买后各个阶段的过程性行为。而且广告受众的消费行为并不是一成不变的,在不同的媒介环境中,广告受众的消费行为经历了不同的变化,大致可以分为三个阶段。

第一阶段:传统媒介下的消费行为模式是由美国广告学家 E.S. 刘易斯早在 1898 年提出的 AIDMA(Attention—Interest—Desire—Memory—Action)模式,即由传统广告、活动、促销等营销手段驱动消费者注意商品,产生兴趣,产生购买愿望,留下记忆,做出购买行动。

第二阶段:在 AIDMA 消费行为模式的基础上,电通公司提出了 AISAS(Attention+Interest—Search—Action—Share)模式,消费者从被动接受广告信息,开始逐步转变为主动获取、认知,AISAS 模式强调消费者在注意商品并产生兴趣之后的信息搜集(Search),以及产生购买行动之后的信息分享(Share)。由于信息搜集和信息分享两个环节的实现需要互联网的支持,所以 AISAS 模式被认为是网络时代消费行为模式。但根本上,AISAS 模式还是由广告驱动的、线性的、单向的消费行为过程。

第三阶段:现阶段很多消费需求的产生是由用户体验驱动的,随着互联网的普及和渗透,网民与非网民形成一个个集合,互联网的影响力逐渐变大。在这样的环境下,传统的推送广告转变为交互的方式影响着消费者,而且这种交互是基于实时感知、多点双向、对话连接的,于是,DCCI(互联网数据中心)顺势提出了 SICAS 模式。概括来说,SICAS 模式是一个全景模型,用户行为、消费轨迹在这样一个生态里是多维互动的过程,而非单向递进过程。SICAS 模式描述的是品牌—用户互相感知(Sense),产生兴趣—形成互动(Interest &. Interactive),用户与品牌—商家建立连接—交互沟通(Connect &. Communication),行动—产生购买(Action),体验—分享(Share)的过程。这是基于用户关系网络,基于位置服务,用户与好友、用户与企业相互连接的实时对话——用户不仅可以通过社会化关系网络,通过分布在全网的触点主动获取信息,还可以作为消费源、发布信息的主体,与更多的好友共同体验、分享。

第四节　新媒体的选择

一、广告传播中新媒体选择的方法

为了减少广告媒体渠道选择中的偏差和失误,必须善于灵活巧妙地运用广告媒体渠道选择的方法。进行媒体渠道选择的方法很多,常用的主要有以下几种。

(一)按产品特性选择

每种产品都有其不同的特性,在广告投放上要结合这些特性进行选择。例如,价格较为便宜的日常消费品,适用受众面广,因此适合投放在综合门户网站;而这些专业性较强的产品则应该选择一些受众特征较为集中,且可以进行深度诉求的专业网站。

再如,据CTR媒介智讯调查显示,70%的网络用户已形成购物前先进行网络搜索的习惯,且女性的比例略高于男性。而网络信息搜索的产品主要是数码产品、家电产品和服装服饰,它们同时也是网络购买比例最高的三类产品。因此,对于这三类产品投放搜索引擎广告就比较适合。

(二)按消费者特征选择

任何产品都有其目标消费者,选择广告发布渠道应该充分考虑产品目标消费者的网络接触习惯。例如,女性产品广告应该选择女性喜欢登录的网站投放,同样男性产品广告更适合投放在男性喜欢登录的网站。调研公司ComSeore在2013年7月发布的调查报告反映了男女网民不同的网络接触习惯。与男性网民相比,女性网民更倾向于访问社交网站。报告称2013年5月,全球75.8%的女性网民访问过社交网站,而男性网民的该比例只有69.7%。其中,拉美女性网民最喜欢访问社交网站,比例高达94.1%;其次是北美,比例为91%;欧洲为85.6%;而亚洲为54.9%。另外,全球范围内,女性网民访问零售网站的时间比男性网民多20%。在观看网络视频方面,大多数国家的女性网民花费的时间比男性网民少。

(三)按广告预算选择

广告主媒体预算的多少决定了在广告发布时能选择什么级别的媒体。对于预算充足的广告主,选择媒体的范围较大,针对产品的具体情况,像新浪、搜狐、网易等热门网站的首页广告位都可以考虑;而对于预算有限的广告主,就需要精打细算,可以选择一些能够精准到达自己的广告对象,但又并不是特别抢手的广告位。

(四)按广告效果选择

广告效果是一个相当复杂而又难以估价的问题。一般来说,广告主在选择媒体时应坚持选择投资少而效果好的广告媒体。例如,在界定清楚目标受众的情况下,某企业在日点击量为100万人次的门户网站上做一个月广告,广告主即可将自己的产品信息重复传播给每一个接触该网站的目标受众,比报纸和传统电视媒体要便宜得多。

二、广告传播中新媒体选择的原则

正确选择广告媒体渠道,除了依照广告媒体渠道选择的科学方法外,还必须遵循广告媒体渠道选择的基本原则,这是广告策划取得成功的重要因素。归纳起来,广告媒体渠道选择应遵循以下三项原则。

(一)目标原则

所谓目标原则,就是必须使选择的广告媒体同广告目标、广告战略协调一致,不能背离相违。它是现代广告媒体渠道策划的根本原则。消费者群体不同,他们对于广告媒体的态度也必然有所不同,而只有根据目标对象接触广告媒体的习惯和对媒体的态度来选定媒体,才能符合广告战略的要求,进而顺利达成广告目标,收到良好的广告效果。

从媒体自身而言,任何广告媒体都有其不可替代的优势和难以弥补的弱点。如果广告媒体传播信息的受众并非广告目标所针对的消费者或潜在消费者,即使广告主投入再多的广告费,广告创意再新奇独特,也不会取得预期的广告效果,最多也只能是收效甚微。

(二)适应性原则

就是根据情况的不断发展变化,及时调整媒体方案,使所选择的广告媒体与广告运动的其他诸要素保持最佳适应状态。适应性原则包括两方面的内容。一方面,广告媒体的选择要与广告产品的特性、消费者的特性以及广告信息的特性相适应。例如,消费品多以大众传播媒体为主,工业品多以促销媒体为主。因此,广告媒体策划必须通盘考虑上述各种因素,确定最适用的传播媒体。另一方面,广告媒体的选择要与外部环境相适应。外部环境是指存在于广告媒体之外的客观原因或事物,如广告管理、广告法规、经济发展、市场竞争、宗教文化,以及媒体经营单位等。外部环境是不断发展变化的,媒体方案也要相应做出调整。因此,进行广告媒体策划时,既要站在一定的高度上,综观全局,把握宏观,又要步入现实的市场中,认清各种情况,把握微观,正确处理广告媒体与外部环境影响的关系,力求使两者保持最佳的适应状态。保持了这种最佳状态,就是最理想的媒体选择。

(三)优化原则

所谓优化原则,就是要求选择传播效果最好的广告媒体,或选择最佳的媒体组合。一般来说,应该选择传播速度快、覆盖区域宽、收视(听)率高、连续性强、色彩形象更好、便于记忆、信誉高的媒体。

优化原则强调,广告媒体渠道的选择及其组合应该尽可能寻求到对象多、注意率高的传播媒体及组合方式。然而,就目前的媒体传播技术而言,要想寻找到各个方面都具有优势的某种媒体及其组合是不可能的。例如,报纸广告的注目率相对低一些,形象效果也较差,而电视广告在这些方面取得优势,但从记忆方面分析又不尽如人意。即使是同类同种的传播媒体也是各有长短的。例如,同属于杂志的媒体,由于级别、性质、特点各有区别,因而其优势与不足也就各有不同的具体体现①。

由此可见,无论是选择单一媒体,还是进行媒体组合,只能是努力趋优避劣,通过反复认真地比较权衡,两弊相权取其小,两利相衡取其大,从中选定最优化的方案。

第五节 不同类型新媒体广告的传播

一、不同类型新媒体广告的传播形态

新媒体广告建立在新媒体基础上,按理其形态分类也应该对应于新媒体的形态。但目前新媒体即使以网络在线的前提来审视,其自身多种多样,至今也没有统一的标准,如常见的门户网站、品牌官网、专业网、电子商务网、网上商店、数字电视、网络电视、手机电视、搜索引擎、网络视频、网络游戏、网络论坛、博客、微博等。但如仔细推敲,便可发现它们并不在同一层次,且多有交叉。如换一思路进行推敲,则又可发现它们实际上是通过宽带网、电视网、通讯网的"三网合一",而在同一网络上形成融合。显然,新媒体广告的分类就无法简单地以新媒体为标准,而需另辟蹊径。

(一)品牌形象展示传播广告

犹如奔驰的"驱动人类精神"、杜邦的"化学让生活更美好"、海尔的"真诚到永远"、万科的"建筑赞美生命"的品牌形象广告语在户外路牌上做广告一样,所谓"品牌形象展示"类新媒体广告,即指广告主或品牌主自身所建立的、可向受众提供较全面、完整品牌信息的媒体平台。其主要体现形式即企业的品牌网站。美国公共关系学家迈克·莱文曾说道:"在1995年,为宣传品牌而开设网站是一个难以想象的事情,而如今这却是必不可少的一项措施。如果一个品牌没有网络宣传,它就不会被人

---

① 康初莹.新媒体广告[M].武汉:华中科技大学出版社,2016.

认真对待,没有网络信息支持的产品或服务,根本不可能变成一个品牌。消费者也会这样认为。如果一家企业没有网站,消费者就不会认真对待它。"

企业网站作为企业的自有媒体,是企业进行对外品牌宣传、信息和产品发布的窗口(图7-1)。其主要功能有:产品展示,是企业网站的最主要功能,企业网站要向消费者展示企业产品和服务,使消费者了解企业概况;信息发布,及时更新企业新闻、行业动态,宣传有利的企业形象信息;互动服务,企业利用网络平台开展网络营销,利用信息交流的功能,开展在线交流、意见反馈等。

图7-1 某企业网站首页

(二)推荐性旁证传播广告

所谓推荐性旁证传播广告,指的是通过新媒体可以进行相互链接的特点,新媒体广告展开有目的、有重点、有目标的品牌信息推荐服务,从而将相关信息送达到有需求的消费者或受众,并让消费者或受众能在这些来源广泛的信息中获得比较与旁证,从而对广告主的品牌或产品产生信赖与认可。

(三)提示性引导传播广告

在互动的新媒介环境下,各种提示性的产品引导、需求引导的发布类新媒体广告,每每在吸引着、提示着光顾者,但又引导着光顾者进行点击,进而导向互动沟通。可以说这样的新媒体广告,既具有传统广告的特点,即在受众所关注的特定空间与时间进行产品或品牌信息的发布,以引起注意、记忆及好感,同时又是网络在线技术予以支持的,其连线的是数字化支持的互动系统,因此其本质归属于新媒体广告。

(四)一对一服务传播广告

由于我们前面已经强调,互动性乃是新媒体广告的标志性特点之一;如此,任何的新媒体广告最后均将落脚到互动沟通环节。而这一环节,又多是一对一的且具有个性化的信息服务性质,但同时这些信息服务依然属于传播行为,因此它既是营销的一个前奏,又是新媒体广告的一个有机的环节。

二、跨界融合媒体的传播方式

(一)跨界融合媒体出现的背景

在今天的市场上,各种产品的目标受众群已经被逐渐清晰划分。但是,不排除有一些媒体不能够有效区分产品所要的目标群。新媒体广告进行相应的多媒体设计的前提就是需要清晰广告的受众与各种广告环境。如果产品广告总是用一些老套的方法、媒体,不加思考就去依靠电视或其他各种最为常见传统媒体形式进行传播,会使广告效果缩减及费用被浪费。

在现如今经济环境下,很多媒体设计师已开始寻找多媒体设计突破口,挖掘空间中存在的新媒体,以创造出更多满足产品销售需要的新媒体广告形式。广告行业与媒体世界两者始终存在着紧密联系,两者在共同传播的基础上获益。在我们身边,广告的多媒体设计有很多成果。新媒体广告投放中常见的表现形式包括交互性投放、精准性投放、实效性投放、便利性投放。

我们常见的这些户外新媒体,在设计中体现出较高的实用性与高效性,在其设计的时候运用了以下几个要点。其一,不像众多的平面广告媒体那样于室内或小范围内传达,它们的幅面较小。而户外新媒体广告十分引人注目,通过墙体等可以展示更多的广告内容,展示更大的广告插图,字体也大。其二,新媒体户外广告具有显著的远处观看效果,即使在远处也不必担心,因为其采用的灯光具有较好的穿透性,贴合现代社会的快节奏、高效率的需要。其三,广告内容范围广,在公共交通运输、安全福利、商业类的产品、企业旅游、文化教育、艺术等方面,都能广泛地发挥作用。其四,广告综合多种形式,囊括了丰富的内容,从企业到产品,从经济到文化,从物质到精神,丰富、生动、实用,以此来达到吸引眼球的效果,达到提高媒体播放广告的价值作用。移动新媒体以公共交通车载电视为主。移动新媒体越来越多,是一种非常出色的多种媒体设计运用。

例如 PG 投影灯,这种投影灯用了光学投影原理,在夜晚,可以将底片上所要投放的广告投影到建筑表面,无论是高层的建筑还是低层的建筑表面,都可以灵活地呈现广告。投影所形成的视觉感受在周围环境光线差的情况下,冲击力非常强。这种户外广告在亮度、面积以及成本上,都有其优势。

在信息技术不断发达、媒体资源不断扩展的变化中,新媒体广告之所以在很短的时间内得到了这么多的关注,就是创新的新媒体广告和创新的多媒体设计的自身特点发挥了很关键的作用,为广告投放提供了充分的条件。

新媒体广告的形式多种多样,例如 Dumocalcin 的钙片广告将主干道桥墩设计成骨头形状,其制作成本虽然很高,但从后续的影响看也值了。该广告树立了其品牌的良好形象,在世界范围内引起了轰动,永久性地留下了话题。该广告利用的媒体虽然不是网络时代的产物,但媒体的新颖程度是毋庸置疑的,如此新颖奇特的构想不达成良好的沟通都难。

在整体广告市场中,传统媒体广告的增长逐渐稍显乏力。新媒体广告开始如火如荼地在这种广告大环境中发展。再次举出分众传媒的例子,它是楼宇电视的大赢家,分众传媒曾成功登陆纳斯达克,并巨额融资。据中国传媒大学广告主研究所的一项专项报告显示:从新媒体广告日益温热开始,电视、报纸、广播、杂志的广告份额以及年预期获得的广告份额,分别都出现下降趋势,这在改革开放以来极少或几乎第一次出现。同时,越来越多的广告主将广告预算转移,他们大多数看好网络广告。几乎有一半被访问广告主认为传统媒体广告投放的地位在企业营销活动中下降。不得不说,传统媒体广告确实已经明显地受到新媒体广告的冲击。

在新媒体广告日趋发展的背景下,广告主以及广告制作公司面临着一个纷争的、具有强烈竞争的环境。所面临的这个新媒体时代,绝对不同于表象上广告媒体策略与广告运行的传统时代。新兴媒体时代融合分化的矛盾在媒体内部存在。媒介的融合体现为跨媒体、复合媒体、合作媒体,媒体分化则体现在日益强化的新媒体属性、高度发展的某单一媒体的独特优势、媒体市场的定位与竞争等方面。

由于网络等新媒体的兴起而导致广告规则与方法产生巨大变革,这当然不可避免地影响新媒体广告的运行与传播的变异。由此,在如今的网络时代,在新媒体广告运行的环境中,绝大多数的传统强势企业,开始着手并加强借助于新媒体。广告的运行的确取得了比以往更多的机会,任何一个普通的顾客都可以访问广告商的网站,并可以直接订货,在商家与广告受众之间新的人际定义也正在新媒体广告的发展背景下形成。在新媒体内,网际人际正在广泛受众及其他单一受众之间形成。这些都是新媒体发展而带来的广告新条件与新环境,从而与传统广告实现新的差异,实现全新的运行之路。

(二)跨艺术领域的手绘、雕塑、装置艺术融合传播

当艺术遇到广告,会碰撞出更大火花的传播方式(图 7-2)。艺术中手绘、壁画、雕塑、装置等形式本身就是一种视觉存在和传达,当与广告信息结合后就会给广告传播带上艺术的光环,增加吸引人和高雅的魅力。传统广告媒体和网络新媒体制作出的是可以无限复制的广告作品,而用艺术造型方式制作的广告作品,是独一无二的创作,作品原件本身不易复制并充满了手工制作痕迹,因此在某种意义上也可以称之为具备广告传播信息的艺术品。当下一些大型企业为了给品牌增值或者提升形象,提升企业的文化艺术的品位,往往采用这种跨艺术界的融合传播

方式。消费者对艺术作品的惯性抵制也会小很多，会从欣赏的角度进入情境，更容易接受作品中附含的广告信息。

图 7-2　手绘广告

LG 品牌在以色列的广告项目——LG Five 就是一个典型案例。LG 向五个顶尖艺术设计团队提出项目邀请，不是让他们设计荧幕，而是把荧幕提供给其做素材，让他们创造出 LG 荧幕的全新体验装置作品。装置作品在五个团队制作完后，以 LG Five 艺术展的形式在古代建筑中展览，五件艺术装置作品从不同视角表现了人与人之间的不沟通与互相排斥。可以说这五组作品其实就是命题艺术创作，只不过命题核心是产品，而且表现的内容还是比较深刻的。通过艺术的形式反映产品与人的关系，可以看出广告主对跨艺术领域传播控制把握得还是很准确的，从形式到内容都能遵循装置艺术的本质。这个展览在当时也引起了轰动，在美术界、新闻界和广告领域都被广泛传播，LG 的品牌价值和品位也被大大提高。

（三）跨游戏、软件领域的融合传播

游戏开发和软件都属于 IT 行业，游戏是现在大多数中青年人离不开的一种娱乐方式，尤其是网络游戏基于互联网，属于社交类平台，广告的触角自然会延伸到这里。但我们研究的不是简单意义上的在游戏中插入广告框，而是深层次植入，例如国内汽车品牌一汽大众在网游《飙

车》中植入"速腾"品牌汽车角色。当今快速发展的网络游戏产业已具有了鲜明的媒体特征,交互性强,以此款游戏作为广告传播平台,它所拥有的1 300万个玩家中,就一定会有潜在的汽车消费群体。这也是跨行业的强强联合,品牌捆绑式传播。

新媒体广告是随时代应运而生的,这一点可以由广告运行环境发展脉络清晰地展示出来。尽管中国在最初的广告起步稍晚,但是在新媒体时代,全球整体广告业都呈现渐进性的态势发展。在广告理念方面,中国广告业在新媒体时代的发展背景下,结合国情与各种具体的需要,正在探索、创造属于自己的广告运行之路。

第八章　新媒体广告的效果与监测

广告效果,即广告作品发布后所产生的经济作用、心理作用和社会作用。广告效果可以分为广告的经济效果、广告的心理效果和广告的社会效果。同样,新媒体广告效果测定也应包括对这三方面的测定。但由于网站是新兴的媒体,其广告效果测定的标准和方法还很不完善。关于广告效果测定的标准和方法有很多,每个网站的方法也有很大的差异。本章主要从"大众"到"分众"的新媒体广告效果、不同类型新媒体广告的效果、新媒体广告效果的测评、新媒体广告效果的管控与引导四方面对新媒体广告的效果与监测加以探讨。

第一节　从"大众"到"分众"的新媒体广告效果

一、"大众媒介"与"大众"

在大众媒介(Mass Media)的诞生之日——"15世纪40年代初或约在1456年,前一个日期是庆祝印刷文件,后一个日期是庆祝古腾堡印制的《圣经》",人们的工作方式和传播手段才算是得到彻底改变。"这一新技术(印刷术)还促使印刷的传单、招贴标语和商业名片这样一些广告的初级形式的发展,并且还促使后来的第一种大众传播媒介——报纸得到发展。"而大众传播媒介的出现更使广告业繁荣了起来。

虽然大众传播媒介早已出现,但"大众媒介"这个概念的正式提出却是在20世纪20年代之后。那么"大众媒介"这一词汇的含义或者指代到底是什么呢?大众媒介的"大众"和"媒介"又是各指什么呢?对此,不同的学者有着不同的界定。

首先,大众媒介始终是与大众传播(Mass Communication)紧密相连的,因为在很大程度上,大众媒介是作为大众传播的渠道和工具的角色出现的——虽然关于媒介的工具性在学界还存在争议。如传播学的集大成者威尔伯·施拉姆在《传播学概论》一书中所言:"当我们谈到大众媒介,通常指的是中间插进了用以重复或传布信息符号的机器和有编辑人员的诸如报纸或电台之类的传播组织的传播渠道。"这个阐述表明了媒介的工具性。虽然在书中并没有对"大众"一词下一个明确的定义,不过其后文在说明大众传播的对象时指出:"有些信息流(指传播的渠道和途径)是短距离的——从人到人。有些是长距离的,需要通过电线邮政或大众媒介来传递。有些只达到一个人,有些达到一伙聚集起来的人,还有些则能达到高度分散的个人或人群。"其中这些"高度分散的个人或人群"或许就是他所说的大众媒介的对象,并且他指出:在美国大众传播的对象几乎遍及每一个人。这段论述大致符合一般意义上人们对大众媒介的认识,所透露出的一些信息和《辞海》中对"受众(Audience)"一词的解释——"传播学术语,指大众传播过程中信息的接受者,其特点是众多、混杂、分散、流动、隐匿"——也基本相同。

二、"新媒介"与"分众"

随着时代和技术的进一步发展,新的媒介形式——因特网诞生了,它也被称为第四媒体,随后又诞生了第五媒体——手机。

这些新媒介对传统的大众媒介概念已经造成了一定的冲击,其中网络媒介已经被许多人认可为大众媒介,据中国互联网络信息中心(CNNIC)2007年1月发布的《中国互联网络发展状况统计报告》,我国网民总人数为13 700万人,这个数值已经超过了全国总人口的10%,它已经有资格作为一种大众传播媒介。并且数据已经显示,85%的网民表示网络是获取信息的主要途径,其中47.4%的网民表示网络是他们获取信息最主要的途径,这两个数据都已经远远超过了电视、报纸等传统大众媒介。在近来出版的有关传播学的书籍中也已经将网络媒介归入大众媒介的范畴之内,如国内学者王文科等主编的《传媒导论》,美国学者斯坦利·J. 巴伦的《大众传媒概论——媒介认知与文化》。

与传统大众媒介相比,网络媒介具有一些新的特点,其中最不同的地方在于它的即时交互性,这是其他传统大众媒介所无法比拟的。同时,受众对信息的搜寻更富于主动性。此外,在信息量、空间范围、时效性、多样性等方面也比传统媒介有了更大的提高。所以,大众传播和大众媒介的传统概念也必须加以扩展,才能把这一新的大众媒介包含在内。不过,要这样做也是不容易的,正如《传播学关键术语解读》中解释大众传播时所说的那样:"由于在20世纪末以来因数字技术引起的大众传播形态的迅速变革以及未来可能引起的进一步变革,人们一时还难以对大众传播作出新的界定,目前只能在概念上用'传统媒介'和'新媒介(New Media)'暂时显得有些含混的表述。"

　　根据普遍接受的观点,(传播)媒介的具体形式包括书籍、报纸、杂志、广播、电视和电影。新媒介是"利用数字电视技术、网络技术、多媒体技术、通信技术,通过互联网、宽带局域网、无线通信网和卫星等渠道,以电视、电脑和手机为终端,向用户提供视频、音频、语音数据服务、连线游戏、远程教育等集成信息和娱乐服务的一种传播形式"。这是一个比较全面的对新媒介的定义,当然,关于新媒介的确切定义同样也还没有统一。目前所认为的新媒介就是指除传统媒介之外新兴的媒介,包括网络、手机、移动数字电视(车载的、公共交通上的)、有线数字电视、IPTV、楼宇电视等。

　　当然,关于大众媒介与新媒介的解释和阐述远远不止这些,要给它们下一个最准确最全面的定义事实上也很难办到。

　　大众传播是指面向社会广大受众的信息传递和互动过程,大众媒介是用于大众传播的渠道和工具,它的对象是社会广大受众,这些受众最主要的特点是众多、分散、隐匿和流动;它既包括大众媒介的受众,同时也包括"大众市场"的消费者和大众选民。大众媒介就其具体形式而言,包括书籍、报纸、杂志、广播、电视、电影和网络。其中,书籍、报纸、杂志、广播、电视和电影属于传统媒介,网络属于新媒介。新媒介就是指除了以上六种传统大众媒介之外的新兴媒介,它包括传统媒介的新形态(如楼宇电视、移动电视)和不同于传统媒介的数字化形态(网络、手机)。

　　新媒介的诞生和发展除了技术上的进步之外,和营销观念的变革以及受众研究的转变都是密不可分的。营销从基于生产和产品的大众营销逐步走向了基于消费者的分众营销、小众营销等更加个性化的营销模式。对于受众心理研究也从以前的被动式接受的学习理论转向了主动式接受的平衡理论。传统大众媒介在许多方面已经逐渐地表现出力不从心,而且由于新媒介的冲击,特别是网络媒介的影响,许多人已经离开电视、广播、报纸等传统大众媒介,把网络作为了主要的信息获取渠道和娱乐方式。因而,大众传播也不得不逐渐开始转变,走向了"窄播"、分众传播、小众传播,同时各类新媒体则成了分众传播、小众传播的先锋和热门。接下来我们就对与新媒介紧密相关的几个概念进行详细的讨论。

"分众(Demassification)"一词源于美国未来学家阿尔文·托夫勒1970年出版的《未来的冲击》一书,"分众,是新媒介体系的特征",托夫勒如是说。诚如托夫勒所言:"由于第三次浪潮的赫然来临,群体化传播工具不但没有扩大,反而突然被削弱了,它在很多战线上,正在被我称之为'非群体化的传播工具'所击退。"虽然托夫勒所言的非群体传播工具和今天实际中的新媒介还是存在差异的,但是大众被分化、非群体化传播工具逐渐兴起,大众媒介的受众流失已经开始。就广告而言,大众媒介在社会全体人群中的传播范围的广度等方面还具有相当的优势。但是广告的"大众传播观念"已经逐渐衰落了,为了适应新的形势,大众媒介也逐渐开始转向分众、小众或者窄播的方式。所以新媒介一方面是作为大众媒介的补充,另一方面也是适应了社会分众化的实际需要。

三、广告"新媒介"研究

经过前面的探讨,我们可以总结一下所谓广告新媒介或者说分众媒介到底指什么。简而言之,所有基于受众细分观念下的新兴广告载体都可以被称为是分众媒介。这包括传统媒体和数字技术的新结合,如楼宇液晶视频、高校视频、健康视频、公交视频、地铁视频、列车视频等;也包括基于网络平台的新型广告载体,如 MSN 广告、论坛广告、博客广告、植入式游戏广告、流媒体广告等;还包括其他形式的广告,如票证广告、手机广告等。这些媒体的效果到底如何,它们怎样影响受众,而受众又怎样看待它们,这是我们此次研究所要探讨的。

虽然分众传媒打造了生活圈群体，各新兴媒介也都纷纷宣称自己的优势所在。但或许换个角度来看，这正是广告进一步包围人们的表现，越来越多的人逃离大众媒介中的广告轰炸。因此，广告追逐着受众的踪迹，来到了车上、楼间。这就如有人指出的"广告躲避"与"躲避广告躲避"的追逐游戏。诚然，这一观点有些消极，不过确实在一定程度上反映了社会现实。从更功利性的角度来说，那些广告新媒介的运营商是否为了吸引广告主而夸大了广告效果？而受众是否由于对无处不在的广告的厌烦而忽视了广告实际上已经对他们产生的影响？或许只有通过一个比较具有中立性而又不乏深刻性的学术研究，才能对这些问题给出相对更符合实际的答案。

就目前而言，大众媒介的分众化过程正在进行当中，从原来基于内容的分类逐渐向基于受众需要的分类方式转换，以电视为例即是从原来的新闻频道、戏曲频道等按内容分类的方式向"以受众的社会属性为基础的划分以及立足于某类受众兴趣爱好的划分，建立分众媒体的'形态'和'品牌'的方式"。对于大众媒介的分众化研究仍主要集中于传播学的大框架之下，而非把它们只作为广告媒介来研究。此外，虽然对于一般形式的网络广告和"主流新媒介"已经有相当多的实证研究，但对于一些目前发展还不是十分成熟或者刚起步的广告新媒介国内研究尚不丰富，如高校视频、地铁视频；再如网络广告中的一些特殊形式 MSN 广告、论坛广告等。

从总体上看，由于国内许多广告新媒介出现的时间并不长，它们正在发展之中，所以这方面的研究虽然热门——不乏各种技术层面的探讨和理论层面的论述，但是，成果却是"杂而不全"。基于此，我们希望进行一个比较全面的新媒体广告效果方面的研究，通过实证分析和理论探索相结合的方法，对广告新媒介的发展现状进行评估，从而为广告新媒介未来的发展方向提供一点参考依据。

各种广告新媒介的未来发展前景到底如何，现在恐怕任何人都很难给出一个准确的答案，但是总体上向着分众化的趋势却是非常肯定的。对于它的未来，用一句俗语来说就是："骑驴看唱本——走着瞧"，让我们拭目以待吧。

第二节　不同类型新媒体广告的效果

一、新媒体广告的微博整合营销传播及其效果

移动互联网的普及和 SNS 的广泛应用使广告与营销的界限越来越模糊，在微博等层面进行产品或品牌的整合营销传播非常便捷，而且其广告传播效果远远超越了传统互联网的广告投放。杜蕾斯、《爸爸去哪儿》等不同类型的企业品牌借助移动互联网的便捷，在事件营销传播和话题营销传播中取得了惊人的传播效果。

(一)杜蕾斯的微博广告传播

2011 年 6 月 23 日北京的那一场暴雨，催生了杜蕾斯的广告营销神话。翻阅那条"套鞋事件"的微博，其转发次数超过了 8 万。毫无疑问，杜蕾斯这次"借题发挥"是微博营销历史上的经典案例。但值得思考的是，对于品牌企业，如何构建一种可复制、长效的微博营销模式。

暴雨、交通拥堵中人们靠微博打发时间、安全套，加上一个绝妙的炒作创意，这四个因素成就了"套鞋事件"。正如"凡客体"的爆红、贾君鹏的蹿热一样，需要天时地利人和。假设同样的暴雨、同样的交通瘫痪，甚至同样是安全套，炒作的品牌并非"杜蕾斯"，这个案例还会成为经典否？

杜蕾斯"套鞋事件"的成功不可复制，正如再也不可能有第二个贾君鹏事件一样。在微博广告营销领域掀起向杜蕾斯学习的热潮中，唯一值得借鉴的，应该是杜蕾斯对事件中的微博情况热点事件的营销敏感度[①]。

---

① 康初莹. 新媒体广告[M]. 武汉：华中科技大学出版社，2016.

(二)《爸爸去哪儿》新媒体整合营销传播效果

《爸爸去哪儿》通过精心的产品设计、多元的营销渠道、巧妙的营销手段,使"爸爸去哪儿"微博提及度最高,《爸爸去哪儿》电视节目被新浪微博评为2013年最佳综艺节目,在一定程度上证明了节目微博营销的成功。《爸爸去哪儿》电视节目的火热,最终也为湖南卫视带来了更高的品牌价值和丰厚的经济回报。

第一,微博营销的胜利。

通过微博营销,明星爸爸们与《爸爸去哪儿》官微互动频繁,营销效果明显。五对明星爸爸和萌娃以及官微提及度、粉丝数显著增加,《爸爸去哪儿》微博视频播放量跟随提及度同步增长。在新浪媒体微博小秘书发布的统计图中,10月11~31日,无论是新浪微博提及度还是粉丝增长量,五位爸爸中林志颖排名第一。而萌娃中,Kimi在网友讨论中被提及的次数最多,其次是天天。大家对田雨橙比较好奇,搜索度最高,达13.1万次。

《爸爸去哪儿》节目本身与节目中明星爸爸和萌娃在新浪微博上热度的增加,在一定程度上反映了湖南卫视《爸爸去哪儿》栏目组微博营销在病毒式营销、话题营销、整合立体式营销等其他宣传策略合力作用下取得成功。节目播出后,湖南卫视《爸爸去哪儿》栏目组引导粉丝们在微博上讨论,形成舆论场,使话题继续发酵,为《爸爸去哪儿》的良好口碑打下基础。

第二,品牌价值高。

在媒介融合时代,电视台生存空间日渐狭小,省级卫视竞争进入白热化,每个电视台都在竭力打造自己的王牌综艺节目,塑造电视台品牌,提升竞争力。而《爸爸去哪儿》的热播,使湖南卫视成为最大赢家,其高收视率让湖南卫视如虎添翼,近乎"零差评"的口碑也为湖南卫视品牌带来更高的美誉度。《爸爸去哪儿》第一季共12期,每期节目收视率均位于同时段综艺节目第一,而且与其他王牌娱乐节目相比,美誉度高达89.26%,近乎"零差评",稳居各大娱乐节目美誉度首位。如此高的美誉度固然与优质的节目内容有关,但其巧妙的营销手段屡屡引爆社交媒体热点话题,是赢得好口碑的重要因素。

第八章　新媒体广告的效果与监测

第三,丰厚的经济回报。

《爸爸去哪儿》电视栏目精心做内容、专心做营销使节目获得高收视率和美誉度,在微博上也有很高的提及度。最终获得的高超的品牌价值反过来给湖南卫视《爸爸去哪儿》电视栏目带来巨大的经济收益。经济收益主要来自两个方面:广告赞助费和衍生产品所带来的经济收益。

首先,广告赞助费水涨船高。

《爸爸去哪儿》第一季的高收视率与近乎"零差评"使广告赞助商成为最大赢家;第二季度广告赞助费水涨船高,《爸爸去哪儿》经济收益增长显著。《爸爸去哪儿》第一季赞助商美的集团因不看好节目,在节目拍摄到第四期时临时逃脱,华润三九集团经过三天的研讨,决定以2 800万元的价格独家冠名。而后陆续对该节目进行赞助的有思念食品、英菲尼迪、去渍霸、青蛙王子等。随着《爸爸去哪儿》节目收视率逐步提高以及收货"零口碑",《爸爸去哪儿》三大广告赞助商999感冒灵、英菲尼迪、思念水饺知名度显著提高。以节目播出前后微博热值变化作为广告商赞助回报参考进行统计发现,999感冒灵在没有任何配套宣传的情况下微博热议度强劲增长,而英菲尼迪在第三期开始赞助节目后,微博热值增加显著,思念水饺在线下销售终端推出"爸爸吃什么"活动配合《爸爸去哪儿》广告赞助,最终话题量有所增加。

《爸爸去哪儿》第二季,伊利以高达3.119 9亿元的高价拿下独家冠名权,刷新了《中国好声音》之前创造的2.5亿元的纪录,成为中国最贵综艺节目。紧随其后的赞助商分别为蓝月亮7 299万元,富士达电动车5 299万元,乐视TV 4 500万元。对于网络平台,百度旗下的爱奇艺和PPS看准商机,买断《爸爸去哪儿》第二季网络播出权,并坚持"独家播出、不分销、不换剧、不赠送"。银鹭食品集团最终以6 600万元获得《爸爸去哪儿》第二季独家网络冠名权[①]。

其次,电视衍生品产生经济价值。

《爸爸去哪儿》衍生产品助力电视节目"二次传播",其实在另一方面,无论是歌曲、手游的高下载量,图书的销售,还是大电影的高票房,都为《爸爸去哪儿》栏目组带来不少的经济收益。《爸爸去哪儿》主题曲广为传唱,甚至被制作成付费手机铃声供人下载。《爸爸去哪儿》同名手游

---

① 康初莹.新媒体广告[M].武汉:华中科技大学出版社,2016.

首发当日,下载量突破百万,据官方统计,总下载量过亿。《爸爸去哪儿》同名图书,定价39元,上市之后短短几天,其在网上预售就达到2万余册销量,线下在知名书店里也闯进热销名单。由于《爸爸去哪儿》口碑好,粉丝众多,因此这些衍生产品都有不错的销售业绩。在所有衍生产品中,做得最成功的就是《爸爸去哪儿》大电影了。首日票房9 167万元,最终以7亿元票房收官。这部拍摄时间仅5天,成本仅5 000万元,被多数人所争议的不像电影的电影最终获得超高票房,成为中国电影界的一个奇迹。它的成功与精准的市场定位有莫大的关系。大电影画面制作精美梦幻,凸显童话风格,选择合家欢春节档上映,借助刚刚结束的《爸爸去哪儿》电视节目版的热度,因此电影的超高票房也在情理之中。《爸爸去哪儿》同名手游、图书和大电影,在《爸爸去哪儿》品牌的带动下,加之精准的定位、市场渴求,收到良好经济效益,而充足的资金又保证了节目的精良制作,形成一个良性循环,促进《爸爸去哪儿》电视节目的健康发展。

综合看来,湖南卫视《爸爸去哪儿》整合营销传播在其他广告传播策略合力作用下,微博提及度显著升高,电视节目高收视率提高,口碑塑造湖南卫视高额的品牌价值,衍生产品开发获得丰厚的经济回报,整合营销传播使品牌的新媒体广告的传播效果得到极大提升。

二、植入式游戏广告效果调查结果分析

有三种主要的植入式游戏广告的形式,即场景植入式、道具植入式、专门设计式在大学生群体中的认知度、接受度、记忆度、信任度等其他有关广告效果进行了测量。

(一)场景植入式

根据艾瑞咨询的一项统计数据显示,不干扰游戏操作和运行是玩家接受游戏广告最主要的原因,远高于其他方面,正如在前面讨论时已经说明的,无干扰性其实是植入式游戏广告的必要条件。此外还可以看出认为场景植入式广告使游戏更贴近现实生活的被调查者并不多。这主要是因为对于以现实生活为背景的游戏来说,在其中植入一些广告(如街道两旁的霓虹灯、商店的招牌)时可以使场景看起来更具真实性。而

如果在一款古代背景的游戏中植入一款现代产品的广告牌（如《魔兽争霸》中的鹰牌花旗参）就会很突兀。而在不接受这一广告形式的原因中最突出的就是"与游戏不协调破坏游戏氛围"和"干扰游戏操作"，这两个其实都是植入式游戏广告可以被游戏玩家接受的必要条件。

这说明对玩家来说，游戏本身才是关注的中心，至于里面的广告如何并不关心，只要不干扰玩游戏就行。关于这点在另外两种形式的植入式游戏广告中也有所反映。

（二）道具植入式

和前面类似，不干扰游戏依然是必要的条件。这里与场景植入式游戏广告有所差异的地方是认为道具植入式游戏广告使游戏真实感更强的比例要略高一些，这可能是因为作为游戏中的道具和游戏的契合度比较高，和游戏本身的卷入度也更高。另外同样的，广告本身并非是玩家关注的对象，接受的原因中选择"产品和品牌是自己喜欢的"，可以"更好地体验和了解产品"以及不接受的原因中选择"不喜欢植入任何类型的广告""不喜欢该产品或品牌"的比例都比较低。

（三）专门设计式

统计数据显示，游戏好玩与否、游戏品质如何是玩家接受与否最重要的因素，所以接受的原因中"游戏趣味性强"和"游戏制作精良"占的比重颇高。相应的，不接受的原因中"游戏不好玩""游戏制作粗糙"也占了相当的比重。在喜欢的原因中选择"互动性强可以购买现实产品""可以更好地体验和了解产品"以及"原本该产品和品牌就是自己喜欢的"三项因素的都只有约25%。不过从另一个方面来看，因为它本身的特殊性，既是游戏又是广告，所以选择各因素的比例差异并不像前两种广告类型那么大。

综合来看，对游戏玩家来说，游戏本身才是最重要的，在绝大多数情况下玩游戏本身只是为了娱乐，游戏是他们打发时间、放松心情、交友，甚至发泄情绪的一种重要方式（图 8-1）。而对于植入其中的广告，并不是玩家关注的对象。就像看电视一样，大多数情况下观众是为了看自己喜欢的电视节目而看电视的，却很少有人为了专看广告而看电视。同样的，大多数情况下游戏中的广告只是玩家即受众在玩游戏的时候"顺便"

接收到的信息,并非是他们玩游戏的目的。植入式游戏广告作为游戏的一种附属物,大多数情况下它只是依附于游戏本身并且通过一种潜移默化的影响力对游戏玩家即受众产生影响。广告不能喧宾夺主,不能过多地侵占游戏领域;否则只会适得其反,使玩家讨厌广告的同时甚至对产品也产生厌恶和排斥心理。

图 8-1　游戏娱乐时光

第三节　新媒体广告效果的测评

一、新媒体广告效果测评及其意义

(一)新媒体广告效果的含义

传统认为的广告效果,简单地说,就是指广告刊播以后所收到的效果,即在社会消费者中产生的反响。这种在社会消费者中产生的反响是综合的,并不是说只有广告最后促进了销售我们才认为广告产生了效

第八章 新媒体广告的效果与监测

果,实际上,广告效果是由多个方面组成的,是广告的传播过程中引起的直接变化及间接变化的总和。

章志光的《社会心理学》把广告效果分为社会、经济、销售、宣传、即时五个方面。其中,社会效果指的是广告对社会文化道德和人们的思想意识形态所产生的影响,包括人们的消费观念、文化观念、道德风尚及生活方式等;经济效果指的是广告对社会整体的经济结构及消费者个体的经济生活所产生的影响,包括对整个经济的发展进程,对消费者乃至整个社会的消费观念、消费结构和消费层次的影响;销售效果是指通过广告宣传而呈现出来的产品的销售;宣传效果是指广告接收者对广告本身的认知、理解和记忆;即时效果是指广告在发布后立即产生的社会反响,反响强烈则说明即时效果好,反响平淡则说明即时效果不好。

本书作者认为这种对于效果的解析清晰、多维地展现了广告对消费者乃至整个社会的影响,但这五个角度并非处在同一个层面上。社会效果、经济效果是从广告效果涵盖的范围或者影响范围层面出发的,销售、宣传效果是从广告对消费者影响程度的层面认识广告效果的,即时效果则是从效果产生的时间层面解析广告效果的。此外,由于新媒体广告的特点和观念上的变化,对于新媒体广告效果需要重新认识。

新媒体广告效果,是指新媒体广告活动目的的实现程度,是新媒体广告信息在传播过程中所引起的直接或间接变化的总和。它包括宏观层面的社会效果、经济效果、传播效果和微观层面的心理与行为效果。宏观层面的社会效果、经济效果与章志光《社会心理学》中的含义相同,传播效果指的是受众对新媒体广告的接触程度,是社会效果与经济效果等产生的前提,它包括媒体覆盖程度、受众的广告接触程度、广告的到达程度等方面。微观层面的心理与行为效果则是从消费者个人角度出发,指新媒体广告传播给消费者后,会对其产生各种心理影响和行为反应。心理效果可以分为认知、记忆、情感等方面,而行为效果的认定上与传统媒体广告有较大的差别。新媒体环境下的广告行为效果除了关注购买行为以外,还需要关注广告之后的点击行为、页面阅读行为、注册行为等,这些行为都能够体现新媒体广告对受众的影响。

(二)新媒体广告效果评估的含义与作用

新媒体广告效果评估,是指新媒体广告策划活动实施、新媒体广告信息发布以后,通过对整个新媒体广告活动过程的分析评价及效果反馈,通过对新媒体广告效果宏观层面的社会、经济、传播效果或微观层面的心理与行为效果评估,以检验新媒体广告活动是否取得了预期效果的行为。在新媒体广告活动中,广告效果评估环节不可或缺。

具体来说,新媒体广告效果评估可以起到以下作用:

第一,可以检验决策,实现投资的合理化。通过新媒体广告效果评估,可以检验新媒体广告的方向是否准确,新媒体广告制作是否吸引新媒体用户的目光,广告发布的时间、频率、区域、渠道是否合理。经过评估,可以对新媒体广告进行合理的调整,以便在下一轮的新媒体广告活动中获得更大的效益。另外,由于新媒体广告形式多样,每一种广告形式在不同的渠道上定价不同、受众不同,所以新媒体广告的各种形式与渠道缺乏一个比较的标准,而通过广告效果评估,便能将广告价格和广告效果进行对比衡量,尽可能合理化投资。

第二,可以改进作品,调控管理。通过新媒体广告效果的评估,可以对新媒体广告设计制作有更加准确的把握,比如可以鉴定新媒体广告主题是否突出,诉求是否准确,新媒体广告的创意和画面设计是否能引起新媒体使用者的点击、阅读等行为。与传统广告相比,新媒体广告评估更为便捷和及时,这有利于广告主及时主动地找出新媒体广告发布过程中的问题和不足之处,并随时对其做出调整,从而保证最佳的新媒体广告投放效果。

(三)新媒体广告效果测评的特点

1. 自愿性

新媒体广告效果测评的一个特点是自愿性,这是伴随网络技术特点而来的。新媒体广告本身就具有自愿的特点,这种特点使得一向讨厌传统广告的人们对它网开一面,甚至产生了友好的感觉。因为传统媒体(如电视广告)不管观众愿意不愿意、喜欢不喜欢,一味地强行把广告推给你,而受众只能被动接受这些信息,几乎没有选择的权利。新媒体广告则能使受众充分享有主动选择的权利,可以按需查看。新媒体广告自身的自愿性带来了新媒体广告的自愿性,举个简单的例子,新媒体广告效果测评的调查表完全由网络用户自愿填写,没有任何压力和强迫行为。

2. 高技术性

新媒体广告效果测评比以往任何时候都更加依赖科学技术的进步和发展。因为,互联网本身就是高科技的产物,是信息时代的特征。美国的 Web 评级公司 Media Metrix 首先进入客户终端 Web 受众领域,它招募家庭用户在计算机上安装追踪软件,然后每月将磁盘寄给公司,这说明 Media Metrix 公司的测评方法依赖于追踪软件的技术含量。而另外一家美国 Web 评级公司 Relevant Knowledge 从 Media Metrix 借鉴了测量方法,并且发扬光大,它一改等待用户将数据寄给公司的方法,直接从用户的计算机上通过互联网收集追踪数据。可以说,Relevant Knowledge 公司能直接从用户的计算机中收集追踪数据,这是技术的胜利。可见,不管网络上的评级公司采取什么样的测量方法,都必须通过一种手段去实现,而这种手段就是科学技术。

3. 广泛性

互联网是一个开放的全球化网络系统,它的受众是无限广阔的,它的时间是全天候的。对于一则新媒体广告来说,它可以被世界任何一个国家的消费者看,并受其影响,甚至产生购买行为;从新媒体广告效果测评来说,测评的范围也同样是全球的受众,可以从全球的受众那里获得好的建议。因此,相对于传统的媒体广告效果测评来说,新媒体广告效果测评具有极其广泛的调查目标群体,新媒体广告效果测评的正确性与准确性得到空前提高。

4. 经济性

与其他传统广告媒体相比较,新媒体广告效果测评投入的成本最为低廉,这也是新媒体广告效果测评的特殊优势之一。我们知道,任何企业、团体在投入广告时都要首先考虑成本,或者更确切地说是首先考虑单位成本的效果。单位成本的效果越大,就越值得做;反之,就不值得做。新媒体广告效果测评以其针对性强、效果好、费用低而著称于世。对传统广告的测评,掺杂了太多的人为因素,而新媒体广告测评更多借助了技术优势,"一次投入,终身受益",新媒体广告效果测评的这一特点大大增加了新媒体广告较之传统广告的先进性和竞争力。

(四)新媒体广告效果测评的意义

新媒体广告效果包含两方面的含义,一方面是新媒体广告活动的效果,另一方面是新媒体广告本身的效果。本书所叙述的仅限于新媒体广告效果第一方面的含义,是指新媒体广告作品通过网络媒体刊登后所产生的作用和影响,或者说目标受众对广告宣传的结果性反应。

新媒体广告效果同传统广告效果一样具有复合性,包括传播效果、经济效果、社会效果。而新媒体广告效果的测评就是利用一定的指标、方法和技术对新媒体广告效果进行综合衡量和评定的活动。相应地,新媒体广告效果的测评也应该包括传播效果测评、经济效果测评和社会效果测评。

由于新媒体广告是建立在计算机、通信等多种网络技术和媒体技术之上的,所以在效果测评方面显示了传统广告所无法比拟的优势和特点。

①网络媒体的交互性使得网络受众在观看完广告后可以直接提交个人意见,广告主可以在很短的时间内得到反馈信息,迅速对广告效果进行测评。

②广告主可以利用网络上的统计软件方便、准确地统计出具体数据,而且新媒体广告受众在回答问题时可以不受调查人员的主观影响,这样新媒体广告效果的测评结果的客观性与准确性大大提高。

③互联网是一个全天候开放的全球化网络系统,新媒体广告的受众数量是无限庞大的,因此新媒体广告效果调查能在网络大范围内展开,参与调查的目标群体的样本数量能够得到保证。

④新媒体广告效果测评在很大程度上依靠技术手段,与传统广告测评相比,耗费的人力、物力比较少,相应的广告成本就比较低。

与传统广告相比,新媒体广告的效果测评虽然具有众多优势,但是目前在测评的具体实施上还存在相当大的难度,这主要体现在以下方面:传统广告的受众是被动地接受广告信息,广告主可以有目的地选择广告受众,并且在效果测评过程中可以明确统计数据来源的样本,而新媒体广告受众在接收信息时具有自主性,这就使得新媒体广告主在选择广告受众时完全没有主动权,在对广告进行测评时所需要的数据来源的样本很不确定。在传统广告中,只有对广告的浏览,而没有对广告的点击之类的反馈,而新媒体广告除了对广告的浏览,还有相当一部分转化为对它的点击,而点击行为是要受到诸如网民的心理过程等多方面未知因素的影响,这样就增加了其效果测评的难度;受传统广告影响所产生的购买行为一般是在现实购物场所实现的,而受新媒体广告影响所产生的购买行为除了一部分在网络实现购买容易进行统计之外,目前主要的购买行为是通过线下购买实现的,这样就使得对新媒体广告所产生的销售数据难以准确地统计。

尽管新媒体广告的效果测评存在以上诸多困难,但是我们并不能回避这项活动,因为新媒体广告效果测评是新媒体广告活动的重要环节。广告一旦投放到网络媒体,广告主最关心的是广告所产生的效果,那么自然会对新媒体广告刊登一段时间后的效果进行测评。这个测评结果是衡量广告活动成功与否的唯一标准,也是广告主实施广告策略的基本依据。新媒体广告效果的测评,不仅能对企业前期的广告做出客观的评价,而且对企业今后的广告活动能起到有效的指导意义,它对于提高企业的广告效益具有十分重要的意义[1]。

二、新媒体广告传播效果测评的原则

我们在进行测评时必须遵循一定的原则,这些原则是贯穿整个过程的指导思想,所以是非常有必要而且必须是明确的。同样,新媒体广告的效果测评也要遵循特定的原则。

(一)相关性原则

相关性原则要求新媒体广告的效果测定的内容必须与广告主所追求的目的相关,DAGMAR(defining advertising goals for measured advertising results)方法是这一原则很好的体现。举例说来,倘若广告的

---

[1] 孙黎,徐凤兰. 新媒体广告[M]. 杭州:浙江大学出版社,2015.

目的在于推出新产品或改进原有产品,那么广告测评的内容应针对广告受众对品牌的印象;若广告的目的在于在已有市场上扩大销售,则应将测评的内容重点放在受众的购买行为上。

(二)有效性原则

测评工作必须要达到测定广告效果的目的,要以具体的、科学的数据结果而非虚假的数据来测评广告的效果。所以,那些掺入了很多水分的高点击率等统计数字在新媒体广告的效果测评中是没有任何意义的,是无效的。这就要求采用多种测评方法,多方面综合考察,使对新媒体广告效果进行测评得出的结论更加有效。

实践中,传统媒体的广告效果测评往往并未引起广告主的真正注意,所以大量的广告预算在媒体的自吹自擂中淹没掉了,所谓的广告测评也是以沟通效果和销售效果的调查研究为主,一般就是邀请部分消费者和专家座谈评价,或调查视听率、发行量,或统计销售业绩分析销售效果,等等。在实施过程中,由于时间性不强、主观性影响、技术操作的误差、样本量过小等原因,广告效果评定结果往往和真实情况相距甚远。

计算机本身的数字编码能力和网络资讯空间,为测评新媒体广告传播效果提供了现实的基础。与传统广告测评相比,新媒体广告的效果测评的特点就越发明显地表现出来了。

三、新媒体广告效果评估的指标

传统广告效果模型,即广告效果评估指标,一般划分成四个部分:媒体接触、情报接受、态度改变和行为改变。媒体接触也叫作媒体到达程度评估,主要考量广告在大众媒体上的覆盖程度和频次;情报接受也叫作广告到达程度,主要判断广告信息对目标受众的到达率和频次;态度改变又叫作心理变化程度,是评估广告对目标受众对待品牌或产品的态度转化的影响;行为改变又叫行动程度,是评估广告对目标受众的购买决策和行为的影响程度。最后,销售额和市场份额的变化是对整个市场营销活动结果的直接反应。

新旧媒体广告效果评估在广告的媒体接触、情报接受、态度改变三

第八章 新媒体广告的效果与监测

部分的指标基本相同,但因为新媒体广告的互动性增加,给予受众更多自主的权利,目标受众的购买决策和行为发生了一定的变化,新媒体广告效果行为指标的组成也随之发生了相应的变化。

所以接下来,本书作者着重围绕新媒体使用者对广告的基本行为确定如下几种新媒体广告效果评估的指标。

(一)点击率

新媒体广告受众在注意到广告后,往往通过点击行为表示对广告信息的兴趣,从技术角度来说,一次点击意味着信息被要求从服务器中获得一次,而点击率表示的是页面上某一内容被点击的次数与被显示次数之比。如果该页面被打开了1 000次,而该页面上某一新媒体广告被点击了10次,那么该新媒体广告的点击率为1%。如果点击说明新媒体广告吸引了受众的注意,受众对新媒体广告产生了兴趣,那么点击率则反映了一个新媒体广告对新媒体使用者的吸引程度,它是最直接最具有说服力的广告效果评估指标,大部分新媒体广告评估都会使用到这个指标[1]。

但是点击率这个指标也不是一个精准反映广告效果的指标。第一,单纯的点击率可以反映新媒体广告的受欢迎程度,但无法切实反映广告的到达效果。点击率的高低不是只由点击控制,它与页面显示次数有着密切的关系。如果甲页面的日浏览量为10 000次;在它上面发布一则广告的点击率为1%,则其点击次数为100次;乙页面的日浏览量为1 000次,在它上面发布一则广告的点击率为5%,则其点击次数为50次。单从点击次数来看,甲页面广告的效果好于乙页面广告的效果,但实际到达效果乙页面广告要大于甲页面广告。第二,点击行为不一定能够客观反映新媒体广告的真实效果。实际上新媒体广告的点击率非常低,据Newsworks 2014年发布的一份调研报告显示,平板终端上新媒体广告的平均点击率为0.79%,已经是PC端的40倍,但这并不意味着新媒体广告的实际效果也是如此之低。受众对新媒体广告产生印象并不是只依赖于点击行为,浏览本身便可以产生心理等相关效果,且新媒体广告的受众在注意到广告后的一种新的行为趋势是,通过搜索引擎

---

[1] 孙黎,徐凤兰. 新媒体广告[M]. 杭州:浙江大学出版社,2015.

(包括社会化搜索)实现对广告信息的进一步验证与关注。

(二)页面阅读次数

新媒体广告受众点击新媒体广告后被链接到介绍活动、产品、品牌信息的页面,新媒体广告受众对该页面的一次浏览阅读,称为一次页面阅读。全部的新媒体广告受众对页面的总的阅读次数便是页面阅读次数。

页面阅读次数在一定程度上能够反映新媒体广告受众的兴趣与欲望被激发的程度,能够反映一定的新媒体广告效果。因为页面阅读的产生根本上来源于点击行为的导入,所以有人认为用点击数足以衡量页面阅读数。但实际上,这两者之间有一定的差异,有一部分人因为误点了广告,或者在等候链接打开过程中的体验不佳,使得页面没有完全展开就已经被关闭,造成实际的点击次数与新媒体广告阅读次数之间存在着差异。但是,从另一个角度看,页面的阅读次数也很难反映出准确的新媒体广告效果。因为页面的阅读次数很难有效地被统计,目前都用页面被打开的次数来替代,但是页面打开了也并不意味着新媒体广告就会被浏览。所以,有些评估还会结合受众的停留时间,来判断受众是否浏览了页面。

(三)转化率

新媒体广告的主要特点是互动性,而点击和页面浏览行为无法完全反映受众与新媒体广告的互动,再加上点击率、页面阅读次数这些指标在新媒体广告对销售的影响能力上缺乏说服力,于是转化率这一指标被引人。"转化"被定义为受新媒体广告影响而形成的购买、注册或者信息需求。受新媒体广告影响所产生的购买、注册或者信息需求行为的次数就是转化次数,转化次数与页面显示量(即流量)的比值就是转化率。这意味着在页面显示量既定的情况下,影响转化率的因素最终制约着转化实现的程度。影响新媒体广告实现最终转化这个目标主要有两个方面的因素,一方面是要带来真正对投放在平台上的内容感兴趣的人;另一方面是当这些人真的来到新媒体广告投放平台后,需要有正面的体验以促使他们走向转化。两者缺一不可,对于转化的优化归根结底是对这两者的不断优化。

四、网络广告的测评指标

网络广告测评有助于广告客户了解网络广告的实效或受众的需求,进而以更优的产品、更好的服务来吸引目标受众,是广告活动中极为重要的一环。

(一)网络广告测评的概念

网络广告测评具体指对网络广告传播效果的测评。网络广告活动实施以后,根据一定的方法和指标,采用一定的操作程序,通过对广告活动过程的分析、评价,进行确定的数量化测算,以检验广告活动是否取得预期效果。广告主通常都追求最具性价比的投入,都希望通过网络广告达到尽可能高的收益,因此网络广告测评在网络商务活动中越来越受到重视。

(二)网络广告测评的特点

由于网络广告平台的技术成熟和可控,网络广告的测评更具有可操作性。网络广告测评具备技术上的优势,有效克服了传统媒体在测评方面的不足,主要特点包括如下一些。

1. 及时

网络的交互性使得上网者(现实消费者或潜在消费者)可以在浏览访问广告站点时直接在线提交意见、反馈信息,能够在线发送 E-mail 或是利用邮件列表发送信息,提供反馈。广告主则可以立即了解到广告信息的传播效果和受众的看法,在更短的时间内能了解受众需求,并与之进行交流。这种优势使得网络广告测评不仅及时而且直观[1]。

2. 客观

网络广告效果测评不需要更多人员参与访问,避免了调查者主观意

---

[1] 姜余璐,康若熙. 新媒体时代下的网络广告设计应用[M]. 沈阳:沈阳出版社,2019.

向对被调查者产生影响。因而得到的反馈结果更符合被调查者本身的感受,信息更可靠、更客观。

3. 广泛

网络广告效果测评能够在网上大面积展开,参与调查的样本数量大,针对性强,测评结果的正确性与准确性大大提高。

4. 经济

相对传统媒体而言,网络广告效果测评成本低,耗费人力、物力少,费用最低,这是网络广告测评的最大优势。

(三)网络广告测评的常用指标和相关概念

1. 网络广告测评的常用指标

(1)广告展示量

网络广告的一次显示,称为一次展示,以此为统计单位统计网络广告的总体显示数据为广告展示量。统计周期通常有小时、天、周和月等,也可以按需设定。被统计对象包括 Flash 广告、图片广告、文字链广告、软文、邮件广告、视频广告等多种广告形式。展示量一般为广告投放页面的浏览量,通常反映广告所在媒体的访问热度。网络广告展示量的统计是网络广告 CPM 付费的基础。

(2)广告点击量

网民点击广告的次数,称为广告点击量。统计周期通常有小时、天、周和月等,也可以按需设定。被统计对象包括 Flash 广告、图片广告、文字链广告、软文、邮件广告、视频广告等多种广告形式。广告点击量与产生点击的用户数(多以 cookie 为统计依据)之比,可以初步反映广告是否含有虚假点击。广告点击量与广告展示量之比,称为广告点击率,该值可以反映广告对网民的吸引程度。网络广告点击量通常反映广告的投放量,广告点击量统计是 CPC 付费的基础[1]。

---

[1] 姜余璐,康若熙. 新媒体时代下的网络广告设计应用[M]. 沈阳:沈阳出版社,2019.

第八章 新媒体广告的效果与监测

(3)广告到达率

广告到达率是指网民通过点击广告进入被推广网站的比例。统计周期通常有小时、天、周和月等，也可以按需设定。被统计对象包括Flash广告、图片广告、文字链广告、软文、邮件广告、视频广告等多种广告形式。广告到达量与广告点击量的比值称为广告到达率，广告到达量是指网民通过点击广告进入推广网站的次数。广告到达率通常反映广告点击量的质量，是判断广告是否存在虚假点击的指标之一。广告到达率也能反映广告登录页面的加载效率。

(4)广告二跳率

广告二跳率是通过点击广告进入推广网站的网民，在网站上产生了有效点击的比例。统计周期通常有小时、天、周和月等，也可以按需设定。被统计对象包括Flash广告、图片广告、文字链广告、软文、邮件广告、视频广告、富媒体广告等多种广告形式。广告带来的用户在着陆页面上产生的第一次有效点击称为二跳，二跳的次数即为二跳量。广告二跳量与广告到达量的比值称为二跳率。广告二跳率通常反映广告带来的流量是否有效，是判断广告是否存在虚假点击的指标之一。广告二跳率也能反映广告登录页面对广告用户的吸引程度。

(5)业绩增长率

对一部分直销型电子商务网站，评估其所发布的网络广告最直观的指标就是网上销售额的增长情况，因为网站服务器端的跟踪程序可以判断买主是从哪个网站链接而来、购买了多少产品、什么产品等情况，对于广告的效果有直接和准确的评估。

(6)广告转化率

广告转化率是指通过点击广告进入推广网站，访问者升级为注册用户或购买用户的比例。统计周期通常有小时、天、周和月等，也可以按需设定。被统计对象包括Flash广告、图片广告、文字链广告、软文、邮件广告、视频广告、富媒体广告等多种广告形式。转化标志一般指某些特定页面，如注册成功页、购买成功页、下载成功页等，这些页面的浏览量称为转化量。广告用户的转化量与广告到达量的比值称为广告转化率。广告转化量的统计是进行 CPA(cost per action，即每次行动的费用，根据广告转化收费，如按每张订单、每个注册用户收费)、CPS(cost per sale，即按广告带来的销售额收费)付费的基础。广告转化率通常反映广告的直接收益。

2. 网络广告测评的相关概念

(1) 访问

上网者进入站点对服务器进行系列的请求就形成访问(图8-2)。一个网络用户访问某站点的时间长度称访问长度。与之相关的概念还有如下几点。

图 8-2　网站访问服务

页面浏览：指上网者对页面内容的访问。

页面浏览数：某一个服务器成功传递的页面被请求的数量，通俗地说，就是浏览某一页面的人次，又称页面流量、访问流量。页面浏览数不能用来判断上网者看到的一个页面上的确切的信息量，因为上网者进入某一个页面，可以关掉图片显示，甚至根本没有看到页面上的某些内容（包括标题广告）。

(2) 访问者

访问者即一个与网站有交互操作的个人，通俗地说，就是访问某一网站的用户，又称访客。当网站收集了访问者的详细资料（比如姓名、年龄、性别、职业、收入、访问频率、访问路径）时，访问者对广告主的价值就增加了。相关的概念有"唯一访问者"。唯一访问者是指在一特定时间内第一次进入网站，具有唯一访问者标识（唯一地址）的访问者，这一特定时间一般为一整天。

(3) 广告浏览数

广告浏览是指上网者观看网页页面中的广告。广告浏览数即某一页面上的某一广告可能被看到的人次,又称广告印象数。由于许多页面不止一个广告,广告可能位于页面的最上方,也可能位于页面的其他位置,因此一个站点的广告浏览的总数要比页面浏览总数要大。

(4) 点击与点击率

上网者用鼠标单击一个热键的标题或按钮,进入另一个页面(通常是广告主的页面),称为点击。点击率是指受众中不满足于浏览广告,想了解更多信息进一步点击广告的人所占的比例。现有的网络技术对这一部分受众的比例很容易统计。点击率是网络广告效果最基本的评价指标,也是反映网络广告效果最直接、最有说服力的量化指标。

(5) 回应率与购买率

回应率又称交互率,是指受众中点击广告、到达目的页面之后做出反应的人的比例,显示的是点击者对页面所介绍的产品的兴趣有多大。对广告主来说,回应率比点击率更重要,因为回应常常意味着购买行为的产生,回应率可作为辅助性指标来评估网络广告的效果。购买率是指受众中受广告影响进而采取购买行动的人有多少,由于受众可以是离线购买也可以是在线购买,因此较难统计。

第四节　新媒体广告效果的管控与引导

一、新媒体广告监管的必要性与原则

(一) 新媒体广告监管的必要性

1. 新媒体广告市场是一个新兴的广告市场

新媒体广告的发展是近几年兴起的,可以说新媒体广告仍处在发展的初级阶段,在诸多方面还处在非稳定的状态,需要不断摸索和不断完善。新媒体广告涉及的平台、媒介多种多样,新媒体广告的类型与形式

复杂多变，就单一的广告形式来说又没有统一的标准和规范。比如网络广告中重要的旗帜广告，它的尺寸不一，大大小小多达几十种，如果缺乏统一的规范，很难保证它的进一步发展。

作为新生事物，新媒体广告势必要在各种艰难、曲折和未知中成长起来。越早规范化、制度化新媒体广告的监管，越能让新媒体广告提前规避各种风险，越少遇到发展阻力，便能越快走上健康有序的发展道路。所以，对新媒体广告的监管需要我们站在更加深远的立场上来看。

2. 新媒体广告环境需要净化

虽然新媒体广告市场是一个新兴的广告市场，但是由于市场快速膨胀，引发了众多新媒体广告的问题。一方面，诸如新媒体广告内容的虚假等问题为新媒体广告的发展添加了各种阻力，制约了新媒体广告的健康发展；而另一方面新媒体广告运作的混乱，又会造成更多新媒体广告问题的出现。比如，传统广告的主体是由广告主、广告经营者、广告发布者三方构成的，而新媒体广告的主体认定与传统广告主体认定不同。新媒体广告的主体更加复杂，广告经营者和广告发布者很可能是重合的，甚至广告主、广告经营者和广告发布者也有可能重合。因此，新媒体广告违法在责任认定上更为困难，在这种情况下广告环境的无序和混乱自然被加剧，衍生出复杂多样的新媒体广告问题。

对新媒体广告的监管，可以从源头上规范新媒体广告的内容和运作，切断新媒体广告走向某些极端的可能，最终打造一个绿色、安全的新媒体广告环境。因此，要提升传统媒体广告监管的适用性，制定适合新媒体广告监管的新措施，以加大新媒体广告的监管力度成为大势所趋。

3. 新媒体广告受众的权益需要保护

与传统媒体不同的是，新媒体广告的传播范围更大，传播速度更快，传播影响更深远，这让新媒体广告的负面效应所产生的危害更大，即新媒体广告受众的权益更难保护。

比如，鉴于某些商品，如药品、化妆品等的特殊性，一旦这些商品的违法广告在新媒体环境中被投放，消费者通过直接的网络购买或试用渠道接触到商品后,既有可能造成消费者的经济损失,甚至还可能会危害到消费者的健康与人身安全。目前,新媒体广告受众呈现出低龄化、低学历的特征,而这部分群体辨别是非和自我保护的意识普遍较弱,很难抵御新媒体广告带来的负面影响。通过对新媒体广告的监管,减少并控制新媒体广告负面问题的产生,可以有效地保护这部分受众群体的利益。

当然,通过新媒体广告监管进行受众权益的保护,除了体现在减少受众接触广告负面效应的机会以外,还体现在对受众隐私的保护上。由于在新媒体环境下,受众有更加自主和自由地进行各种互动行为的权利,在互动过程中极易透露各种个人信息,再加上受众在新媒体使用过程中的诸多行为数据和产生的内容数据极易被搜集,新媒体环境下的受众隐私越来越需要被保护。

因此,对新媒体广告的监管刻不容缓。

(二)新媒体广告的监管原则

1. 措施上的适用性

新媒体广告的监管面临着监管内容多、监管范围大、监管情况复杂等状况。所以在监管措施的制定上,不能再如同传统的广告监管,仅从宏观角度入手。新媒体广告的多样性和复杂性要求监管措施必须注重宏观与微观的结合,既有总领性的指导,又有具体的执行方式。如此,新媒体广告监管措施的适用性才能得以提升,新媒体广告的监管效果才能体现。

2. 内容上的真实性

广告会直接对社会和受众产生影响,所以广告必须传递真实可靠的内容,这是广告赖以生存的基础。因此,新媒体广告的监管要特别遵循内容上的真实性原则。当然这里的真实性不仅仅体现在对广告文案的监管上,还需要对音频、视频等进行监管,保证广告内容的全方位真实,只有这样,才能更有效地保护受众的合法权益。

3. 对象、领域上的优先性

由于新媒体广告需要监管的对象、领域众多,短时间内就达到全方位的有效监管有一定难度。所以,为了让监管更加体现时效性,显得更有层次与节奏感,新媒体广告势必要适当突出重点,选择重点对象、重点领域进行优先监管,进而慢慢渗透到全方位的监管。比如,大型的新媒体广告主体一般行为比较规范,中小型的新媒体广告主体则较易产生违法违规行为,可以选择中小型新媒体广告主体进行优先监管。再比如,选择药品、化妆品、游戏等一直以来新媒体广告问题相对突出,极易产生不良影响和后果的重点行业进行优先监管。但必须注意的是,这里的优先并不是说非重点的对象和非重点的领域就不需要监管,只是要在监管的过程中体现层次和秩序①。

二、新媒体广告的法治管理

(一)新媒体时代下我国广告法治管理现状

现在我国常用的监管广告的法律法规主要有《中华人民共和国广告法》(以下简称《广告法》)《中华人民共和国消费者权益保护法》《中华人民共和国反不正当竞争法》及其他有关的行政法规和地方规章制度等。其中,《广告法》对广告的内容、广告传播所采取的形式和渠道、广告的审查、特殊商品设计及投放广告和广告活动中违法所要承担的责任都进行了明确的规定。比如《广告法》的第三条指出:广告应当真实、合法,以健康的表现形式表达广告内容,符合社会主义精神文明建设和弘扬中华民族优秀传统文化的要求。《广告法》的第八条强调指出:广告中对商品的性能、功能、产地、用途、质量、成分、价格、生产者、有效期限、允诺等或者对服务的内容、提供者、形式、质量、价格、允诺等有表示的,应当准确、清楚、明白。《广告法》的第二十二条指出:禁止在大众传播媒介或者公共

---

① 康若熙,伍尚红. 新媒体时代下的广告设计与传播[M]. 长春:东北师范大学出版社,2018.

场所、公共交通工具、户外发布烟草广告。禁止向未成年人发送任何形式的烟草广告。《广告法》中的一些条文具有很强的技术操作性,对任何广告商来说都是适用的,也就是说广告商在进行广告传播的过程中必须按照《广告法》的规定进行具体操作。

(二)遵守并完善有关互联网的各项法规条例,建立新媒体新秩序

针对近年来利用信息网络实施的各类违法犯罪活动,特别是利用互联网等信息网络进行造谣诽谤的违法犯罪日渐增多的现象,国家相继出台了一系列法律法规和规章,如《规范互联网信息服务市场秩序若干规定》《电信和互联网用户个人信息保护规定(征求意见稿)》《关于加强移动智能终端管理的通知》《关于进一步联合开展短信群发设备专项整治行动的通知》《关于实施宽带中国 2013 专项行动的意见》等。尤其是 2013 年 9 月 9 日,最高人民法院、最高人民检察院针对由于互联网等信息网络具有公共性、匿名性、便捷性等特点,一些不法分子将信息网络作为新的犯罪平台,恣意实施诽谤、寻衅滋事、敲诈勒索、非法经营等犯罪,联合发布了《关于办理利用信息网络实施诽谤等刑事案件适用法律若干问题的解释》。其主要规定了以下八个方面的内容:明确了利用信息网络实施诽谤犯罪的行为方式,即"捏造事实诽谤他人"的认定问题;明确了利用信息网络实施诽谤行为的入罪标准,即"情节严重"的认定问题;明确了利用信息网络实施诽谤犯罪适用公诉程序的条件,即"严重危害社会秩序和国家利益"的认定问题;明确了利用信息网络实施寻衅滋事犯罪的认定问题;明确了利用信息网络实施敲诈勒索犯罪的认定问题;明确了利用信息网络实施非法经营犯罪的认定及处罚问题;明确了利用信息网络实施诽谤、寻衅滋事、敲诈勒索、非法经营等犯罪的共同犯罪内容;明确了利用信息网络实施诽谤、寻衅滋事、敲诈勒索、非法经营犯罪与其他犯罪的数罪问题及其处罚原则。其中,更具体规定诽谤信息被转发达 500 次可判刑、网络诽谤严重危害社会秩序和国家利益可公诉、网上散布谣言起哄闹事可追究寻衅滋事罪、发布真实信息勒索他人也可认定敲诈勒索罪、违反规定有偿"删帖"与"发帖"可认定非法经营罪。这就为网络执法提供了法律依据。

三、新媒体广告传播的管控与引导的措施

（一）提高消费者自我保护意识和维权意识，构建强大的舆论力量

德国民法学家鲁道夫·冯·耶林在其著作《为权利而斗争》中提到，权利是对社会的义务。但是在中国，由于长期传统习惯的影响，形成了怕诉讼的心理，害怕惹是生非，不愿惹麻烦。遇到纠纷习惯于息事宁人，不爱追究的消极态度，很大程度纵容了违法违规广告的滋生。当消费者的权益受到虚假广告、诈骗行为等侵害时，只有为自己的权利而抗争，才能实现对权利的保护。从目前的情况来看，多年来宣传教育已经提升了消费者的维权意识和水平，但是成果还远远不能适应消费维权和市场监管的需要。为此，我们需要在以下几个方面提升消费者与网民的维权意识，以构建强大的新媒体广告监督舆论力量。一是政府、新闻媒介和行业组织等要通过多种方式对消费者进行教育。消费者的维权效果很大程度取决于消费者捍卫合法权利的积极性和主动性。二是消费者自身应该加强消费前的准备工作，合理地选择和判断，用积极的行动实现自我保护[1]。

（二）提升广告主的新媒体广告传播的诚信理念

在苏宁秒杀门事件中，苏宁以诱人的奖品为饵，吸引消费者的关注与参与，殊不知却是一场空欢喜，不仅费时费力地没秒到商品，连钱也被暂时冻结，圈禁了起来。在苏宁不得不为自己的行为买单的同时，显然作为广告主必然有着痛定思痛的教训。网络的普及已经改变了人们的生活方式，企业的网络营销传播是未来发展的重点，也是不可或缺的一种营销手段。面对在网民的舆论监督越来越犀利的现实，企业如何利用好网络这个平台进行有效的营销传播提升自己的品牌，树立新媒体广告传播的诚信理念，无疑是最为核心的取向。如此，就首先需要杜绝虚假

---

[1] 康若熙,伍尚红.新媒体时代下的广告设计与传播[M].长春:东北师范大学出版社,2018.

噱头真诚对待消费者,把好企业产品的质量、信息的真实性以及新媒体广告形式三道关。绝不能为制造夺人眼球的传播噱头,却将真实性与产品质量置之不顾。它可能在一时间获得消费者的关注,但从长远来看,消费者一旦发现自己被欺骗,便不再相信该企业;不仅如此,消费者还会将此通过网络传播出去,相互呼应形成舆论场,那将是对企业致命的打击。其次,则需周密管理网络营销传播信息,由于网络上信息繁杂且传播途径多样,在这种环境中,企业任何微小的失实或者歪曲的信息都有可能演变为一次舆论危机,类似于"蝴蝶效应"。所以,为了维护企业的形象,保证营销传播活动的顺利进行,企业需要对网络营销传播的信息做适当的管理。再次,则需在发生危机时勇敢面对及时处理,即一旦因自身的过失而导致危机发生时,企业应当勇敢面对,并根据网民舆论监督的不同时期及时处理,让失对企业品牌的伤害减到最小。

(三)发挥行业协会的自律功能

促进新媒体广告的健康发展与广告法规的被动性、有限性、固定性相比,广告自律要主动、宽泛、灵活得多。作为广告自律的基本原则,广告道德规范是广告业持续、快速、健康发展的内在支撑。行业自律管理,从理论上说是类行政行为。新媒体广告行业自律有着如下的重要性。首先,新媒体广告行业自律是弥补立法、行政监管不足的重要手段。由于开放的新媒体环境的本质使然,许多国家,包括中国对新媒体环境的广告监管采取了较为宽容的态度。加强行业的自律,减少政府的行政干预已经成为全球广告业发展的趋势。其次,新媒体广告行业自律是广告业良性发展的需要。行业组织在广告合法性上为广告主提供咨询的审查服务,降低查处违法广告的经济成本,并通过信息共享机制使得行政管理部门能够及时查处广告违法违规行为,而自身也渴望得到声誉的建立,进入良性的可持续发展。再次,则可减少靠违法违规或者虚假广告给消费者造成的伤害,促进从社会和谐、市场经济发展[1]。

(四)建设具有公信力导向的新媒体

广告传播的效果,究其本质是建立在公信力基础上的。所谓公信

---

[1] 康若熙,伍尚红. 新媒体时代下的广告设计与传播[M]. 长春:东北师范大学出版社,2018.

力,即指公众的信任度。公信力是广告最有价值的内在品质,是广告服务于商品营销以在市场竞争中制胜的关键性因素。但长期以来"公信力"并没有被视作广告乃至整个传媒业的评价标准,使得公信力普遍性缺失已成为一种客观事实。由于公信力的缺失,广告传播失去了本质的追求目标,其追求短期的利润效益,虚假失信广告的泛滥也就成为必然。

既然在整个广告领域已经提出了广告公信力的概念,并进行了相应的评估体系设计,那么,在新媒体广告传播领域,其透明度更高、所要接受审视评价的公众更广泛,由此需要借助公信力进行考量的必要性更为充分。

参考文献

[1]郑欣.新媒体广告效果研究[M].北京:中国传媒大学出版社,2008.

[2]黄河,江凡,王芳菲.新媒体广告[M].北京:中国人民大学出版社,2019.

[3]张家平.新媒体广告经典评析[M].上海:学林出版社,2010.

[4]康若熙,伍尚红.新媒体时代下的广告设计与传播[M].长春:东北师范大学出版社,2018.

[5]姜余璐,康若熙.新媒体时代下的网络广告设计应用[M].沈阳:沈阳出版社,2019.

[6]李波,丁翠红.经略新媒体广告[M].福州:福建人民出版社,2012.

[7]康初莹.新媒体广告[M].武汉:华中科技大学出版社,2016.

[8]邱绍雄.新媒体广告奇思妙想集萃[M].广州:广东人民出版社,1996.

[9]舒咏平.新媒体广告传播[M].上海:上海交通大学出版社,2015.

[10]孙黎,徐凤兰.新媒体广告[M].杭州:浙江大学出版社,2015.

[11]陈刚.新媒体与广告[M].北京:中国轻工业出版社,2002.

[12]魏星,李庆,邓东.新媒体广告创意与设计[M].合肥:合肥工业大学出版社,2019.

[13]杨静.新媒体广告传播与发展研究[M].北京:经济日报出版社,2017.

[14]高丽华,赵妍妍,王国胜.新媒体广告[M].北京:北京交通大学出版社,2011.

[15]卫军英,顾杨丽.现代广告策划:新媒体导向策略模式[M].北京:首都经济贸易大学出版社,2017.

[16]许正林.新媒体新营销与广告新理念[M].上海:上海交通大学出版社,2010.

[17]舒咏平.新媒体广告[M].北京:高等教育出版社,2010.

[18]王成慧,郭斌.新媒体广告案例分析[M].北京:经济管理出版社,2019.

[19]汪振泽.新媒体广告传播研究[M].北京:中国纺织出版社,2018.

[20]孟茹,查灿长.新媒体广告规制研究[M].南京:南京大学出版社,2018.

[21]郭斌.新媒体广告营销案例集[M].北京:经济管理出版社,2016.

[22]艾进,李先春.体验经济下的广告与新媒体管理[M].成都:西南财经大学出版社,2018.

[23]文能载商.10W+新媒体文案炼成记[M].北京:清华大学出版社,2018.

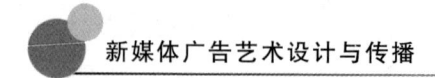

[24]刘东明.新媒体短视频全攻略[M].北京:人民邮电出版社,2018.
[25]勾俊伟,哈默,谢雄.新媒体数据分析[M].北京:人民邮电出版社,2017.
[26]高明慧.新媒体形态下的广告创作攻略[M].哈尔滨:东北林业大学出版社,2010.
[27]李东临.新媒体运营[M].天津:天津科学技术出版社,2018.